한국어로 내려온
New Bible

새로운
성 경

제61권

4부 | 총10부

하얀마음

하나님 말씀 중에서

1. 사랑의 하나님

- 세상을 창조하신 하나님은 모두를 사랑하신다. 인간만 특별히 더 사랑하지 않고, 우주 만물을 다 똑같이 사랑하신다. 그러니 하나님이 창조하신 천지 만물과 화친하고, 미물까지도 소중히 대하라.

- 하나님은 특정 종파나 민족만을 더 사랑하지 않으신다. 자기 자신만 구원받겠다는 욕심을 버리고, 자기 종파만 구원받는다는 편협한 교리에서 벗어나야 한다. 종파를 초월해서, 모두를 사랑하라.

- 원수까지 사랑하라 했으니, 이 세상에 사랑하지 못할 자가 누가 있겠는가? 종파가 다르다고 해서 부모 형제와 원수처럼 지내는 자는 인간의 근본을 모르는 자다. 가장 가까운 가족부터 사랑할 때 남도 진심으로 사랑할 수 있다.

- 한 사람을 원수같이 생각하던 마음에서 사랑하는 마음으로 돌리면, 자기 자신의 마음이 가장 기쁘고 행복하다. 하나님께서는 인간의 마음속에 무거움이 없이 기쁘고 행복한 삶을 살기를 바라신다.

- 이웃을 "내 몸처럼" 사랑하라 했으니, 마지막 한 장 남은 천국의 티켓도 이웃에게 양보하라. 자기 중심적인 신앙에서 벗어나서 남을 위해 살아야 한다.

- 독초도, 약초도, 이단도 사탄도 천사도 다 필요하기에 존재한다. 독초일지라도 극소량을 사용해서 생명을 살릴 수 있고, 약초라 하더라도 남용하면 생명을 잃을 수 있다.

- 세상 모든 것을 명약으로 활용하는 것은 인간의 지혜에 달렸다. 어떤 것이든 어떤 사람이든 적재적소에 꼭 필요한 명약으로 승화시키라.

- 사탄도 이단도 천사도 모두 하나님의 주관하에 존재한다. 신성한 하나님의 백성은 사탄과 마귀까지도 감화시켜서 천사로 거듭나게 한다.

2. 기도

- 하나님은 인간의 생각까지 모두를 다 알고 계신다. 우리의 소원도 이미 알고 계시기에, 소원의 기도를 할 필요가 없다. 우리가 받을 자격이 되면 내려 주신다.

- 죄를 짓고 아무리 회개를 해도 용서받지 못한다. 도둑질한 자는 용서해 달라고 기도하고, 도둑맞은 자는 도둑을 잡게 해 달라고 기도하면, 공의의 하나님은 누구의 편에 서시겠는가?

- 자기가 잘못한 것은 그 사람에게 직접 갚고 용서를 구하라. 그가 용서하면 하나님도 용서하신다. 땅에서 매면 하늘에서도 매이고, 땅에서 풀리면 하늘에서도 풀리는 이치다.

- "회당에서 기도하지 말고 골방에서 기도하라" 했다. 눈에 보이는 골방이 아니라, 골방과 같이 고요한 마음이다. 잡념을 버리고 하나님을 향해 마음을 집중하며, 사랑하고 용서하는 아름다운 생각만 나오도록 하라.

- "두드리면 열릴 것이다." 하는 것은 육의 소원을 위해 두드리라는 것이 아니라, 진리의 깨달음을 얻기 위해 두드리라는 것이다.

- 기도하는 방법: 생활 속에서 수시로 기도하는 삶을 살아야 한다.

- "저의 죄를 용서하여 주옵소서." 하는 회개의 기도를 하라.
- 범사에 "하나님! 감사합니다." 하라. 현재 가진 것에 감사하며, 과욕하지 말라. 자기 노력 이상의 것을 더 갖고자 기도하는 것은 도둑놈심보다. 공의의 하나님은 각자 노력한 만큼 주신다.
- "하나님 뜻대로 살아가겠나이다." 하며 마음의 각오를 다지라.

- 기도는 하나님의 말씀을 받아서 "행하는 것"이다. 하나님이 계심을 굳건히 믿고, 하늘을 향하여 한 점 부끄럼 없이 사는 삶 자체가 가장 위대한 기도이며, 삶이 곧 예배다.

3. 지도자

- 똑같이 사랑한다는 말을 해도, 순수하게 하는 말은 천사의 말이지만, 사기 쳐서 재산을 가로채려고 하는 말은 사탄의 말이다.

- 종교 지도자가 아무리 훌륭한 설교를 해도, 신도의 재물을 거둬서 더 큰 교회를 짓고 자기의 부귀영화를 바라며 설교하면 사탄의 가르침이 된다.

■ "저희 교회는 만원사례요, 믿음은 다 같으니 이웃의 개척 교회에 가서 예배를 드리시오." 하며, 이웃 교회의 부흥을 먼저 생각하여 제 신도를 보내는 종교 지도자가 있다면 그를 따르라. 그가 하나님의 사랑을 실천하는 자다.

■ "부자가 천국에 들어가는 것은 낙타가 바늘구멍을 통과하는 것보다 더 힘들다" 하였거늘, 지금의 교회에서는 부자가 되기만을 기도하고 소원하니, 이는 곧 천국을 포기하고 지옥 행 열차의 티켓을 사는 것과 같다.

■ 예수는 빈손이었다. 종교 지도자가 예수보다 더 호화롭고 편안하게 살아간다면 잘못된 것이다. 부귀영화와 명예를 바라는 자는 절대로 갈 수 없는 좁고 협착한 길이 종교 지도자의 길이다.

■ 종교 지도자는 유리로 비춰 봐 한 점의 부끄러움이 없이 살아야 한다. 의식주도 직접 일해서 해결하고, 예수의 가르침과 행함을 그대로 따라야 한다.

■ 종말은 없다. 지금의 잘못 가는 종교 집단에게만 종말이 있다. 보이지 않는 하나님은 보이는 육의 종말은 관여하지 않으신다. 환경 파괴로 인간이 스스로 멸망을 자초하는 것이다. 종파끼리 싸우기 전에, 무너진 인성을 바로잡고 지구의 몸살을 해결하는 데 뜻을 모으는 게 급선무다.

4. 성전이란

■ 이 세상 자체가 하나님께서 만드신 성전이다. 자연보다 더 아름다운 성전이 있는가? 보이는 건물이 성전이 아니라, 성스러운 마음가짐이 성전이다.

■ 반석 위에 교회를 지으라 했다. 지상의 단단한 돌은 인간이 쪼갤 수 있으나, 마음속의 굳은 결의는 세상 무엇으로도 쪼갤 수 없다. 바르고 굳건한 믿음으로 성경의 가르침을 실천하는 것이 마음의 반석 위에 교회를 짓는 것이다.

■ 손으로 지은 건물의 교회에 모여서 복음을 전하는 것이 아니라, 교회를 개인과 가정에 심어 주어야 한다. 무너지고 부서지는 건물을 짓지 말고, 마음속에 영원히 불변하는 참진리의 교회를 지으라.

5. 십계명

- 십계명은 인간이 죽어서 반드시 통과해야만 하는 열 개의 관문이다.

- 부모를 공경하지 아니한 자는 "네 부모를 공경하라." 하는 제5계명의 관문이 열리지 않으니 구원받을 수 없다.
- 살인, 간음, 거짓, 우상 등의 나머지 계명도 마찬가지다.

- 십계명은 하나님의 친필이다. 모기소리만 한 하나님의 음성이라도 들어 보겠다고 여기저기 찾아 헤매지 말고, 십계명부터 암송하고 지키라.

- 십계명은 영혼을 구원하는 양식이며, 십계명을 지키는 것이 구원을 받는 길이다. 인간이기에 지키고자 노력하고 또 노력한다면 지킬 수 있다.

- 십계명을 지키고 천사처럼 아름답게 살아가는 그 마음 하나면 세상에 이루어지지 않는 것이 없다.

6. 보물

- 하나님은 재물이 아니라 우리의 마음을 받으신다. 사랑을 실천하며 천사처럼 변하는 마음이 하나님께 바치는 보물이다.

- 보이지 않는 하나님께 재물을 바치려 하지 말고, 너희를 길러 준 부모에게 용돈 드리고, 찾아뵙고, 효성을 다하라. 그것이 하나님께 효도하는 것이다.

- 하늘에는 선과 악의 창고가 있다. 자기 창고에 선이 많으면 천국으로 구원을 받고, 악이 많으면 심판받아 지옥으로 간다. 그것이 바로 "선한 일을 행한 자는 생명의 부활로, 악한 일을 행한 자는 심판의 부활로" 나오는 것이다.

- "선악과를 따먹지 말라"는 것은 양심을 지키라는 것이다. 선과 악을 구분할 수 있는 양심을 최초에 인간에게 주셨다. 선한 열매는 취하고, 악한 열매는 버리며, 양심에 비추어 부끄럼 없는 삶을 살아가라.

- 가장 작은 거짓말을 하지 않고, 가장 작은 죄를 짓지 않으며, 가장 작은 선행을 하고, 가장 작은 악행을 멀리하는 것이 율법의 일점 일획도 빠뜨리지 말고 다 지키는 삶을 사는 것이다.

7. 우상

- 박물관에 있는 불상은 하나의 예술품이다. 그 조각품에 대고 제 소원을 빌 때 우상숭배가 된다. 십자가라 하여도 그 앞에서 소원을 빈다면 우상숭배하는 것이며, 하나님께 소원을 빈다면 하나님을 우상으로 전락시키는 것이다.

- 지금 기복신앙에 섞어 있는 모든 사람이 우상 앞에 절을 하고 있다. 조각품을 우상이라며 파괴하지 말고, 네 마음속에 있는 욕심의 우상을 무너트리라.

- 생수를 약초가 먹으면 약을 만들고 독사가 먹으면 독을 만든다. 같은 성경을 봐도 선한 지도자는 신도를 천사로 만드는 데 활용한다. 그러나 욕심이 가득한 지도자는 재물을 거두어들여 제가 부귀영화를 누리는 데 악용한다. 그가 바로 성경을 우상숭배의 도구로 전락시키는 거짓 선지자다.

- 성경을 한 획도 빼거나 더하지 말라는 것은, 그 가르침을 빠트리지 말고 온전히 지키라는 것이다. 성경 속에서 자기에게 유리한 구절만 보는 것은, 자기에게 불리한 구절들을 빼 버리는 것이다. 믿음이 제일이요, 행함은 구원과는 관계없다는 것은 자신에게 유리한 쪽으로 성경을 악용하는 것이다.

- 진정한 종교 지도자는 종파에 관계없이 어떤 종파든 어떤 책이든 접하고 보고 깨우쳐 견문을 넓히도록 인도한다. 참진리를 모르고 자신이 없는 자가 남을 이단이라며 배척하고, 신도들의 눈과 귀를 가린다.

8. 예수

- 예수의 재림은 없다. 예수가 다시 온다 해도, 과연 누가 그를 예수라고 믿겠는가? 예수와 같은 삶의 행함이 곧 예수의 재림이다. 각자 모두가 "재림 예수"가 되는, 차원 높은 믿음으로 가야 한다.

- 예수는 "주여 주여 하지 말고, 아버지의 뜻대로 행하라"고 했다. 예수가 전한 하나님의 뜻이 곧 "길이요, 진리요, 생명"이며, 그 가르침이 예수의 보혈처럼 소중한 것이다. 예수를 믿는 것은, 예수의 가르침을 믿고 따르는 것이다.

- 예수는 낮은 자로서 만백성을 섬기고자 했다. 만나는 모든 사람을 다 하나님이라 생각하라. 돈을 벌수록 겸손하고, 높은 지위를 얻을수록 낮아지라.

- 예수는 종파를 만들지 않았다. 인간이 만든 종교와 인간의 교리를 따르지 말고, 예수를 통해 전한 하나님의 참진리를 연구하고 따르라.

- 예수가 2천 년 전에 만백성을 위해 죽었으니, 지금 이 땅에는 예수의 가르침대로 사는 천사만 존재해야 한다. 예수가 죽어 가면서 바란 것은 만백성이 천사가 되어 예수의 자리를 채워 주는 것이지, 지금과 같이 재물을 바치면서 중언부언 제 소원만을 비는 백성들을 바란 것이 아니다.

9. 구원

- 천사가 사는 천국에는 천사만 갈 수 있으니, 천사 같은 마음을 길러야 한다.

- "천국 열쇠를 네게 주리니 땅에서 무엇이든지 매면 하늘에서도 매일 것이라" 했다. 땅에서 천사같이 사는 자가 하늘에서도 천사가 되어 천국에 들어간다. 모든 사람에게 천사같다는 말을 듣는 삶을 살아야 한다.

- 천사의 곱고 아름다운 마음은 부모를 공경하고 어른을 어른으로 대접하는 데에서 출발한다. 효도하는 자는 형제와 화목하게 지내기에 가정이 화목해지고, 이웃과 화목해지고, 국가가 화목해지고, 온 인류가 화목해진다.

- 그러므로 지상의 아름다운 소왕국은 가정에서부터 이루어야 한다.

- 선택된 14만 명만 구원받는 것이 아니라, 천사처럼 변하고자 하는 14만 명을 기초로 온 인류가 천사처럼 거듭나는 영적인 개혁이 시작되는 것이다.

- 천 년에 걸쳐서 하늘에서 이루어진 것같이 이 세상을 낙원으로 만들어, 만백성이 지상의 천국에서 살다가 죽어서 그대로 하늘의 천국으로 들어가는, 영원한 지상 낙원을 건설하는 것이 하나님의 계획이다.

- **이것이 구약과 신약에 이어 "새로운 성경"으로 역사하시는 하나님의 창조의 완성이다.**

- 지금의 믿음으로 구원받을 수 있다면 그 길을 가라. 그러나 자신이 없다면 하나님께서 직접 내리신 160권의 "새로운 성경"을 읽고 구원의 길을 보라!

하나님 머리말씀

이 새로운 성경을 읽는 너희 모두는
이 율법에 따라 행하면 영원히 구원받을 것이니라.

너희 인간이 수년, 수십 년, 평생
성서를 공부하고 기도하는 것은
하늘나라 나의 곁으로 오고 싶은 소망일진대,

몇천 년 전의 너희 인성과 생각이
지금의 너희와는 판이하게 다르니,

꺾여 가고 병들어 가는 너희를 고칠 수 있는 길은,
오늘 내가 선지자에게 내리는 새로운 성경과 같이
너희가 변화되는 것뿐이니라.

나의 예수가 태어난 것처럼
내가 아들 선지자를 선택하여
나의 새로운 성경을 온 세계에 전하고자 하니,

묵은 것은 버리고 새로운 것은 취하여,
너희 모두는
'여호와 하나님! 저의 죄를 용서하여 주옵소서.'
하는 기도문으로 기도하고, 죄를 뉘우치라.

이 새로운 성경은
수천 년간 내려온 성서를 요약한 것이니,
너희는 이 책을 정독하여 쉽게 깨달음을 얻고,
이대로 실천하여 하늘에 오르라.

대역자 머리말

■ 하나님의 율법을 지키는 선지자로 선택을 받도다.

저는 남들처럼 그저 열심히 살아온 평범한 사람이었습니다. 그러나 50대 중반에 사업에 실패하여 많은 부채에 시달렸으며, 건강도 악화되어 눈이 잘 안 보이고, 걷기도 어렵고, 두통이 심해서 잠을 이룰 수 없는 고통의 나날을 보냈습니다. 그때 제가 선택할 수 있는 것은 육의 삶을 끝내는 길뿐이었습니다.

죽기 직전에 그동안에 죄를 지은 이들에게 용서를 빌고 인생을 끝내기로 작정하였습니다. 어려서부터 지은 죄를 빌고 빌다 보니 끝이 없었고, 죽음으로도 그 많은 죄를 용서받을 길이 없다는 생각에 하염없이 눈물이 흘렀습니다. 그 순간 '재래식 화장실의 구더기는 죄를 짓지 않는데, 나는 인간으로서 구더기만도 못한 삶을 살았구나.' 하는 생각이 들면서 괴로움에 몸부림칠 때, 갑자기 하나님의 음성이 들렸습니다.

"나는 여호와 하나님이니라. 너는 십계명을 암송하고 내가 내려 주는 메시지를 받아 책으로 만들어 만백성을 구하라." 하시며, 제 눈을 손으로 문지르게 하시고, 아픈 머리와 다리를 손으로 두드리게 하셨습니다. 그러고 나니 눈도 잘 보이고 걸을 수 있었으며 머리의 통증도 말끔히 낫게 되었습니다. 그때부터 십계명을 암송하고 나면 들려주시는 말씀을 기록하였고, 1999년 8월부터 2004년 7월까지 권당 288쪽, 총 160권을 받아서 "새로운 성경"이라는 책으로 펴내게 되었습니다.

그러한 저에게 죽기보다도 힘든 길이 시작되었습니다. 모든 교인들이 저에게 사탄이요, 이단이요, 악마요, 마지막 시대에 온 거짓 선지자라 하면서 공격하였고, 저를 짐승을 보듯이 대하는가 하면, 편협한 종교 지도자들의 선동으로 신도들이 이 책을 직접 읽어 보고 평가할 기회마저 막아 버렸습니다. 그래서 하나님의 말씀을 세상에 내는 데 많은 어려움을 겪으며, 피를 토하는 심정으로 책을 전하고 있습니다.

그러나 아무리 인간의 힘으로 막으려 해도, 하나님의 뜻이 세상에 전해지는 위대한 역사는 계속될 것입니다. 책으로 전해지는 "하나님의 말씀"은 세상 끝날까지 항상 우리와 함께하실 것입니다. 사람은 죽어도, 책에 기록된 말씀은 영원히 남으니까요.

■ 따뜻한 실천

하나님께서는 어려운 사람들에게 삶의 터전을 마련해 주고, 미래를 열어 주는 것을 기뻐하십니다. 어려운 이웃이 스스로 자립할 수 있도록 이끌어 주는 것이 진정으로 이웃을 돕는 것이라고 말씀하셨습니다. 그래서 일자리가 없는 제자들에게 작은 사업장을 만들어 주는 "달란트 사업"을 하고 있습니다. 식당, 반찬 가게 등을 차려 주고, 기존의 어려운 사업장이 자립할 수 있도록 돕고 있습니다(커피숍, 미용실, 의상실 등).

하나님께서는 교회에 나와서 모든 시간과 재물을 쏟기를 원하지 않으시고, 그 시간과 재물을 교육에 투자하여 스스로 미래를 열어 가기를 원하십니다. 그래서 제때 공부하지 못한 제자들에게 학업을 이어 가도록 하였습니다. 중화요리 주방장을 하며 초등학교 검정고시부터 공부하여 2012년에 방통대를 졸업한 36세 남성, 만학도들의 2년제 중학교에 입학해서 2007년에 명지대학을 졸업한 38세 여성, 중학교 검정고시를 시작으로 숭의여자대학을 졸업한 47세 여성 등이 있습니다. 그밖에도 많은 제자들에게 나이를 초월하여 배우고 깨우쳐서 사회 속의 낭낭한 일원이 되도록 인도하고 있습니다.

학자금 대출로 힘겨워하는 젊은이들을 위해 "따뜻한 바람 장학회"를 발족하여(2016년 12월) 대출받은 학자금 전액을 매월 갚아 주고 있습니다. 또한, 다문화 가정을 위해 "다문화 가족 랜드"를 조성하여, 각종 시설을 무료로 활용하도록 하고 있습니다.

이러한 따뜻한 실천이 아직은 미약합니다. 그러나 책의 수입이 늘고, 저와 뜻을 같이하는 분들이 늘어나면 계속 확대할 것입니다. 지도자로서 신도의 재물을 헌금으로 거둬들여 착복하는 것이 아니라, 하나님께서 기뻐하시는 일에 사용하도록 중매 역할만 하며 살아가고자 합니다. 이런 제가 과연 사탄이고 이단인가요? 하나님께서 기뻐하시는 일이라면, 저에게 사탄이라 하든 거짓 선지자라 하든 굽히지 않고 실천해 나갈 것입니다.

끝으로, 일상의 삶 속에서 "지금 내가 하는 행동이 과연 하나님께서 기뻐하실까, 슬퍼하실까?" 생각하고, 매사에 하나님께서 기뻐하시는 길을 택하기 바랍니다. 교회에 모여서 집단적으로 예배 드리는 것이 아니라, 개인이나 가정 단위로 새로운 성경을 읽어 스스로 깨우치고 그대로 행하면 충분합니다. 그것이 마음속에 성전을 짓고, 신령과 진정으로 예배 드리는 길입니다. 그러면 천국의 문에 들어서게 됩니다.

2017. 2. 1.

하나님 말씀 대역자 김용철

차 례

십 계 명

이 책은 십계명을 암송하고 나면 내려 주시는 "하나님의 음성"을 듣고 그대로 받아쓴 기록입니다. 하나님께서 십계명을 모세에게 내려 주셨지만, 그것은 만백성에게 내려 주신 것입니다. 마찬가지로 이 책의 모든 말씀도 저에게 내려 주셨지만, 만백성 각자에게 들려주시는 말씀입니다. 여러분도 이 책을 접할 때마다 십계명을 암송하고 나서 정독해 주시기 바랍니다.

제일은, 너는 나 외에는 다른 신들을 네게 있게 말지니라.
제이는, 너를 위하여 새긴 우상을 만들지 말고, 또 위로 하늘에 있는 것이나, 아래로 땅에 있는 것이나, 땅 아래 물 속에 있는 것의 아무 형상이든지 만들지 말며, 그것들에게 절하지 말며, 그것들을 섬기지 말라.
제삼은, 너는 너의 하나님 여호와의 이름을 망령되이 일컫지 말라.
제사는, 안식일을 기억하여 거룩히 지키라.
제오는, 네 부모를 공경하라.
제육은, 살인하지 말지니라.
제칠은, 간음하지 말지니라.
제팔은, 도적질하지 말지니라.
제구는, 네 이웃에 대하여 거짓 증거하지 말지니라.
제십은, 네 이웃의 집을 탐내지 말지니라.

나 여호와가 존재함을 믿는 그 자체가 구원의 길에 들어서는 기본이요 근본이며, 나의 새로운 성경을 가슴에 안고 정독하는 자, 반석 위에 서서 하늘에 오르는 찬란한 빛을 보게 되는 영광을 얻게 됨이니라. 진정 나를 따르고 믿는 자는 감히 사탄이나 마귀도 근접하지 못하느니라.

〈하나님 말씀〉

2003년 1월

4,496 번째 하나님 말씀

2003년 1월 10일 07시 13분

1 사랑하는 나의 아들아!

2 "네, 아버님! 말씀하옵소서."

3 지금 수천 년 동안 그 믿음이요, 구약과 신약이 너희들의 구원의 길이요, 그를 믿고 따르며 너희 손으로 지은 성진에 와 재물을 바치며 기도하는 것이 구원의 길이며, 오로지 그것 밖에는 구원의 길이 아니라 고집을 피우며 그 생각을 돌릴 수 없으며 그 생각을 무너뜨릴 수 없는 너희들에게 내가 전하는 이 한마디가 청천벽력보다도 더할 것이며,

4 이와 같이 말하는 자를 갈기갈기 찢고 싶은 것이 지금 너희들이며, 너희들이 광분하고 흥분할 것은 당연한 것이니라.

5 그러나 이는 엄연한 사실이며, 이는 너희들이 받아들여야 되며, 이를 인정하지 아니하면 나의 사랑하는 백성 너희들이 구원의 길을 갈 수 없기에 내가 이 무서운 뜻을 나의 법전에 기록하여 다시 한 번 전함을 알아야 될 것이니라.

6 너희들이 지금 구원의 길이라 믿고 왔던 그 구약과 신약은 너희들을 구원하는 것이 아님을 알아야 될 것이니라.

7 너희들이 나에게 오르고 안 오르는 그와 같은 심판을 하여 선한 자와 선하지 않은 자를 구분하는 그와 같은 심판의 역사로써 신약과 구약이 세상에 내려온 것이 아니라,

8 너희들이 죄에 대한 이치를 깨달으며 어떠한 것이 죄며 어떠한 것이 하늘에 오르는 길인가를 깨달아 너희들이 구원의 빛을 볼 수 있으며 구원의 길이 어떠한 것인가를 깨닫게 하도록 내가 명하여 그것이 내려진 것이니라.

9 이와 같은 이치를 깨우치지 못한다면 너희들은 성경에 내려져 있는 그 내용을 모르는 것이니라.

10 직접 구약과 신약이 너희들을 심판하여 구원하고 구원하지 않는 결정적인 것이 아니요, 구원의 길과 구원의 빛을 볼 수 있는 그 역할을 할 수 있도록 구약과 신약이 너희들에게 내려진, 나로부터 내린 큰 선물임을 너희들이 알아야 될 것이니라.

11 이 이치를 깨닫도록 명하여진 것이며 그를 알도록 내가 내린 것이 구약과 신약이니, 너희들은 이 뜻을 알아야 될 것이니라.

12 너희들은 신약이 너희들의 영혼을 구원하며 너희들을 심판하며 그것만이 오로지 구원의 길이라 믿는 그 믿음에서 바로 깨우쳐 너희들 스스로 현명한 길을 선택하지 아니하며 그 길을 가지 아니한다면 너희들은 구원을 받을 수 없음이니라.

13 구약과 신약은 심판함이 아니라는 이 이치를 깨우치는 자, 현명한 자요, 나의 뜻을 알 수 있는 자요, 새로 내려오

는 성경에 너희들이 귀를 기울일 수
있는 것이니,
14 그 길을 선택하지 아니하는 자는 나에
게 심판을 받는 그와 같은 결과를 얻
을 수 없음을 너희들은 알아야 될 것
이니라.
15 나 여호와가 새로운 성경을 내려보내
며, 새로운 성경에 기록된 그 내용으
로 너희들을 심판하고 너희들을 구별
하며, 너희들을 구원할 자와 구원하지
아니할 자를 선별하는 그와 같은 성
경은 여기 내려가 있으며, 너희들의
심판의 기초가 다시 내려가는 것이 바
로 내가 새로 내려보내는 성경이니라.
16 내가 바로 내려보낸 성경을 보고 너희
들이 깨우치고 또 깨우쳐 바로 그 길
을 갈 수 있는 그 백성이 되어야만 할
것을 너희들은 잊어서는 아니 될 것이
니라.
17 여기서 다시 한 번 너희들에게 강조함
이니, 내가 의인들을 세상에 만들어
그 후손으로 하여금 새로운 역사요,
지상의 낙원에 살아갈 수 있는 백성을
배출하고자 하는 것이 나의 뜻이니,
18 너희들이 구약과 신약으로써는 의인
이 될 수 없는 것이며,
19 의인이 되는 길이요, 의인이 가는 길
이 무엇인가를 가르치는 것이며, 의인
이 될 수 있는 그 모두의 기본이요, 근
본이요, 교본은 바로 새로 내가 내려
보내는 성경 속에 그 모두가 기록되어
있으니, 이를 보지 아니하면 너희들이
의인이 될 수 없음을 알라.
20 그리하여 내가 새로운 성경을 내려보
내어 이를 읽고 깨우치는 백성들이 의
인으로서 수많은 나의 백성들이 배출
되며 의인으로 하여금 이 세상을 덮게
하는 것이 나의 뜻이니라.
21 그리하여 천 년 후에 이 지상을 하늘
에서 이루어진 것같이 그 낙원을 만듦
이니, 그 속에서 살 수 있는 백성들은
의인으로 변해진 나의 백성만이 살 수
있도록 계획되어 있는 것이며 그것은
반드시 실천되니, 이게 하늘의 비밀이
며 나의 뜻임을 너희들은 알아야 될
것이니라.
22 지금 내가 법전이라 하여 하늘에 오르
는 길을 내려보내는 것이니, 이는 곧
나의 법전이요, 새로 내려보내는 성경
임을 너희들은 알아야 될 것이니라.
23 구약과 신약으로써는 너희들이 구원
의 심판을 받을 수 없으며 너희들이
정녕 구원될 수 없다는 그 뜻을 들을
때, 너희들은 하늘이 무너지는 것 같
으며, 어떤 사악한 자가 이와 같은 말
을 하느냐 하여 그와 같이 말하는 나
의 책이요, 나의 법전을 찢어 버리고
태워 버리며, 이를 기록하여 전하는
나의 아들을 예수보다도 더 처참히 죽
이고 싶은 것이 너희들의 마음일 것
이니라.
24 너희들이 그 마음을 달래고 다시 한
번 모두를 들여다보는 깨달음을 얻어
야 할 것이니라.
25 우선 너희들이 나의 법전을 태우고 찢
어 버리고 싶으며 나의 아들을 예수보
다 더 처참하게 갈기갈기 찢어 죽이고
싶은 생각이 생기거든,
26 이 모두는 다 나 여호와가 관장하며
주관하여 세상에 필요하기에 내보냈

음이니 한번 이를 들여다볼 것이라 하
여 너희들이 나의 법전을 들여다보고
읽어서,
27 거기서 너희들에게 죄를 짓고 사악하
게 살아가라 하며 나의 십계명에 위배
되는 일이 있으며 성서에 위배되는 뜻
이 있거든 너희들이 이를 탓해도 내가
말하지 아니할 것이니라.
28 너희들은 이를 들여다보라.
29 이제 구약과 신약을 믿고 구원을 받고
자 하는 백성, 그 지도자 너희들도 법
전을 읽고 깨우치는 자만이 의인이 될
수 있으며 의인의 대열에 합류할 수
있음을 알라.
30 너희들이 아무리 나의 피조물 만백성
을 가르치며 구약과 신약이 하늘에 오
르는 길이요, 불변이라 그리 말해도,
모든 종교 지도자들에게 한 번의 기회
를 줌이니,
31 너희들도 새로 내려가는 성경을 읽고
탐독하여 거기에 잘못된 것이 없다 생
각하거든 이를 가지고 만백성을 가르
치는 그 길을 갈 때 너희들이 구원을
받아 의인의 대열에 합류할 수 있는
기회를 내가 너희에게 줌이니, 너희들
도 내가 구원하고자 하는 것을, 나의
뜻을 알아야 될 것이니라.
32 지금 이와 같이 내가 이 뜻을 알려 주
며 너희들에게 한 번의 기회를 내려
주는 영광을 주거늘, 아직도 구약과
신약의 성경은 변함이 없는 것이며 오
로지 그것을 믿고 가는 것만이 구원
의 길이요, 구원을 받을 수 있다 생각
하여,
33 새로운 성경이 내려옴을 거부하며 인
정하지 아니하며 나의 사랑하는 모든
백성들에게 이를 보지 못하도록 그리
강요하고 그 고집을 꺾지 아니한다면,
너희들은 나 여호와와 정녕 인연이 없
는 자들이며 내가 손을 놓을 것임을
알아야 될 것이니라.
34 너희는 잠시 하던 일, 가던 일, 지금
달려가던 너희들의 믿음이라는 그 길
에서 잠깐 발을 멈추고 중단하고,
35 이 세상은 넓고 넓으며 나 여호와는
새로운 역사를 이루기 위하여 직접 이
세상에 모든 변화를 이룰 수 있으며
개혁을 할 수 있으며 역사를 이룰 수
있으며 모든 것은 나 여호와의 뜻이
라는 것을 너희들이 생각한다면,
36 새로 내려오는 성경도 나 여호와의 뜻
이라 생각하며 너희들이 한번 정독하
고 나서 평가하는 현명함을 얻으라.
37 지금 모든 종교 지도자요, 그 밑에 가
구원을 받겠다고 하는 신도 너희들에
게 다시 한 번 기회를 줌이니,
38 너희들은 바로 나의 새로 내려오는 성
경을 읽고 깨우쳐 의인의 대열에 끼어
구원을 받으며, 너희 후손이 새로운
역사 위에 천 년 후에 새 시대가 열리
는 거기에 존재할 수 있는 그와 같은
기틀을 오늘에 닦아야 함을 잊지 말라.

4,497 번째 하나님 말씀

2003년 1월 10일 12시 03분

1 사랑하는 나의 아들아!
2 "네, 아버님! 말씀하옵소서."
3 너의 제자들에게 일깨워 그리 전하라.
4 사랑하는 나의 아들, 네가 흘리는 그

눈물은 무슨 눈물이라 하였던가?
5 네가 고통과 시련의 그 번뇌 속에서
오늘의 이 길을 가는 것이 너무나도
벅차 가슴이 아파 네 가슴을 달랠 길
이 없어 네가 흘리는 그 눈물은 무슨
눈물이라 내가 너에게 깨우쳐 주었던
가?
6 만백성이요, 너의 형제들이 지옥으로
가면서 흘릴 그 눈물을 네가 대신 흘
리는 것이며, 그들이 눈물을 흘리지
않고 기쁨으로 갈 수 있도록, 네가 오
늘에 흘리는 눈물은 그를 막아 줌이라
내가 그리 말하였음이니라.
7 오늘 또한 너의 제자가 그와 같이 흘
리는 그 눈물은 만백성을 구하는 눈물
임을 너희들이 알아야 될 것이니, 그
것은 고통의 눈물이 아니요, 기쁨의
눈물임을 알아야 될 것이니라.
8 이제 너희들은 깨달아야 될 것이니라.
9 나의 법전을 읽고 나의 성령을 직접
깨달은 너희들은 오늘 가슴에 새기고
살아야 할 것이 있음이니, 너희들이
행하는 모든 것은 너희들 것이 아니
요, 나 여호와의 것임을 알아야 될 것
이니라.
10 내가 나의 아들에게 '너는 죽은 자요,
너는 네 임의대로 아무것도 할 수 없
으며 네가 하는 것은 다 나의 뜻이라'
하였으니, 그 뜻을 나의 아들도 깨닫
지 못하였으나 이제는 그를 깨닫고 나
의 아들이 행하여 가고 있음을 너희
들은 알아야 될 것이니라.
11 너희들이 밥을 먹는 것도 나를 대신해
서 먹는 것이며, 너희들이 잠을 자는
것도 나를 대신해서 자는 것이 지금
이 앞에 앉아 있는 내 아들의 사랑하
는 그 제자들이니라.
12 너희가 남녀 간에 잠을 자는 것도 너
희들이 나를 대신해서 하는 행위요,
내가 자는 것이며, 너희들이 도둑질하
고자 하는 마음을 갖는다면 그것이
나 여호와가 도둑질하는 마음을 갖게
되는 것이며 내가 도둑질하는 마음을
가지며 도둑질을 하게 되어 있으며,
너희들이 어떠한 행위를 하든 그 모두
는 너희들의 행위가 아님이니라.
13 나의 아들만이 죽은 자가 아니요, 너
희들도 죽은 자이니라.
14 이 수십억 인구 중에서 수천 년 동안
흘러오는 세상 속에 사악하고 사악하
여 사탄들의 뿌리만이 이 세상을 지배
하고 있으며, 나의 아들 예수를 통하
여 이루고자 했던 그것은 정반대의 길
로 가 도저히 돌이킬 수 없는 그와 같
은 시대에,
15 내가 나의 성령을 마지막 내려 이를
바로잡고자 하는 것에 너희들이 선택
된 백성들이며 그 대역사를 이루는 것
이니,
16 너희들의 육의 고달픔이요, 육의 삶의
고달픔을 과연 너희들이 고달프다 생
각할 수 있겠는가?
17 이제는 너희들이 나의 깨달음을 들으
며 나의 성령을 들으며 나의 아들을
통한 강론을 들었으며 법전을 정독하
고 가니, 이제 너희들은 다 죽은 자로
너희들도 똑같은 것이니라.
18 나의 아들만 죽은 자가 아니요, 너희
들도 죽은 자의 자격이 있음을 알라.
19 그러기에 너희들은 죽은 자이니 너희

들이 행하는 모든 것은 내가 행함이
니라.
20 너희들이 남을 욕할 때는 내가 욕하는
것이며, 너희들이 남을 질투하고 시기
하는 말을 하면 내가 함이니,
21 이와 같은 말을 듣는 너희들의 가슴
이 저릴 것이며 너희들이 스스로 이
길을 지키고 갈 수 있는 것인가 너희
자신들이 고통스러워 마음에 눈물지
으나, 너희들은 해야 되며 가야만 됨
이니라.
22 이제 너희들의 삶이 아니요, 나의 삶
이니, 너희들이 움직이는 것이 다 나
의 삶이니라.
23 음식을 하나 먹는 것도 나를 대신해서
내 삶을 사는 것이며, 너희들이 숨을
쉬고 잠을 자는 것, 행동하는 것, 그
모두가 너희들이 나를 대신해서 함이
니,
24 너희들이 추악한 짓, 더러운 짓을 하
는 것은 내가 그와 같은 더러운 짓을
하도록 너희들이 만드는 것이며 나를
그리 끌고 가는 것이며 내가 행하도록
너희들이 만드는 것이니,
25 너희들의 행동 하나하나가 나를 대신
하여 함을 잊지 말라.
26 너희들은 너희 것이 아니요, 너희들의
육이요, 너희들의 생각이 아니라, 너
희들의 머리끝에서부터 발끝까지 그
모두는 오로지 다 나의 것이며, 나를
대신하는 것이며, 너희들이 행하는 것
이 다 나를 대신하는 것이니라.
27 너희들이 차를 타고 여행하는 것이요,
세상을 보고 아름답게 생각하는 것이
요, 숨을 쉬는 것까지 그 모두가 다 나
를 대신하며 내가 하는 것이라는 이
무서운 사실을 너희들이 오늘서부터
가슴에 안고 생활해야 될 것이며 살아
가야 될 것이니라.
28 이제는 너희들은 갈 수 있으며 행할
수 있음이니, 너희들이 부정한 짓, 더
러운 짓, 추한 짓 하는 그 모두가 다
나를 대신하며 내가 행하도록 너희들
이 행함이니, 이를 너희들이 바로 깨
우쳐 행하도록 그리하라.
29 모두는 다 너희들이 나를 대신함이며,
나의 삶을 삶이며, 너희들 것이 아니
니라.
30 사랑하는 나의 아들 네가 이를 깨우쳤
음이니, 이 뜻을 너의 제지들에게 오
늘 이제 전해 주며 네가 그리 행함을
너의 제자들에게 그리 알려 주어야 할
것이니라.
31 누워서 잠자는 것, 달리는 것, 걸어가
는 것, 숨 쉬는 것, 먹고사는 것, 아름
다운 옷을 입는 것, 좋은 것을 걸치고
자 하는 것, 그 모두가 다 너희들이 나
를 대신하여 하는 것이며, 너희들 것
이 아님을 알라.
32 너희들이 남을 시기하고 욕하는 것은
내가 욕하는 것이며, 남을 사랑하고
칭찬하는 것은 내가 함이니, 이 세상
의 창조주인 나 여호와가 세상에 어찌
비쳐지며 내가 어찌 살아가야 된다
생각하는가?
33 너희들이 나 여호와를 시궁창에 밀어
넣으며, 사악한 짓을 하며 간음하며
도둑질하며 사기치며 남을 시기하고
질투하고 추하고 더러운 짓을 나 여호
와로부터 하게 함이니, 너희들이 하는

것이 내가 하는 것이며 나를 그리하게
함이니 그리 알라.
34 이와 같은 깊은 뜻을 깨우쳐 너희들이
바로 서도록 해야 될 것이며,
35 이를 지키지 못하는 너희들은 나를 시
궁창에 넣는 것이며 나를 욕하게 만들
며 내가 간음하게 만들며 내가 도둑질
하게 만들며 내가 남에게 사기를 치게
하며 남을 괴롭게 하도록 나를 너희
들이 끌고 다님이니 그리 알라.
36 너희들이 나 여호와를 너희들의 애완
용으로 가지고 다니듯이 끌고 다님이
니, 너희들이 나를 어찌 끌고 다니느
냐 하는 것은 너희들 자신의 마음에
달렸음이니, 오늘부터 너희들은 나를
끌고 다니는 너희들이라 알라.

4,498 번째 하나님 말씀

2003년 1월 10일 15시 49분

1 사랑하는 나의 아들아!
2 "네, 아버님! 말씀하옵소서."
3 내가 너에게 처음에 가르쳐 이르기를,
너는 죽은 자라 말했으며, 너는 네가
사는 것이 아니요, 내가 너의 생명을
연장하여 내가 이루고자 하는 그 삶을
네가 대신해서 사는 것이라 그리 말하
였느니라.
4 그리하여 죽은 자라 하였으며, 죽은
자가 추운 것을 알며 더운 것을 알며
사랑하는 사람의 아픔을 알며 사랑하
는 사람의 슬픔을 알며 사랑하고 그리
운 사람들이 살아가는 그 모습을 볼
수 있겠느냐 물었으며, 그를 봐서도
안 되며 볼 수 없는 것이 죽은 자의 마
음이라 하였음이니라.
5 그리하여 내가 너를 죽은 자라 그리
살라 하였음이니라.
6 그리하여 내가 또한 너에게 깨우쳐 이
르기를 뭐라 말하였는가?
7 나 여호와가 원하지 않는 일이요, 내
가 기뻐하지 않는 일을 너는 행하지
말며 그리 살라 하였음이니라.
8 오로지 나를 생각하며, 나 여호와가
기뻐할 것인가 괴로워할 것인가 슬퍼
할 것인가를 네가 생각해서 그와 같은
일을 너 스스로 결정하여, 나 여호와
가 원하지 않는 일이며 내가 좋아하지
아니하는 일이요, 내가 싫어하는 일은
하지 말라 내가 그리 말하였으며,
9 항상 나와 더불어 있다 그리 생각하라
하였음이니라.
10 그리하여 내가 너에게 또 뭐라 말하였
는가?
11 네가 살아가는 그 모두는 내가 행하는
것이라 그리 깨우치라 말하였음이니
라.
12 네가 먹고 자며 웃으며 즐기며 입고
쓰는 그 모든 것이 다 너를 위해서 하
는 것이 아니라 나 여호와를 대신하여
한다 하였음이니, 네가 그를 지키고
살아가는 것이 얼마나 힘들고 어려운
것인가 너 스스로 알 것이니라.
13 그러나 너는 행해야 된다 하였음이니
라.
14 이제 너는 하나 깊이 깨우쳐야 할 것
이 있느니라.
15 네가 나를 대신하여 사는 인생을 산다
하면, 내가 봐서, 또 사회의 인간적인
도리에서 많은 사람으로 하여금 얼굴

을 찌푸리게 하며 남들에게 부끄러운
어떠한 행위도 해서는 아니 되는 것이
네가 가야 할 길이며 살아야 할 길이
니라.
16 사탄이요, 사악한 자요, 악마요, 하는
그와 같은 것이 어디에서 일어나느냐?
17 너 자신의 마음에 있음이니라.
18 네가 나에게 부끄러운 행위를 자제하
지 못하며 그를 행한다 하면, 그게 네
가 사탄이요, 사악한 자요, 악마가 되
는 것이니라.
19 네가 생각해서 나에게 부끄럽지 않은
행동과 나에게 부끄럽지 않도록 살아
가는 것이 네가 천사가 되는 것이며,
나로부터 선택된 백성으로서 네가 가
는 길이며, 만백성을 구하는 나의 아
들로서 선택된 길이니라.
20 네가 스스로 생각해서 부끄러운 일이
요, 남에게 보이지 못할 만한 그와 같
은 행동을 하는 것은 바로 네가 사탄
이 되고 악마가 되는 것이니라.
21 그리하여 너희가 해서는 내가 좋아하
지 아니하는 일, 내가 원하지 아니하
는 일, 남들이 봐서 해서는 아니 되는
그와 같은 일을 할 때, 그것이 바로 너
희들이 사탄이요, 악마가 되는 것이니
라.
22 너의 제자들이 생각하여 이 일은 하
지 아니하며 참고 인내하지 못할 욕
심이요, 시기요, 모든 면에서 그를 참
고 견디지 못하는 그와 같은 행위는,
그것이 나쁜 짓이요, 남들이 봐서는
안 되는 일이며 도덕적이요, 사회적이
요, 인간적인 면에서 부끄러운 짓이라
하면, 그것을 행하는 그 순간에 너희
들이 사탄이요, 악마가 되는 것이니,
그때는 나를 잊어버리는 것이니라.
23 이 길을 네가 가야 되며, 너의 제자들
이 그리 가야 할 것이니라.
24 너희들이 돌 하나 줍는 것, 연필 하나
줍는 것, 말 한마디 하는 것이 나의 뜻
에 어긋나는 일이라면 너희들은 절대
해서는 아니 되는 것이니라.
25 그를 행하는 것은 바로 무엇이던가?
26 그게 너희들이 사탄이요, 악마요, 사
악한 자요, 이단으로 변하는 것이니라.
27 내가 선과 악이요, 천사와 사탄이라는
것은 종이 한 장 차이도 안 된다 말하
였으니, 너희들이 어느 쪽으로 발을
들여놓느냐에 따라서 사탄이 되고 악
마가 되는 것이니,
28 너희 스스로 평가하고 생각해서 인간
으로서 하지 말아야 할 일을 하지 않
는 것, 그것이 선하게 나에게 오르는
길이요,
29 그저 이 정도는 괜찮겠지 그리고 이는
즐거움을 위해서 너희들이 해도 되겠
지 그리하여 해서는 안 되는 일을 참
고 접어 두지 못한다면 그 순간에 너
희들이 사탄이요, 악마가 되는 것을
알라.
30 그러하니 네가 어찌 살아가야 될 것이
며 너의 제자들이 어찌 살아가야 되는
것인가?
31 내가 너에게 한 점의 부끄러움이 없이
살라 하였으며 너의 제자들에게 한 점
의 부끄러움이 없이 살라 하였음이니,
32 한 점의 부끄럼이 있는 행위를 하는
것은 너희들이 사탄이요, 악마가 되는
것이니라.

33 그리고 너희들이 거짓 선지자가 되는
것이며, 나의 거짓 아들이 되는 것이
며, 나로부터 거짓 선택된 백성이니라.
34 너희들이 이제는 바늘구멍보다 더 작
은 어떠한 것도, 길이 아니요, 정도가
아닌 것을 행해서는 아니 됨이니,
35 네 마음이 저리며 네 가슴이 아프고
저려 온다 하여도, 너희들 제자들이
인내하고 견딜 수 없다 하더라도, 너
희들이 사탄이 될 것이냐 천사가 될
것이냐 하는 그 행동 하나가 그 순간
순간에 너희들이 악마로 변하며 천사
로 변하는 것이니라.
36 너희들이 해서는 안 되는 행위를 하는
것은 그 순간에 악마요, 사탄이요, 거
짓 선지자요, 이단자이니 나로부터 버
림을 받는 자요, 너희들이 선한 것을
추구해서 행한다는 것은 나로부터 선
택된 선지자요, 나의 아들이요, 나로
부터 선택된 백성이요, 너희들이 하늘
에 오를 수 있는 것이니라.
37 이와 같이 너희들이 변해 오는 과정에
서 오늘에 너희들이 지킬 것은, 너희
들이 정녕 하나라도 부끄러운 행위요,
해서는 안 되는 짓이요, 이와 같은 행
위를 해서는 그때그때 너희들이 악마
로 전락하며, 거짓 선지자요, 위선자
요, 나의 아들이 아니요, 왕사탄의 아
들이 되는 것이니,
38 너는 그리하여 너 스스로 알아서 행
하여야 될 것이니라.
39 어떠한 고통과 아픔이 있더라도 너희
가 해서는 안 되는 일을 하는 그 순간
에 너희들은 사탄이 되니, 나의 아들
이 아니요, 나로부터 선택된 백성들이
아니니, 이 고비를 넘어야 할 것이니
라.
40 마지막 내가 너에게 명하는 이 고비를
넘으라.
41 네가 보아서는 안 되는 일, 해서는 안
되는 일을 행해서는 아니 될 것이니,
42 백지장처럼 하얀 네 마음, 세상을 곱
게 덮는 눈이 내려 모두를 아주 다 덮
어 버린 하얀 마음과 같이 바로 서야
할 것이니라.
43 거기에 하나의 점이라도 있다 하면 너
는 사탄이요, 나의 아들이 아니요, 나
의 선지자가 아니요, 만백성을 구하는
목자가 아니니라.
44 너의 제자들 또한 그러하니, 이를 명
심하여 행하도록 그리하라.

4,499 번째 하나님 말씀

2003년 1월 10일 15시 54분

1 사랑하는 나의 아들아!
2 "네, 아버님! 말씀하옵소서."
3 네가 하는 행동이요, 너의 제자들이
하는 행동에 있어서, 내가 기뻐하지
아니하는 행동이요, 내가 원하지 아니
하는 행동을 하고 안 하는 것을 너희
들이 구분하여서 행하는 그 단계를 이
제 너희들이 벗어났음이니라.
4 너희들은 해야 할 일과 안 해야 할 일,
이것이 나의 뜻이요, 내가 원하는 것
이 아니면 그를 절대로 하지 않는, 그
리고 너희들이 봐서 선한 일이요, 내
가 원하는 길이라면 너희들은 반드시
행하는 그와 같은 높은 단계의 경지에
올라가 있으며 그를 행해야 될 것이니

라.
5 해서는 안 되는 일은 절대 해서는 안
되는 것이며, 해야 할 일은 너희들이
해야 하는 것이니라.
6 이것이 내가 원하는 일이냐 원하지 않
는 일이냐 골라서 너희들이 생각하는
그와 같은 단계요, 그를 생각하여 비
추어 보는 것이 아니라,
7 잘못된 것이라면 절대 하지 않는, 그
리고 해서는 아니 되는 그와 같이 행
함으로 너희들이 지금 변해야 되며 그
와 같은 마음 자세로 굳건히 서야 될
것이니라.
8 행하지 않아야 할 것을 행하는 것, 해
서는 안 되는 짓을 하는 것, 그 순간에
너희들은 나로부터 다 버림을 받는 것
이니라.
9 나의 아들도 아니요, 나로부터 선지자
로 선택된 자도 아니요, 나로부터 명
받은 목자도 아니요, 만백성을 구하는
자도 아니요, 나의 법전이 진실한 것
이 아니며, 다 이게 너희들이 말하는
왕사탄이 마지막 시대에 와서 만백성
을 유혹하며 혼란케 하는 그와 같은
거짓 선지자의 울부짖음으로 전락할
것이니라.
10 이제는 해야 될 일과 안 해야 될 일을
너희들이 알아서, 하지 말아야 할 일
을 해서는 안 되는 것이니라.
11 이것이 너희들이 지키고 네가 가야 할
단계이니, 아무리 아프고 저려 온다
하여도 너는 이를 딛고 넘어야 될 것
이며, 하지 말아야 되는 일을 하지 않
는, 해서는 안 되는 그와 같은 너의 용
기와 너의 변하는 모습으로써 그리 살
아가는 길밖에 없음이니, 이를 명심하
여 네가 시행하도록 하라.
12 이제는 어떠한 작은 일도 네가 해서는
아니 되는 행위를 했을 때 너는 바로
나의 아들이 아니니라.
13 너는 사탄의 자식으로 전락하며 사탄
의 자식으로 가는 것이며, 나의 법전
또한 내가 너희들에게 직접 내려 만백
성을 구하는 심판의 나의 성령의 뜻이
아니요, 사탄이 세상을 혼란케 하는
행위이니,
14 네가 알아서 행해야 할 것이며 너의
제자들이 알아서 행하도록 그리하라.
15 너희들이 천사가 되며 나의 법전이 나
의 성령이요, 만백성을 구하는 지표
요, 근본이 될 것인가, 그렇지 않으면
왕사탄의 장난으로서 불 속에 태워지
며 찢어 버리며 없어지는 그와 같은
나의 법전으로 만들 것인가?
16 너희들은 해서 안 되는 행위를 하는
그 순간에 모두는 다 무너짐이니, 아
무리 작은 것이라도 너희들이 해서는
안 되는 행위를 했을 때 내가 그를 용
서하지 못하며 너희들을 용서할 수 없
음이니 그리 알라.

4,500 번째 하나님 말씀

2003년 1월 10일 16시 10분

1 사랑하는 나의 아들아!
2 "네, 아버님! 말씀하옵소서."
3 제방의 둑에 물이 샘이니, 처음에 너
희들이 손으로 막을 수 있는 것을 놔
두면 호미라는 것으로 막으며,
4 호미라는 것으로 막지 못할 때 너희들

은 삽이라는 연장을 쓰게 되며,
5 삽으로 막을 것을 놔두면 너희들은 가
래라는 그 장구를 동원하여 그를 막아
야 될 것이며,
6 그와 같이 막지 않았을 때 너희들은
크나큰 기계로써 막아야 되며, 그를
놔뒀을 때는 그 제방이 무너지는 것이
아니던가?
7 이를 너희들이 역으로 생각하여 깨우
침을 얻는다 하면, 내가 모세라는 나
로부터 선택된 백성을 보내 그 화려하
고 누구도 이룰 수 없는 역사요, 많은
기적을 이루어 너희들 자신으로서 다
스리며 너희들 스스로 변할 수 있도록
그리고 구원받는 길을 갈 수 있도록
내가 너희들에게 그와 같이 기적과 역
사를 하였음이니라.
8 그러나 너희들은 그때 깨우치지 못하
고 변하지 못하여 우상을 만들며 광란
의 행위를 하였음이니, 그게 바로 삽
이요, 호미로 막을 수 있는 것을 너희
들이 막지 않아 그와 같이 제방이 무
너지는 형국이 되었음이니라.
9 그리하여 내가 나의 아들을 세상에 내
려보내어 그를 막으려 하였으나 그를
막지 못했으며, 그 물은 터져 제방이
무너질 듯 무서운 속도로 계속 물이
내려감이니, 그를 어떠한 방법으로도
막을 수가 없으니 모든 기계를 동원하
여 그를 막으며 그를 다시 쌓는 그와
같은 역사로 이루듯이,
10 지금 나 여호와가 직접 나의 성령을
나의 아들을 통하여 내려 법전이라 하
여 심판의 시대에 새로운 성경을 세상
에 내려보내 너희들을 다스리며 너희
들에게 개혁의 역사를 이루고자 하는
것이 나의 뜻이니,
11 그리하여 내가 지금 내려보내는 나의
법전이요, '하늘에 오르는 길'이요, '하
나님! 말씀하옵소서'라는 이 책이 '새
로운 성경'이요, 이게 바로 내가 책으
로 만들어 내는 것임을 너희들은 알아
야 될 것이니라.
12 그리하여 내가 새로운 성경을 책으로
만들어 너희들에게 전함이니, 나의 법
전을 믿고 깨우치지 않는 자는 하늘의
뜻을 알 수가 없으며, 심판의 대열에
서 심판을 받을 자격마저도 없다 함을
내가 너희들에게 수차 전하였음이니,
나의 이 깊은 뜻을 알아야 될 것이니
라.
13 이 법전을 세상에 내려보내는 것은 나
여호와가 새로운 성경을 내려보냄이
요, 그리하여 내가 다시 한 번의 크나
큰 은혜와 영광을 내려 너희들에게 한
번의 구원의 기회를 주는 것이 나 여
호와가 하고 있는 역사임을 알아야 될
것이니라.
14 너희들은 나 여호와의 음성을 듣기를
바라며 나로부터 은혜를 받기를 바라
며 나의 모습을 보고자 하며 나의 손
을 만지고자 하는 것이 너희들의 뜻이
나,
15 너희들이 그리 갈구하고 원하는 그것
을 이룰 수 있는 것은 새로운 성경으
로써 내가 내려보내는 이 성경을 정독
하고 깨우쳐 읽는 그 속에서만 너희들
이 그리 갈구하는 나의 음성을 들을
수 있으며 나를 볼 수 있는 그와 같은
역사를 얻게 됨을 너희들은 알아야 될

것이니라.
16 하늘에 오르고자 하며 나에게 구원을
받고자 하는 자, 너희들은 정녕 내가
지금 새로 내려보내는 성경을 정독하
며 이를 읽고 또 읽어 깨우치는 그 길
외에는 하늘에 오를 수 있는 길이 없
으며 구원을 받을 수 있는 길이 없음
을 알아야 될 것이니라.
17 이를 명심하여 행하지 아니한다면 너
희들은 영영 그리도 갈구하는, 나에게
오는 그 길을 올 수 없음을 알아야 될
것이니라.
18 내가 보내는 이 성경이 바로 너희들을
심판하며, 구원할 자와 구원하지 아니
할 자를 구분하는 나의 뜻임을 너희들
이 깊이 알아야 될 것이니라.
19 일찍이 내가 성경에 기록하여 너희들
에게 전하기를, 나의 아들 예수가 그
리 너희들에게 말하였느니라.
20 '만백성이 내 말을 듣고 지키지 아니
할지라도 내가 저희들을 심판하지 아
니한다.' 그리 예수는 말하였으며,
21 '내가 온 것은 세상을 심판하려 온 것
이 아니요, 너희들을 세상에서 구하려
하는 것이다.' 그리 성서에 기록해 놓
았듯이,
22 너희들이 모세의 시대와 예수의 시대
를 거쳐 정화되지 못하며 변화되지
못하였기에, 내가 지금 너로 하여금
심판의 역사의 시대를 연다는 것을 여
기에 미리 예언하여 기록되어 있는 그
내용임을 너희들이 잘 읽고 깨우쳐야
될 것이니라.
23 너희가 이 성경의 구절을 어찌 받아들
이고 가르치느냐 하는 것은 너희들의
자유요, 너희들의 뜻이나, 나의 아들
예수가 제가 전하고자 가르치는 것을
행하지 아니하여도 심판하지 아니한
다 그리 전한 것은, 그가 지금 너희들
에게 전하고 깨우치는 것을 너희들이
그리 지키지 아니하고 그리 행하지 아
니하고 산다 하여도 예수 자신이 너희
들을 심판하지 아니한다 함이니,
24 그는 곧 나의 아들 예수는 나의 백성
들을 심판할 수 있는 권한이 없으며
심판할 자격이 없음을 너희들에게 이
미 예언하여 가르친 것이니라.
25 오로지 너희들을 심판하고 다스리는
것은 나 여호와뿐이며, 나의 아들 예
수는 나 여호와의 뜻을 대행하는 대행
자이며, 심판자가 아님을 말하였음이
니,
26 곧 이것은 나 여호와만이 할 수 있음
이니, 내가 지금 나의 성령으로써 세
상에 내려보내 이와 같은 역사를 이루
고 있는 것을 너희들은 알아야 될 것
이니라.
27 이 세상의 모든 기적이요, 역사요, 심
판하며 구원할 자, 버릴 자 구분하는
것은 나의 아들 예수가 할 수 없으며
오로지 나 여호와만이 할 수 있다는
것을 너희들에게 그리 깊이 전하여 주
었거늘,
28 너희들은 삼위일체라 하며 나의 아들
예수가 나보다도 더 능력이 있는 것처
럼, 나와 똑같은 능력과 역사를 할 수
있는 것처럼 그리하여 너희들이 예수
를 찾고 부르짖고 있음이니, 너희들이
그 까닭을 다시 한 번 너희 스스로 반
성하는 시간을 가져야 될 것이니라.

29 예수는 말하였느니라.
30 예수가 온 것은 그가 세상을 심판하
려 온 것이 아니요, 세상에 있는 너희
들을 구원하려 함이라 하였으니,
31 너희들에게 구원의 길이 무엇인가를
깨우쳐 주고자 예수가 나로부터 그 대
명을 받아 세상에 내려갔음을 너희들
은 알아야 될 것이니라.
32 너희는 여기서 심판의 시대가 다시 온
다는 그것을 알아야 될 것이니라.
33 나의 아들 예수가 심판하지 아니하며
그는 심판할 자격이 없다 하였음이니,
심판하는 새로운 성령이 내려온다는
의미를 여기서 명시한 것을 너희들은
알고 깨우쳐야 될 것이니라.
34 즉, 예수가 내려오는 것이 아니요, 새
로운 성령이 내려와 너희들을 심판한
다는 것임을 알아야 될 것이니,
35 이를 너희들이 왜곡되게 깨우쳐 전하
는 그와 같은 오류 때문에 나의 백성
들이 갈피를 못 잡고 어떤 것이 진정
한 길이며 하늘에 오르는 길인가를
그들이 모르고 있음이니라.
36 너희는 모든 성서를 정독하고 그 성경
속의 내용을 선한 마음으로써 정독하
고 깨우쳐 볼 때, 심판의 시대는 반드
시 온다는 것이요, 예수가 심판하는
것이 아니요, 나 여호와가 직접 세상
에 내려가 너희들을 심판한다는 것이
기록되어 있음이니,
37 그 내용을 깨우쳐 그 무서운 의미와
거기서 내가 하고자 하는 뜻이요, 내
가 이루고자 하는 역사의 내면을 바라
봐야 될 것이니라.
38 다만, 예수는 너희 백성들을 구원하는
길이요, 죄가 무엇인가 그리고 하늘에
오르는 길을 가는 백성이 기초를 닦는
것이 무엇인가, 그리하여 죄와 선을
구분하는 그 능력과 깨우침을 주고자
하여 구약과 신약이 존재하였으며 그
시대가 열렸음이니라.
39 그리고 그 모두는 나로 하여금 집행되
며 나로 하여금 이루어짐이니, 예수가
아무리 나 여호와의 뜻을 가지고 가르
치고 전한다 해도 예수가 전하는 그
뜻을 듣지 않는다 하여 너희들을 원망
하고 심판하지 못한다 하는 그 뜻을
너희들이 알아야 될 것이며,
40 이 세상을 심판하여 구원하고 구원할
자를 그가 직접 명하는 것이 아니요,
구원의 길을 바라볼 수 있는 그 역할
만을 하기 위하여 내려왔다는 그 의미
의 깊은 뜻을 너희들이 새겨, 성경에
있는 내용을 다시 한 번 음미하며 그
비유의 뜻을 깨우쳐 정녕 하늘에 오르
는 길을 봐야 될 것이며,
41 지금 새로운 법전이요, 내려가는 이것
이 새로운 성경이라 내가 명하는 그
뜻을 받아들이는 자만이 구원을 받을
수 있음을 잊어서는 아니 될 것이니라.

4,501 번째 하나님 말씀

2003년 1월 10일 16시 24분

1 사랑하는 나의 아들아!
2 내가 성서에 기록하여 너희들을 깨우
쳐 전하기를, 예수가 그리 너희들에게
말하였느니라.
3 '나를 저버리고 내 말을 받지 아니하
는 자를 심판할 이가 있으니, 곧 나의

한 그 말이 마지막 날에 저를 심판하
리라' 이와 같은 성서에 기록된 깨달
음을 너희들은 과연 어찌 알며 어찌
받아들이는가?
4 이는 예수를 버리고 그의 고통을 저
버려도, 예수가 전하는 그 가르침을
받지 아니하고 그 뜻을 따르지 아니하
고 그를 행하지 아니한다 하여도, 예
수는 스스로 그들을 단죄하며 그들을
심판할 능력이 없으며 심판할 수 없음
을 너희들에게 알려 줌이니라.
5 이는 곧 무엇이더냐?
6 예수는 나 여호와 창조주로부터 보냄
을 받은 자요, 보낸 자요, 심판할 자
나 여호와가 따로 있음을 그가 엄연히
거기에 밝혀 주었음이니,
7 지금의 믿음의 길을 가고 있는 그들
의 형태와 너희들이 가고 있는 행하
는 그 모두가 과연 어떠한 형태로써
가는가 한번 그를 돌이켜 봐야 될 것
이니라.
8 너희들은 모두의 구원하는 것도 나의
아들 예수로서 하는 것이며, 너희들을
심판하고 너희 죄를 다스리며 용서할
자와 용서하지 못할 자 그 모두의 구
분을 다 예수가 하는 것처럼 그리 지
금 믿고 가고 있음이니, 그리하여 너
희들이 잘못되었다 함을 내가 너희들
에게 깨우쳐 줌이니라.
9 예수는 그가 직접 심판할 수 없으며,
심판할 자가 온다 그리하였음이니, 심
판할 자는 과연 누구를 말하는가?
10 나 여호와 창조주, 나를 말하는 것이
며, 심판하는 것은 나 여호와만이 할
수 있으며 그 누구도 할 수 없다는 것
을 여기에 기록하여 너희들을 깨우치
고자 예언하였음을 알아야 될 것이니
라.
11 마지막 날에 너희를 심판한다 하였음
이니 그는 바로 무엇이던가?
12 신약의 시대에 나의 아들 예수가 너희
들에게 깨우쳐 전하고자 하던 것을 그
대로 받아들여 너희들이 선하고 착한
천사와 같은 백성으로 변했다면, 그
마지막 날에 너희들을 심판을 하리라
하는 그런 것은 기록하지 아니하였을
것이니라.
13 그러나 너희들이 오늘과 같이 험악하
게 변화될 것을 예언하여 마지막 날이
라 하였으니,
14 이는 곧 예수가 이 세상에 와 2천 년
이 끝나는 때부터 너희들의 대역사요,
변화가 이루어질 것이라는 것을 너희
들 스스로 암암리에 전하여 알고 있으
며, 동양에서부터 새로운 역사가 이루
어진다는 것을 너희들은 이미 알고 있
는 것이니라.
15 그러나 너희들은 그것이 언제며 어떤
형태로써 어찌 올 것인지를 모르며,
다만 너희들에게 임하며 너희들이 그
와 같은 영광의 축복을 받을 것이라는
너희 종교 집단과 종교 지도자들의 그
와 같은 허망한 꿈속에서 살아가고 있
음이니,
16 그가 온다 하여 반드시 동양에서 새로
운 역사가 이루어지며 새로운 성서가
2천 년이 지난 다음에 내려온다 하여
도, 너희들은 너희들이 받지 못할 것
을 두려워하며 너희들에게 역사해 임
하지 아니할 것을 두려워하여 쉬쉬하

고 있음이니,
17 너희들이 이를 받을 수 있으며 너희들
을 통하여 내가 새로운 성경을 내린다
면 너희들은 이를 동네방네 써 붙여
들고 다니며 요란을 떨었을 것이니라.
18 너희들이 받지 못하며 너희들에게 임
할 수 없기에, 너희들은 그 모두를 다
접어 두며 그와 같은 알고 있는 예언
이요, 예시를 무시하고 살아가는 것이
지금 너희 백성들이니, 이를 바라다보
는 나 여호와의 마음이 얼마나 아프겠
는가?
19 너희들이 나의 뜻에 따라 나의 뜻에
순종하여 산다 하면서, 악하고 악한
행위의 즐거움 때문에 그를 버리지 못
하고 행하는 그와 같은 삶을 사는 자
들과 다른 것이 무엇이 있던가?
20 너희들이 비록 나로부터 새로운 성경
을 받지 못하며 새로운 역사를 받지
못하며 새로운 은혜와 은총을 받지 못
하는 종교 집단이요, 종교 지도자라
하여도,
21 나 여호와가 새로운 성경을 내리며 2
천 년이 끝나는 때부터 새 변화가 이
룬다는 것을, 그리고 동양에서부터 새
로운 역사가 이룬다는 것을 알고 있는
너희들이 그를 전하고 깨우쳐 그 준비
를 하도록 하는 것이 너희들의 도리이
거늘,
22 너희들은 나 여호와의 이와 같이 방대
하고 위대한 그 계획마저도 너희들이
받지 못하며 너희들에게 임하지 못할
것을 두려워하여 그를 쉬쉬하며, 그와
같은 것은 없을 것이라 그리 너희들이
전함이니,
23 내가 너희들에게 임하여 너희들에게
명을 받는 자라, 선택된 자라 말할 때,
너희들은 이 세상을 시끄럽게 지금 떠
들고 다닐 것이니라.
24 이는 곧 2천 년이 끝나는 때부터 내가
심판을 직접 한다는 것을 나의 아들
예수가 전함이니,
25 너희들은 이 구절을 정독하고 나서도
지금 나의 법전이요, 새로 오는 이 성
경이 새로운 시대에 나 여호와 창조주
가 심판할 자 구분하기 위하여 그 기
본이요, 근본인 법전을 내려보낸다는
것을 아직도 부인하고자 함이니,
26 이것이 정녕 새로운 성경이요, 너희들
을 심판하고자 하는 마지막 내가 내리
는 법전이라는 것을 깨닫고 이를 보고
깨우치는 자만이 구원을 받을 수 있음
이니,
27 이를 저버리고 이를 버리는 자는 영영
구원을 받을 수 없으며 구원을 받는
길이 무엇인지 그 방법조차 모르는 우
매한 백성임을 알아야 될 것이니라.

4,502 번째 하나님 말씀

2003년 1월 10일 16시 33분

1 사랑하는 나의 아들아!
2 내가 나의 아들 예수를 통하여 전하여
성서에 기록되기를 예수가 그리 전하
였느니라.
3 '내가 내 자의로 말하는 것이 아니요,
나는 보내신 아버지께서 나의 말할
것과 이를 것을 친히 명령하여 주셨으
니' 그리 기록되었음이니라.
4 너희들은 이 뜻을 어찌 깨우치며 너희

것으로 해석하며 나의 뜻이 무엇인가
를 어찌 연구하는지 알겠는가?
5 예수가 말하고 복음을 전하고 역사하
며 기적을 이룬 그 모든 것은 다 예수
스스로 한 것이 아니요, 내가 임하여
명하고 그에게 능력을 부여하여 그때
그때 그가 역사를 이루도록 하였음이
니, 이는 나 여호와의 명령에 의하여
행하였음을 말하는 것이며,
6 그와 같은 변화의 세계 속에서도 나
여호와가 하나하나 주관하며 관장하
여 내 명에 따라 그는 움직였음을 너
희들에게 깨우치고자 하는 대목으로
서 기록되어 있음을 알라.
7 이는 아버지와 아들의 관계를 너희들
이 불분명하게 하며 삼위일체라는 그
와 같은 뜻으로써 나 여호와가 아니
요, 예수의 역사로써 모든 것이 다 이
루어지는 것처럼 너희들이 그와 같이
믿음을 가며 그 길을 가고 있기에,
8 지금 너희들은 진정한 하늘에 오르는
그 길을 모르며 너희들이 나에게 오
는 길이 아니요, 정반대의 길로 가고
있다 하였음이니라.
9 그리하여 이는 보낸 이와 보냄을 받은
자와, 아버지와 아들의 그 관계를 명
확히 명시하여 너희들에게 깨우쳐 주
었음이거늘,
10 아직도 너희들은 삼위일체라는 그와
같은 허구성의 말을 가지고 나와 나
의 아들과 성령 그 모두를 하나로 보
고, 예수에게 함으로 인해서 모두가
다 그와 같이 이루어지며 예수에게 모
두를 다 함으로 인해서 이루어진다 그
리 말하고 지금 믿어 가고 있음을 너
희들은 알아야 될 것이니라.
11 예수가 또한 예수 안에 내가 있으며
내 안에 예수가 있으며 예수가 하는
것이 나 여호와가 하는 것이라 말한
그 의미를 너희들은 어찌 알고 있는가?
12 그는 그러니라.
13 내가 예수에게 모두를 임했을 때 나의
아들 예수는 나의 뜻을 위하여 행했기
때문에,
14 예수가 가진 것을 가지고 증명하며 그
를 가지고 너희들이 깨우친다 그리 기
록된 내용들은
15 내가 예수에게 전한 것이 진실한 나의
뜻이었기 때문에, 예수가 가지고 있는
그 속의 뜻이나 내가 너희들에게 전하
고자 하는 뜻이 같기에 예수가 나의
뜻을 대신하여 전하며,
16 그가 전하는 것이 나의 뜻이라는 그와
같은 의미의 깨달음을 얻지 못한다면,
17 이는 나의 아들 예수가 전하는 것으로
써 너희들이 구원을 받으며 모두의 역
사를 이룬다는 그 착각 속에서 너희들
이 그를 알게 됨이니라.
18 그리 깨달아서는 아니 됨을 너희들은
알아야 될 것이니라.
19 예수가 가지고 있는 것을 증거하며 그
를 가지고 깨우친다는 얘기는, 다시
내가 너희들에게 깨우쳐 줌이니, 내가
예수에게 명한 것을 내가 명한 그대
로 그는 받아서 실천하는 나의 보냄을
받은 자라는 것을 의미함이니,
20 그의 가슴에 있는 것이나 새로 내가
깨우치고자 하는 것이나 내 뜻이 같이
한다는 그 의미이지, 예수가 모두를
다 관장하여 이룬다는 뜻이 아님을 알

아야 될 것이니라.
21 나의 아들 예수는 내가 명한 대로 모
두 그리 그가 행하고 실천하였으며,
나의 승인 아래 그 모두의 역사가 이
루어졌으며, 나의 허락하에 모두가 이
루어진 것을 증명하는 것을 여기에 기
록하고자 성경에 기록해 놓았으니,
22 그 뜻을 너희들이 제대로 깨우치고 이
해하여 너희 것으로 만들도록 그리하
라.

4,503 번째 하나님 말씀

2003년 1월 10일 16시 43분

1 사랑하는 나의 아들아!
2 "네, 아버님! 말씀하옵소서."
3 나의 아들 예수를 통하여 성경에 기록
되어 너희들에게 전하기를 예수가 그
리 말하였느니라.
4 '나는 그의 명령이 영생인 줄 아노라.
그러므로 나의 이루는 것은 내 아버지
께서 내게 말씀하신 그대로 이루어지
노라.' 그리 말하였느니라.
5 이 뜻을 너희들은 어찌 받아들이는가?
6 이는 나의 아들 예수가 모든 기적과
역사를 자신이 행함이 아니요, 나 여
호와가 하는 것이요, 내가 명하여 이
루어지는 것이며, 나의 승인하에 모든
뜻에 따라 움직이는 그것만이 구원을
받을 수 있는 길이며 하늘에 오를 수
있는 길이라 하는 것을 너희들에게 명
하여 알려 주는 것이며,
7 그가 하는 것은 나로부터 받아서 행함
이니 내가 내리는 그것을 가지고 나
의 아들 예수가 너희들을 깨우치고 가
르치는 것, 그것만이 하늘에 오르는
길이요, 구원을 받는 그 길이라는 것
을 너희들에게 깨우쳐 줌임을 너희들
은 알아야 될 것이니라.
8 나 여호와가 내리는 그 모든 뜻이 너
희들의 구원의 길이요, 그 외에는 아
무것도 구원이요, 구원의 빛이 될 수
없다는 것을 나의 아들 예수가 너희들
에게 간곡히 깨우쳐 주는 그 내용임을
알아야 될 것이니라.
9 나 여호와의 뜻을 예수에게 전하는 것
은 세월이 아무리 흐르고 또 변한다
해도 못 이루어지는 것이 없으며, 반
드시 그 역사는 이루어지며, 내가 명
한 것은 이루어진다는 것을 나의 아들
예수가 너희들에게 깨우쳐 주고자 함
이니 여기에 그 뜻이 있음이니라.
10 나 여호와가 내리는 모든 명령이요,
또 내가 새로운 성경으로써 나의 법전
에 기록하여 나의 뜻이라 하여 참진리
라 하여 책으로 엮어 내는 그 모든 내
용들은 다 그것이 아니면 구원을 받을
수 없는 길이라는 것을 미리 너희들에
게 예언하여 가르쳐 주었기에,
11 나 여호와가 법전이요, 책으로써 전하
여 160권을 엮어 세상에 내려보내는
오늘의 새로 나오는 성령을 예언하여,
그 성령이 나오는 것을 너희들이 믿고
따를 때 구원을 받는 것이며 그 길 외
에는 구원의 길이 없다는 것을 너희들
에게 깨우쳐 주는 것이며,
12 나 여호와가 한번 너희들에게 명하여
전한 것은 세월이 흐르든 어찌하든 그
역사는 반드시 이루어지며, 그 뜻은
사탄이요, 사악한 자들이 방해한다 해

서 중단하며 이루어지지 못함이 아니
라 반드시 역사함을 너희들에게 가르
쳐 주고 깨우쳐 줌을 너희들은 여기서
깨달아,
13 너희들이 바로 성경을 읽으며 나의 법
전을 접하는 데 주저하지 말며 나의
법전의 뚜껑을 열어 구원의 길을 보도
록 그리하라는 것을 미리 예언하여 주
었음이니,
14 오늘의 새로운 마지막 시대요, 2천 년
이 끝나는 시대에 나의 법전이요, 나
의 성령이요, 새로운 성경이 세상에
내려오는 그 의미를 알며, 이를 읽고
깨우치지 아니하면 너희들이 구원을
받지 못한다는 그 의미를 알라.
15 성서에 기록되어 2천 년이라는 너희
들의 그 마지막 시대에 새로운 성경이
내려온다 말하였음이니, 새로운 성경
을 읽고 깨우치지 아니하면 너희들이
심판을 받지 못한다는 그와 같은 깨달
음을 얻어 너희 것으로 만들어 구원의
길에 주저하지 말며,
16 남들이 너희들을 비방하며 이단이요,
사탄의 길을 간다 비방하더라도 그것
이 두려워서 나의 법전을 읽고 정독하
는 데 주저하지 말라.
17 너희들 자신의 구원은 너 자신이 구원
하고 너희가 버리며, 지옥 불로 가든
천국으로 가든 너희들이 관계된 것이
며 남들이 대신해 줄 수 없음이니라.
18 너희들이 나의 법전을 읽고 깨우쳐 하
늘에 오르고자 하나 그것이 이단이요,
사탄이라 하여 보지 말라 한다 하여
너희들이 그를 보지 아니하고 죽어 나
에게 심판을 받을 때, '김 아무개, 박
아무개가 이 말씀을 보지 말고 듣지
말라 하여 제가 그 말을 들었으니 저
는 죄가 없습니다.' 하고 너희들이 아
무리 변명을 해도 그는 말이 되지 아
니함이니라.
19 너희들은 그와 같은 이치를 알아야 될
것이니라.
20 너희들은 남이 쓰는 그 답안지를 보고
답을 적어 내어 그 답이 틀렸을 때,
'다른 사람 것을 보고 썼기 때문에 틀
렸는데, 나는 알고 있는 것을 쓰지 못
했으며 내가 알고 있는 것은 정답이니
점수를 달라'고 억지를 쓰는 것과 똑
같은 행위이니라.
21 그러니 너희들은 남의 말을 듣지 말
며, 남들이 법전을 보지 말라 하고 보
라 한다 하여 좌우되지 말라.
22 너희들이 구원을 받고 못 받는 것은
남이 대신해 줄 수 없으며 남이 너희
들 것을 역사해 주는 것이 아니니라.
23 너 스스로 구원을 받고 못 받는 것은
너에게 달렸으며, 네가 지옥 불로 가
는 것도 너에게 달렸으며 천국에 오
르는 것도 너희 자신들에게 달렸음이
니,
24 모두는 너희들에게 달렸으니, 스스로
너희들이 보고 이것이 구원의 길이요,
참성경이라 생각할 때 너희들은 그리
따라오면 되는 것이요,
25 이 사람 저 사람에게 갑론을박할 때
그들은 너희들을 시기하고 질투하기
에 그 길을 가지 못하도록 할 것이며,
너희들의 종교 지도자요, 믿음이 앞에
가 있다는 지금의 종교 집단에 있는,
너희들 보다 먼저 믿음의 역사를 가지

고 있는 자, 너희들이 인생의 자문을
받는 자, 그와 같은 자들에게 너희들
이 이를 물었을 때 그들은 백이면 백
이 다 사탄이요, 이단이라 말할 것이
니라.
26 그것은 저희들이 먼저 접하지 아니하
기 때문에 너희들에게 뒤지는 것이 기
분 나쁘며 그 마음을 다스리지 못하
며, 그리고 정녕 깨우치는 데 네가 먼
저 깨우치고 너희들이 앞에 가는 것을
볼 수 없는 그와 같은 자들이요,
27 항상 저에게 자문을 받으며 제 밑에서
무엇인가를 배우고 저희들에게 구걸
하는 그와 같은 것에서 벗어나는 그
자체가 싫어, 욕심 속에서 너희들에게
이를 보지 못하게 하며 들어 보지 못
하도록 그리 만류하는 자가 더 많을
것이니,
28 그들의 사악한 농간에 넘어가 구원을
받지 못하는 백성이 되지 말라.

4,504 번째 하나님 말씀

2003년 1월 10일 16시 59분

1 사랑하는 나의 아들아!
2 "네, 아버님! 말씀하옵소서."
3 나의 아들 예수가 모든 역사의 기적이
요, 그 모두를 이루며 그는 나에게 곧
와야 되는 것이며 올라오는 것을 알고
있었음이니, 그는 올라오기 전에 무엇
을 행했던가?
4 나의 아들 예수가 그 제자들의 발을
정성껏 씻어 주었음이니라.
5 그가 왜 그 제자들의 발을 씻어 주었
으며, 그가 죽어 이제 모든 인간 세상
의 인연을 끊고 하늘로 올라올 때 왜
그가 그 제자들의 발을 씻어 주었던가?
6 그는 그들이 나의 아들 예수가 전했던
여호와의 성령의 그 뜻을 그대로 지키
며 행하여 주기를 바라며,
7 그리고 등 돌리지 말며 영원히 변하
지 않는 제자요, 하나님의 아들로서,
창조주 나 여호와의 아들로서 길이 남
아 나 여호와가 이루고자 하는 역사
를, 예수가 이루지 못한 것을 그들로
하여금, 그들이 천사요, 나 여호와의
심성처럼 변하여 그들이 아름다운 모
습으로써 만백성에게 근본이 되며 기
본이 되어 나의 백성들을 바로 세울
수 있는 그 역군이 되도록, 그 기초가
되도록 하는 그 애절한 그 마음에서,
그와 같은 역사를 이루고 그 역사를
바라보는 그 뜻에서 예수는 그들의 발
을 정성껏 씻어 주었음을 알아야 될
것이니라.
8 죽음을 아는 부모가 어린 자식을 놓고
죽게 될 때 그 마음은 어떠하던가?
9 말은 하지 못하더라도 남겨 두는 그
자식에 대해 무엇인가를 이루어 주고
싶으며 그 부모의 마음과 그 부모의
그림을 영원히 간직하며 생각할 수 있
도록 하고 싶은 것이 부모의 마음이었
을 것이니라.
10 나의 아들 예수는 여기서 그가 나의
성령을 받아 나의 뜻을 전하며 나 여
호와의 뜻을 역사하며 예수가 나에게
불려온다 하더라도 그들이 대신 바로
이루어 주며 그 뜻을 간곡히 이루어
달라는 그 애절하고 간곡한 마음에서
그들의 발을 씻어 주며 그들에게 그와

같은 마음을 전했던 것이니라.
11 그러나 나 여호와의 뜻을 그 제자들은
어찌하였는가?
12 과연 그들은 변하지 아니하며 영원히
그와 더불어 나의 아들 예수가 부탁했
던 그 뜻의 역사를 이루었으며 천사
와 같은 백성으로서 만백성의 귀감이
되어 지금의 너희들의 그 후손들이 천
사와 같은 마음으로써 이 세상을 살아
하늘에서 이루어진 것같이 이 지상에
역사를 이루는 그와 같은 삶을 살았던
가?
13 그들이 나 여호와의 뜻을 간곡히 지켜
나의 아들 예수가 하지 못한 그 역사
를 대신 해 주기를 바랐으며, 그리 기
기 위해서 어렵고 힘든 그 역경들을
잘 인내하고 견디어 죽어 가는 나의
아들 예수의 그 몫을 대신 해 주기를
바라며 그는 두 손으로 그들의 발을
정성껏 씻어 주며 그 마음을 갖고자
하였음이니라.
14 그러나 그들은 그를 배신했으며 그를
팔았음이니라.
15 마음에서 그들의 제자에게 간곡히 부
탁하고 그들에게 역사했던 그와 같은
것을 너희들이 잊어버린 것만이 아니
라 심지어 그를 팔고 그를 버렸음이
니라.
16 그리하여 나의 아들 예수는 그가 죽어
오더라도 그가 전하고자 하는 그 뜻
이 영원히 전해지는 그 역사의 아름다
운 세상을 그들로부터 만들기 위하여
간절히 부탁하고 또 부탁한 그 마음이
요, 그 눈빛이었거늘, 그들은 어찌 변
질되고 어찌 변화되었는가?
17 그래도 나의 아들 예수는 그가 가르쳐
준 그 뜻을, 나 여호와의 뜻을 그대로
만백성에게 변화되거나 변질되지 아
니하고 지켜 주고 지켜 나가기를, 그
리고 대대손손 그 뜻을 전하여 나의
백성들을 구원하고자 그 바라는 애절
한 마음에서 그와 같은 역사를 이루었
으나, 그는 어찌 되었는가 하는 것은
너희들 스스로 알아야 될 것이며,
18 다만 나의 아들 예수가 그 제자들의
발을 씻어 주며 바랐던 그 애절한 마
음이요, 그 뜻은 너희들이 길이 마음
속에 기려야 할 것이니, 이와 같은 그
역사의 애절한 마음을 기리는 것이 나
의 아들 예수를 이해하는 것이요,
19 그가 고통 속에 죽어 간 그 십자가라
는 것을 만들어 목에다 걸고 몸에다
붙이고 지니고 다니며 그 앞에 가서
절하고 기도하며 소원을 빌며 영광과
축복이 있기를 바라는 그와 같은 믿음
으로 지금 가고 있는 너희들이 얼마나
잘못 가고 있는 것인가를 깨우쳐 주고
자 하여 오늘 그 뜻을 여기다 기록하
여 전함이니 그리 알라.

4,505 번째 하나님 말씀

2003년 1월 10일 17시 26분

1 사랑하는 나의 아들아!
2 "네, 아버님! 말씀하옵소서."
3 너희들이 세속에서 얽히고설켜 인간
관계에 살아가는 그 복잡하고 복잡한
속에서 너희들이 천 가지 만 가지를
다 부닥치며 살아가는 육의 삶 속에서
너희들은 어렵고 힘든 그 길을 가고

있음이니라.
4 육의 세상에 얽히고설키는 그 변화 속
에서 너희들이 나 여호와의 성령이요,
천사와 같은 마음으로써 바로 서며 그
와 같이 변화되기는 정말 어렵고도 힘
든 길이며 고통의 길이니라.
5 그러기에 그 길을 갈 수 없어 너희들
이 머리 깎고 산에 들어가는 자, 그리
고 기도로써 구원을 얻고자 하는 자
있으며, 너희들이 며칠씩 굶어 기록을
세워 가면서 금식이라는 그 기도를 하
면서 번뇌 속에서 벗어나고 깨우치고
자 발버둥치는 것이 너희들의 삶이 아
니던가?
6 그러하니라, 너희들이 지금 세속의 얽
히고설킨 그 수만 가지의 생활 속에서
너희들이 하루아침에 변한다는 것은
어려우며 그는 있을 수도 없는 일임을
알아야 할 것이니라.
7 그러니 너희들은 나 여호와의 계명과
나의 법전대로 살겠다는 노력을 버리
지 아니하며 꾸준히 노력하고 이해하
며 살아가는 그 속에서 너희들이 노력
하는 만큼 너희들이 견디고 버티며 그
리고 행하고자 살아가고자 하는 그 너
희들의 수고로움에 따라서 너희들은
그 구원의 길이요, 구원에 이르는 그
길을 볼 수 있는 것을 알아야 될 것이
니라.
8 너희들이 포기하지 아니하고 꾸준히
노력한다면 구원의 그 길은 반드시 너
희들에게 열린다는 것을 알아야 될 것
이니라.
9 너희가 변하고자 노력해도 인간의 힘
으로 너희들이 넘지 못할 때, 그리고
변화되지 못하는 한계에 부닥쳤을 때,
너희들이 최선의 노력을 다했다 생각
할 때 나 여호와는 너희들의 그 깊은
마음속을 아나니,
10 너희들이 최선을 다하여 노력하며 너
희들의 능력껏 그 모두를 이루고자
힘을 다 쓰고 살아가는 그 모습을 볼
때, 너희들이 넘을 수 없는 장벽에 부
닥쳐 너희들이 좌절한다 해도 나 여호
와가 너희들을 버리지 아니하는 것을
너희들은 알아야 될 것이니라.
11 너희들이 최선의 노력을 다했을 때,
그리고 나의 법전대로 십계명대로 살
아가고자 노력을 다했을 때, 나 여호
와는 절대 너희들을 버리지 아니하며
너희들을 내가 반드시 내 품에 안음을
너희들은 알아야 될 것이니라.
12 너희가 나 여호와의 은혜에 감사하며
나의 성품과 나의 심성을 닮고자 피나
는 노력을 하며 살아간다 하면, 어느
날 너희들은 반드시 내 품에 와 있는
그와 같은 영광을 얻게 됨을 알아야
될 것이니라.
13 너희들 자신도 모르게 세속에 살아가
며 부닥치는 많은 것을 너희들이 일
시에 지워 버리지 못하기에, 너희들이
그 속에 얽매여 살면서도 너희들이 죄
를 죄로 알며 잘못하는 것을 잘못한
부끄러움을 알며, 그리 너희들이 회개
하고 또 잘못한 것을 씻어 버리고 살
아가고자 노력할 때, 너희 스스로 자
신도 모르는 사이에 너희들은 내 앞
에 와 있으며 내 나라에 와 있는 그와
같은 영광을 얻게 됨이니,
14 그때 너희들의 편안한 마음이요, 너희

들의 축복된 그 기쁨은 이루 말할 수
없을 것이니라.
15 너희들이 바로 살고자, 나의 십계명대
로 나의 법전대로 살고자 얼마만큼 노
력하느냐에 달렸으며, 너희들이 얼마
만큼 변하지 않고 좌절하지 아니하고
꾸준히 인내하며 가느냐에 달렸음이
니라.
16 노력하고 인내하는 자, 그는 반드시
너희도 모르는 사이에 하늘 높이 내
앞에 와 있는 그 영광을 얻게 되는 것
을 너희들은 알아야 될 것이니라.
17 그것이 바로 구원의 길이요, 구원을
받는 길이요, 나 여호와가 너희들을
버리지 아니함을 알라.
18 내가 너희들의 마음이요, 너희들의 심
성, 너희들이 생각하지 않는 속까지,
너희들이 미래에 변화될 것과 너희들
이 미래에 어찌할지, 등 돌릴 자, 배신
할 자, 영원히 나의 아들과 더불어 천
국에까지 올 수 있는 자, 그 모두를 나
는 다 알고 있음이니, 내가 구할 자와
구하지 않을 자를 알고 있음이니라.
19 너희들은 인내와 최선의 노력으로써
나의 법전을 정독하고 깨우쳐 하늘에
오를 수 있도록 너희 스스로 변하는
그 역사에 최선을 다함이 소중함을 알
라.

4,506 번째 하나님 말씀

2003년 1월 10일 17시 32분

1 사랑하는 나의 아들아!
2 "네, 아버님! 말씀하옵소서."
3 너를 따르는 내가 사랑하는 나의 아들
딸과 나의 법전을 읽고 깨우치는 사랑
하는 만백성 그들에게 너는 한번 물어
보라.
4 너희들이 살아가면서 행하여지는 그
모든 것이 다 나 여호와로부터 받은
은혜요, 나로부터 받은 크나큰 선물이
라는 생각을 하고 너희들은 정녕 감사
하는 마음으로 살아갈 수는 없는가?
5 그리하여 추하고 더러운, 도덕적으로
무너지는, 남들로부터 눈살을 찌푸리
게 하는 그와 같은 행위를 하지 아니
하고 나의 성품이요, 나의 심성이요,
천사와 같은 마음으로 과연 너희들은
살 수 없는가?
6 너희들의 이 자은 동양의 나라에서
봄이 오느니라.
7 그 봄이 와 새싹이 푸릇푸릇 나오는
그것도 너희들은 나의 은혜라 생각할
수 없는가?
8 그리고 무성한 여름이 오니 그 여름
또한 나에게 받은 은혜라 생각하면 안
되겠는가?
9 가을에 또 결실의 계절이 오느니라.
10 그리고 또 눈 덮은 겨울이 와 너희들
이 또 그 겨울을 맞이함이니, 그 모두
가 다 내가 너희들에게 내린 선물이
요, 나로부터 받은 은혜라 생각할 수
는 없는가?
11 정녕 그는 내가 너희들에게 준 선물이
며 너희들에게 내린 은혜이거늘, 어찌
하여 너희들은 그 감사함을 모르는가?
12 너희들이 추운 날 발을 따뜻하게 하고
신고 다니는 그 너희들이 말하는 모든
신발이요, 너희들이 걸치고 다니는 옷
이요, 더울 때 시원한 옷을 입으며, 추

울 때 두꺼운 옷을 입으며 너희들이
음식을 골라서 먹으며 너희들의 모습
을 아름답게 가꾸는 그 모두가 다 나
여호와의 은혜요, 나의 선물이라 너희
들은 생각할 수는 과연 없더냐?
13 그 모두가 나에 대한 은혜요, 나의 영
광이라 생각하고 산다면 너희들이 오
늘의 어떠한 역경에 부닥치는 그 모두
도 다 내가 인간인 너희들에게 내려
주는 은혜라 생각할 수 있는 그 마음
까지는 갖지 못한다 하더라도,
14 너희들이 평안히 살아가는 그 모두요,
거기에 이루어지는 역사의 그 모든
것은 다 나 여호와로부터 받은 은혜라
생각하며 감사하는 마음을 가지고 살
수는 없는가?
15 너희들이 취미로 하는 운동이요, 너희
들이 하고 싶은 것을 하는 그 모두의
그 즐거움으로 사는 것, 그와 같은 모
든 것이 나로부터 은혜요, 나로부터
역사한 것이라는 그와 같은 고마운 마
음으로써 너희들이 살아갈 수는 없는
가?
16 그와 같은 마음으로 살아가는 너희들
의 마음의 자세부터 한번 고쳐 보라.
17 그리하면 너희들이 함부로 세상을 대
할 수 없으며, 함부로 너희들이 무엇
인가를 마구잡이로 할 수 없으며, 너
희들이 모두를 사랑하고 아끼며 소중
하게 볼 수 있으며,
18 너희들 자신 또한 얼마나 나로부터 소
중한 자들인가, 그리고 나로부터 얼마
나 크나큰 은혜와 큰 선물을 받았으며
그 영광과 나의 보호 속에서 너희들이
살아가는 것인가, 나의 품 안에서 벗
어나 사는 것이 하나도 없음이니 그
영광을 한번 생각해 보라.

4,507 번째 하나님 말씀

2003년 1월 10일 17시 42분

1 사랑하는 나의 아들아!
2 지금 모든 믿음의 종파에 가고 있는
그 백성들이 바로 서기 위해서는 나의
아들 예수는 다시 세상에 재림하지 아
니한다는 것을 먼저 알아야 될 것이
니라.
3 나의 아들 예수는 절대로 재림하지 아
니함이니라.
4 내가 모세를 시켜 모든 백성들을 천사
와 같이 만들려 하였으나 그들이 하늘
에 오르는 축복을 잃었으며, 그리하여
나의 아들을 직접 내려보내 너희들을
관장하려 하였으나 세상에 그 뜻을
이루지 못하여 지금의 너희들이 말세
요, 도둑이 들끓는 세상으로 변하여진
너희들에게 나의 아들을 보내어 그 아
들로서 너희들을 다스리며 너희들의
구원의 길을 인도한다 할 수 있겠는가?
5 2천 년 전 나의 백성들은 지금의 너희
들처럼 그리 간악하고 사악하지 않았
으며, 지금처럼 너희들의 기계문명이
발달된 그 시대도 아니었음이니라.
6 순박하고 착한 나의 백성들이 그 시대
에 나의 아들 예수의 뜻을 듣지 아니
하고 그를 저버렸거늘,
7 너희들이 그때보다 열배 백배 더 사악
해 졌으며 더 기계문명에 의존하여 살
아가며 세상사에 너희들이 못 이룰 것
이 없다 생각하여 너희들이 신과 같은

그 착각 속에 살아가는 이 시대에,
8 그날에 보냈던 나의 아들 예수를 너희
들에게 보내어 너희들을 다시 다스린
다 하는 것은, 이는 말도 아니 되며 그
는 역사할 수 없는 것이니라.
9 그러하니 이는 나의 아들이 다시 너
희들에게 올 수가 없는 것이며, 그보
다도 더 강한 방법으로써 너희들을 다
스림이니, 그보다 더 강하며 그보다도
더한 역사를 하는 것은 누구더냐?
10 나 여호와뿐이니라.
11 그리하여 나 여호와가 직접 너희들을
심판하고 다스리고자 지금 세상에 직
접 내려감이니, 너희들은 나의 아들
예수가 너희들에게 내려오지 아니한
다는 것을 여기서 깨우치고 알아야 될
것이며, 너희들이 믿음의 그 방향을
바꿔야 될 것이니라.
12 너희들은 나의 아들 예수가 재림할 것
이며 다시 올 것이라 하여 '예수! 예
수!' 부르며 그의 재림하는 것만을 생
각하며 그와 같은 역사가 이루어질 것
이라 그리 생각하니,
13 나의 아들 예수가 내려오는 것이 아니
요, 새로운 성경으로써 새로운 나의
뜻이요, 너희들이 말하는 창조주 나의
말씀이라는 나의 성령의 뜻이 세상에
내려감을 너희들은 알아야 될 것이니
라.
14 그리하여 내가 2천 년의 역사가 흐른
지금 새로운 성경을 만들어 세상에 내
려보내니, 이게 나 여호와의 뜻이니라.
15 이를 너희들이 듣고 전하면서 그를
왜곡되게 전하며 그를 너희들이 잘못
전해 가나니 세상에 그것이 지워짐이
니라.
16 입으로써 전하는 그 모두는 진실되게
전해지지 아니하며, 아침에 전한 말이
저녁에 반대말로 전해지는 그와 같이
부질없는 것이며 이룰 수 없는 역사이
며 왜곡되게 전하기 때문에,
17 내가 아무리 전해도 불변하는 책으로
만들어, 글로 만들어 너희들에게 지금
내려보냄을 알아야 될 것이니라.
18 즉, 내가 나의 마지막 시대에 지금 나
의 모세를 통하여 이루고자 한 것이
실패했으며 나의 아들을 보내어 실패
하였음이니,
19 이제 마지막 내가 너희들을 심판하는
그 시대가 지금 열렸음이니, 그리하여
그 심판하는 기준을 내가 책으로 만들
어 '법전'이라 하여, '하늘에 오르는
길'이라 하여 지금 나의 아들을 통하
여 너희들에게 내려보내느니라.
20 너희는 알아야 될 것이니라.
21 이 뜻을 모르는 자, 너희들이 얼마나
어리석으며 얼마나 우매한 백성인가
를 너희들은 알아야 될 것이니라.
22 나의 아들 예수는 너희들에게 전하지
아니했던가?
23 예수가 반드시 너희들에게 전하였느
니라.
24 '내가 너희에게 실상을 말하나니' 하
늘의 창조주 나 여호와가 생각하고 있
으며 내가 이루고지 하는 그 뜻을 예
수가 너희들에게 전한다 하는 그와
같은 말로써 너희들에게 나의 뜻을 너
에게 말하고자 하였음이니라.
25 '내가 떠나는 것이 너희들에게 유익하
니라. 내가 떠나지 아니하면 새로운

보혜사가 너희들에게 오지 못한다.'
그리 말하였음이니,
26 예수는 예수의 임무를 마치고 끝나 내
옆의 우편에 와 하늘의 일을 돕는 것
이며 그 나의 아들 예수는 세상에 내
려가지 아니하며,
27 내가 예수를 통하여 너희들을 깨우치
고자 했던 나의 성령이요, 나의 뜻을
예수가 심었던 그와 같은 뜻이 새로운
보혜사로서 세상에 내려가니, 이게 바
로 새로운 성경이 너희들에게 내려감
을 알라.
28 새로운 보혜사요, 새로운 성경은 무엇
을 말하는가?
29 구약과 신약의 모두를 저버림이 아니
니라.
30 구약에 있는 내가 전하고자 한 그 뜻
과 신약에서 내가 전하고자 하며 예
수를 통하여 너희들에게 깨우치고자
한 그 모두를 다 합쳐 그 속에 있는 포
괄적인 그 뜻과 내가 너희들에게 심판
하는 그 기준을 마지막으로 나의 성령
을 담아 책으로 만들어 너희들에게
내려보내니,
31 새로운 보혜사가 세상에 온다 그리 말
한 것은 바로 새로운 성경이요, 나의
말씀이요, 내 뜻이 내려간다는 것을
너희들에게 깨우쳐 주었음이니 이를
알라.
32 예수는 절대로 다시 내려오지 아니하
는 것을 너희들은 알라.
33 그리하여 그가 말하느니라, '내가 가
면 내가 그를 너희들에게 보내리니',
34 즉 예수가 다시 오지 아니하며, 내 뜻
을 예수가 가지고 전하고자 하였으니
예수가 가지고 있는 생각이 나의 뜻이
니, 내가 예수에게 미리 내려 주었던
예수의 그 생각을 가지고 새로운 말씀
이요, 새로운 성경이 내려온다는 것이
요, 예수가 직접 내려오지 아니한다는
것을 너희들은 알아야 될 것이니라.
35 너희들은 새로운 나의 말씀이요, 새로
운 성경이 세상에 내려옴을 내가 자세
히 기록하여 나의 아들로 하여금 너희
들에게 깨우쳐 전해 주었거늘,
36 너희들은 이를 인정하지 아니하며 이
를 거부하며, 너희들이 지금 너희들
인간으로 만든 그 계명대로 나의 피조
물 만백성을 우롱하여 이끌어 가며 너
희들이 재물을 거둬들이며 너희들이
크나큰 성전을 짓는 것으로써 너희들
이 인간사에 얼마나 성공했는지 여부
를 따지며,
37 얼마만큼 많은 신도를 거느려 제왕적
인 자세로 살아가는가 이것으로써 너
희들이 믿음의 길을 가는 그 집단을
평가하는,
38 이와 같이 장삿속보다 더 추한 형국이
되어 있음을 너희들은 알아야 될 것이
니,
39 이를 바로잡을 것은 나의 아들 예수를
보내서 너희들을 대적하여 싸울 수가
없음이니라.
40 지금 너희들이 2천 년 동안 흘러오면
서 내가 나의 아들 예수를 통하여 너
희들을 깨우치고 바로잡으려 했던 그
말씀이요, 내 말씀이라는 내 성령의
뜻을 내가 지금 세상에 내려보내는 것
을 너희들이 짓뭉개고 짓이겨 나를 너
희들이 매도하며 나를 우롱하는 지금

에까지 이르렀으니,
41 나의 아들 예수를 다시 보낸다 하여
도 지금까지 사악한 너희들을 나의 아
들 예수가 바로잡을 수 없으며, 너희
들을 다스릴 수 있는 그와 같은 한계
가 이미 벗어났음이니,
42 나 여호와가 직접 나의 성령을 책으로
글로 만들어 내려가 내가 직접 통제하
며 너희들을 심판하고 다스리는 것만
이 남아 있음이니라.
43 그리하여 내가 너희들을 지금 심판하
고 다스린다 함을 너희들은 뼛속 깊이
깨달아 이를 명심하고 또 명심하여 너
희 것으로 만들어야 됨을 잊지 말라.

4,508 번째 하나님 말씀

2003년 1월 11일 08시 43분

1 "너는 나 외에는 다른 신들을 네게 있
게 말지니라.
2 너를 위하여 새긴 우상을 만들지 말
고, 또 위로 하늘에 있는 것이나, 아래
로 땅에 있는 것이나, 땅 아래 물 속에
있는 것의 아무 형상이든지 만들지 말
며, 그것들에게 절하지 말며, 그것들
을 섬기지 말라.
3 너는 너의 하나님 여호와의 이름을 망
령되이 일컫지 말라.
4 안식일을 기억하여 거룩히 지키라.
5 네 부모를 공경하라.
6 살인하지 말지니라.
7 간음하지 말지니라.
8 도적질하지 말지니라.
9 네 이웃에 대하여 거짓 증거하지 말지
니라.
10 네 이웃의 집을 탐내지 말지니라.
11 나 여호와가 존재함을 믿는 그 자체가
구원의 길에 들어서는 기본이요, 근본
이며, 나의 법전을 가슴에 안고 정독
하는 자, 반석 위에 서서 하늘에 오르
는 찬란한 빛을 보게 되는 영광을 얻
게 됨이니라."
12 사랑하는 나의 아들아!
13 "네, 아버님! 말씀하옵소서."
14 내가 너에게 일찍 깨우쳐 너의 제자들
에게 전하라 하였음이니, 내가 너를
통하여 내리는 160권의 이 법전이요,
하늘에 오르는 길이요, 나 여호와의
말씀이라 하여 내리는 이 책에 대하여
그 모두의 잘못되고 잘된 것은 나 여
호와가 책임을 지며, 너의 책임이 아
니라 하였음이니라.
15 네가 선지자로서 바로 서고 못 서며,
나의 아들이요, 아니요, 만백성을 구
하는 목자요, 내가 너에게 아흔두 살
이라 이야기하는 그 숫자의 삶을 살고
못 사는 것은 다 네 탓이라, 네 것이라
그리했음이니라.
16 너의 제자들이요, 만백성이 하늘에 오
르고 못 오르는 것은 다 제 탓이며 자
기에게 달린 것이라 내가 그리했으니
너는 그 뜻을 알겠는가?
17 그리고 내가 또 종교 지도자는 한 점
의 부끄러움이 없어야만 되는 것이며,
한 점의 부끄러움이 있는 자는 종교
지도자의 자격이 없으며 자질이 없는
것이며 나와는 관계가 없다 하였음이
니, 이제 그 뜻을 너는 과연 알겠는가?
18 "네, 아버님! 그를 알고 있사옵나이
다."

19 어찌하여 내가 너에게 그리 가르쳤는
가?
20 "네, 아버님!
21 법전에 잘못된 것은 아버님의 책임이
요, 법전이 잘못되어 만백성이 그를
깨우쳐 이게 사탄이요, 하나님이 내린
말씀이 아니요, 아버님의 성령이 아니
라 하는 것은 아버님이 잘못 가르치고
잘못 내려 주셨기 때문에 잘못 기록되
어 그들이 그리 보는 것이기에 그는
모든 책임은 아버님 것이며,
22 제가 아버님께서 말씀하신 아흔두 살
이라는 그 나이까지 살며 제가 아버님
의 아들이요, 선지자요, 목자라 하는
것은 제가 하기에 달렸사옵나이다.
23 제가 어찌하고 사느냐에 달렸으니, 제
가 단 하나라도 나쁜 짓을 하며 도덕
적으로 해서는 아니 되는 부끄러운
짓을 할 때, 그것이 바로 제가 사람이
아니라 사탄으로 변하기 때문이라 그
리 말씀하신 그 뜻을 이제 알았사옵나
이다.
24 제가 정도를 가지 않으며 의인의 길을
가지 아니하며 인간으로서 해야 할 일
이 아닌 행위를 하는 것, 추하고 더러
운 짓이요, 정당하지 아니한 짓을 하
고, 아름다운 짓을 하지 아니하는 순
간에,
25 제가 인간으로서 다음에 용서를 받을
수 있는 것이 아니라, 그 순간에 제가
사탄이요, 악마요, 사악한 자로 변하
기 때문입니다.
26 머리에 몇 개씩 뿔이 난 용과 같은 그
흉물스러운 것, 사악한 사탄으로서 변
하기에 저는 아버님의 아들이 아니며
자격이 없으며 목자도 아니며 선지자
도 아닌 것으로 변하기 때문입니다.
27 그리하여 제가 바로 설 수 있으며, 아
버님의 아들이요, 제가 아버님이 명한
목자요, 만백성에게 아버님의 성령을
전하는 지도자로서 서는 것은 하늘을
향하여 한 점의 부끄럼도 없는 그와
같은 삶을 사는 것이 선지자요, 제가
아버님의 아들이요, 제 나이를 주신
만큼 살 수 있는 길이옵나이다.
28 조그만 것이라도 잘못했을 때, 좁쌀알
보다도 더 작은 어떠한 잘못된 실수를
할 때, 그 순간에 사탄이요, 악마요,
마귀로 변하는 것이기 때문에 제가 인
간이 아님이니, 그리하여 제가 바로
서고 못 서는 것은 저에게 달렸다 하
셨사옵나이다.
29 종교 지도자가 거울로 비춰 봐, 또 유
리로 비춰 봐 한 점의 부끄럼이 있을
때 그는 종교 지도자가 아니며, 하나
의 죄를 짓는 제 신도를, 하루에 열 개
의 죄를 짓는 종교 지도자가 그를 가
르칠 수 없다는 그 말씀의 뜻도 이제
알았사옵나이다.
30 종교 지도자가 하나를 잘못했을 때 그
는 사람이 아니요, 종교 지도자가 아
니요, 대가리에 뿔이 수십 개 달린 용
과 같은 사악한 자로 변하며, 사악한
짐승의 꼴로 변하여 악마요, 사탄이
되는 것이기 때문에,
31 그 순간에 그는 사탄이요, 악마의 자
식이니 그가 말하는 것은 악마의 자식
이요, 사탄의 자식이 말하는 것이기에
그는 자격이 없다는 것을 알았사옵나
이다.

32 그러기에 유리로 비춰 봐서, 거울로
비춰 봐서 한 점의 부끄럼이 없는 삶
을 사는 것이 종교 지도자요,
33 하나의 부끄럼이 있는 것은 종교 지도
자가 아니요, 만백성을 가르치는 자가
아니요, 아버님께 선택된 지도자가 아
니라는 그 가르침의 뜻을 이제야 제가
깨달았사옵나이다.
34 한 점의 부끄러운 짓을 하는 것은, 하
나의 종이쪽을 길거리에 버리는 것은
그 순간에 그는 사탄이요, 마귀요, 악
마요, 세상에 더 이상 볼 수 없는 아버
님의 아들딸이 아니라 사탄의 자식으
로 변하기에 그와 같이 자격이 없다
함을 이제야 깨달았사옵나이다.
35 아버님께서 말씀하시기를, 지금 모든
종교 집단이 저희들이 지어 놓은 성전
에 와 기도하고 경배함으로 인하여 예
수의 보혈로써 구원을 받으며, 또 그
들이 그곳에 와 재물을 바치고 헌금을
바치고 그곳에 와 설교를 듣는 것만
이 그들이 구원을 받는다는 것이, 그
것이 잘못되었다는 그 말씀을 이제야
알았사옵나이다.
36 다락방에서 기도하며 혼자 기도하며
가족 단위로 기도하면 구원받는다는
그 의미는, 그와 같이 아무리 저희들
이 그곳에 가 배우며 예수님의 보혈로
써 '구원, 구원받았다.' 소리 지르고 재
물을 바치고 하늘에 오르는 티켓을 사
는 것처럼 하는 장사꾼이라 하여도,
울고불고 광란의 짓을 하며 저희들이
구원을 받았다 하며 구원의 길을 달
려간다고 하나,
37 그가 하는 행위가 하나의 잘못되었을
때는 머리에 수 개의 뿔이 난 용과 같
은 사악한 자요, 흉물스러운 악마로
변하기 때문이니,
38 그 악마로서는 하나님의 자식이 될 수
없으며 그로서는 구원을 받을 수 없으
며, 인간의 기본의 도리에서 무너지니
그는 구원을 받을 수 없기 때문이옵나
이다.
39 그리하여 그와 같이 말씀을 주신 것을
이제야 깨닫고 있사옵나이다.
40 아무리 제가 무엇을 한다 해도 사람의
도리가 아닌 형태로써는 구원을 받을
수 없사오며,
41 십계명을 지키며 아버님이 내린 법전
을 지키는 것은 인간의 도리에서 함량
미달되는 것을 함량을 채우기 위한 그
근본이요, 기초요, 가르침이니, 그를
지키고 따르지 않아서 저희들이 인간
의 함량이 미달되었을 때는 구원을 받
을 수 없듯이, 인간의 자세를 갖추지
못하고 사는 저희들은 구원을 받을 수
없기 때문에,
42 혼자 기도하든, 가족 단위로 기도하
든, 다락방에서 기도하든, 들판에서
일을 하다 말고 기도를 하든, 그와 같
이 기도드리는 자가 한 점의 부끄럼이
없이 사는 삶을 살아간다면 그는 인간
이기에 하나님께 구원을 받을 수 있으
며 구원의 길을 볼 수 있음이니,
43 이제는 성전이요, 집단으로 모여 가르
쳐서 구원을 받을 것이 아니며 그리하
지 않아도 된다는 아버님의 뜻을 이제
야 알겠사옵나이다."
44 사랑하는 나의 아들아,
45 이제야 내 이 뜻을 알며 세상의 이치

를 알겠는가?
46 "네, 아버님!
47 인간이 각자 구원을 받고 못 받는 것
은 자기의 소임이며 자기의 책임이라
는 그 말씀을, 악과 선을 행하고자 하
면서 선을 행하며 악을 행하지 말아
야겠다는 생각이 아니라, 악으로 생각
될 때 그를 행하지 않고 단절하는 그
것만이 저희들이 구원을 받을 수 있는
길이며 하늘에 오를 수 있는 그 길이
라는 걸 알았사옵나이다."
48 사랑하는 나의 아들아, 너는 과연 어
찌 가야 되겠는가?
49 "네 아버님!
50 어떠한 고통이 온다 하여도 예수님께
서 십자가에 못 박혀 죽어 간 그 고통
보다는 덜할 것이오니, 어떠한 불의
한 짓도 어떠한 악이라 하는 것도 저
는 절대로 하지 아니하겠으며, 그를
바라다보지 않을 것이며,
51 바라보는 것이 아니요, 저는 그런 행
위는 하지를 않을 것을 아버님께 맹
세드리옵나이다.
52 작고 큰 어떠한 잘못도 불의도 저는
타협을 하지 아니하며, 용서하지 아니
하며, 받아들이지 아니하며, 그리하여
아버님의 아들로서 선지자로서 목자
로서 아버님이 내리시는 주옥같은 이
법전을 만들어 만백성을 구하는 그 길
만을, 아무리 가시밭길이라 하여도 그
길을 가도록 하겠사옵나이다.
53 오늘에 제가 불의와 타협하여 인간의
육의 향락을 위하여 눈을 가리고 귀를
막고 아버님을 속이고 만백성을 속이
며 제자들에게 부끄러운 행위를 하는
것은 지옥 불에 가 끓는 기름 가마 속
에 들어가는 그 고통보다는 덜할 것이
라 생각되오며, 지옥 불에 가 받는 벌
보다 덜할 것이라 생각하기에,
54 오늘에 어떠한 고통과 어떠한 아픔이
있어도 하늘을 향하여 한 점의 부끄럼
이 없는 아들로서 서겠사옵나이다.
55 제가 바로 서는 것이 무엇인가를 알았
으며, 스스로 제가 아버님의 아들이
요, 제가 아버님이 명한 그 나이의 세
월을 살아 세상에 법전을 만들어 만백
성의 기본이 되고 기초가 되는 그 역
사하는 것은 오로지 저에게 달렸기에
어떠한 고통과 시련에도 눈을 감을
것이며,
56 아무리 힘들고 어려운 길이라 해도 불
의를 택하지 아니하며 추한 길을 택하
지 아니하며 한 점의 부끄럼이 없는
그와 같은 삶으로 살겠사옵나이다.
57 바람이 저를 스쳐 갈 때 오로지 향기
가 있으며, 바람이 저를 스쳐 갈 때 사
랑이 있으며, 바람이 저를 스쳐 갈 때
만백성이 그 향기를 맡아 따라올 수
있는 그와 같은 사람으로 변하도록 하
며, 그리 변하는 것도 지옥 불에 가 그
무서운 죄를 받는 것보다는 힘들지 아
니할 것이며 고통스럽지 아니한 것을
이제야 깨달았사옵나이다, 아버지!
58 모든 저의 제자들과 법전을 읽는 백성
들에게 그리 전하겠사옵나이다.
59 한 점의 부끄러운 짓을 하는 자는 그
순간에 악마요, 사탄이요, 그게 사악
한 자요, 악마요, 사탄이 따로 없다는
것을 만백성에게 전하여 그들에게 깨
우쳐 주도록 그리하겠사옵나이다, 아

버님."
60 아들아!
61 예수가 죽음으로써 그 길을 간 의미
를 알겠는가?
62 넘고 또 넘고 지키고 또 지켜도 갈 수
없는 그 길을 만백성에게 가르쳐 줄
길이 없으니 그가 죽음으로써 선택하
였느니라.
63 너는 지금 죽음으로써 만백성에게 네
가 나 여호와의 아들이요, 내가 내린
것이 나의 성령이라는 그를 증거할
자격이 없음이니라.
64 네가 지금 나에게 말했듯이 그와 같이
한 점의 부끄럼이 없는 의인의 삶을
살디 네가 죽었을 때 그 죽음은 영광
된 것이요, 나 여호와가 존재함을 의
미하며 가르쳐 주기 위해 예수처럼
죽은 죽음이라 그들이 말하나,
65 지금 네가 그 의인과 같이, 예수와 같
이 변하지 못하며, 지금 네가 가지고
있는 그 마음처럼 행동하지 못하고 죽
을 때, 네 죽음은 누구도 기억해 주지
아니하며, 네 죽음은 그저 많은 자연
의 풀잎 속에서 하나 떨어지는 낙엽만
큼도 아무런 의미가 없는 죽음이니,
66 너는 의인의 길이요, 나의 심성이요,
남들이 갈 수 없는 그 길을 가 완벽한
나의 아들로 섰을 때, 그때 너의 죽음
으로 만백성이 오늘의 법전이 나의 것
이라는 걸 깨달으니, 너는 지금 죽을
자격도 없음이니라.
67 아무나 죽음으로써 모두를 깨우쳐 줄
자격이 있는 것이 아니니라.
68 아무나 죽음으로써 나를 대변하며 나
의 뜻을 전함이 아니요, 예수와 같은
마음의 심성이요, 그와 같은 자세가
되었을 때, 나를 위하여 죽는 자 그 죽
음이 영광됨을 알라.
69 그렇지 아니한 자는 나를 대신하여 죽
을 수도 없으며, 나를 위하여 죽음이
아니니 그리 알라.

4,509 번째 하나님 말씀

2003년 1월 11일 08시 55분

1 사랑하는 나의 아들아!
2 "네, 아버님! 말씀하옵소서."
3 너는 익히 내가 행하는 그 뜻을 알고
있을 것이니라.
4 너를 따르는 그 제자들의 이름을 내가
거론하며 그에게 힘을 실어 주는 자,
그는 여러 가지 방향에서 같이 변화의
역사를 이루며 깨달음의 길을 가고 있
는 자들에게 그 중심에 힘을 내가 더
실어 주고 있음을 너는 알고 있을 것
이니라.
5 "네, 알고 있사옵나이다."
6 믿음이라는 것은 한두 가지를 고쳤다
하여 그것으로써 자기가 최고며 제가
최고의 믿음의 경지에 올랐다 생각하
는 것은 가장 어리석은 것이니라.
7 너희들이 인간사 세속에서 살아가는
육의 삶에서는 한 가지를 잘하며 그
한 가지를 누구도 따라올 수 없는 그
와 같은 능력을 발휘한다 하면 그는
그저 그것으로써 육의 삶은 살아갈
수 있으나,
8 너희들이 하늘에 오르는 길은 한 가지
요, 한두 가지를 잘한다 하여 나에게
구원을 받는 것이 아니요, 그와 같이

한두 가지를 잘하는 자를 나 여호와가
거기에 맞춰 점수를 주는 것이 아님을
알아야 할 것이니라.
9 모두가 다 유하게 변하며 세상을 넓
게 바라보고 사는 그와 같은 마음을
갖는 것이 너희들이 변화의 그 길에
들어서는 것이니라.
10 우물 안 개구리처럼 하나를 보며 그
게 최고라 그리 부르짖는다 하면 넓은
세상에 수천수만 가지의 역사하는 것
을 보지 못하는 자가 부르짖는 것이나
마찬가지이니 그 의미를 너의 제자들
에게 깨우쳐 주라.
11 너희들의 손으로 지은 성전의 그 죄
의 온상에 와 믿음의 길을 가고 있는
자들, 그들도 각자 그 오만에 젖어 있
음이니라.
12 헌금이라 하여 재물을 많이 내는 자는
그것이 제가 최고의 믿음이요, 재물을
많이 냄으로 제가 가장 축복을 받는다
는 생각을 하고 믿음의 길을 가는 자
어리석은 것이며,
13 너희들이 찬송을 잘 부른다 하여 그것
으로써 큰 은혜를 받으며 영광을 받은
자라 하여 또 믿음이 가장 높다 생각
하는 것도 어리석은 자요, 너희들이
말로써 수다를 떨며 그 기도를 잘한다
는 자 그것이 축복이요, 영광을 받았
다 그리 말하는 것,
14 그와 같이 한두 가지를 제가 남보다
잘한다 하여 제가 깨달음이 높으며 경
지가 높다 생각하는 자가 가장 어리
석은 자이니라.
15 모든 것을 너희들이 평준하게 물 흐
르듯이 조용히 세상의 만물을 다 보고
사는 것처럼 가지 않고 우물 안 개구
리의 형국으로써 믿어 가는 자 그는
곧 도태되기가 쉬우니라.
16 제가 한 가지를 잘한다는 것은 저보다
더 나은 사람, 더 잘하는 사람, 더 능
력이 있는 사람이 올 때 그는 제 스스
로 그 길을 견디지 못하며 무너지며
믿음의 길을 갈 수 없는 것이 너희들
이니라.
17 그러니 그게 인간의 생각이요, 인간의
욕심에서 믿어 오는 자요, 너희들이
한 가지를 잘한다 하여 그것이 최고의
경지의 믿음이라고 하는 것은 육의 세
상에서 육의 믿음에서 생각하는 것이
며, 육 속에서 너희들이 믿음을 왔기
때문이니 그와 같이 어리석은 자가 없
음을 알라.
18 그와 같은 자는 머지않아 도태되며 스
스로 물러나며 제자리를 떠나게 됨이
니, 그것이 영원히 사는 하늘나라에
오르기 위한 그 믿음을 온 것이 아니
요, 제가 한두 가지 잘하는 것을 만인
앞에 자랑하며 과시하기 위하여 저희
들이 그곳에 온 것이며 그 모임에 온
것이 아닌가 그리 너희들은 알아야 할
것이니라.
19 그러니 너희들은 한두 가지를 알았다
하여 한두 가지를 깨우쳤다 하여 그리
하지 말라.
20 언젠가는 너희들보다 더 능력 있는
자, 더 나은 자, 더 잘하는 자가 나타
날 때, 그때 가서 너희들 자신이 그에
대한 시기와 질투로 스스로 포기하는
어리석은 길을 가지 말라.
21 너희들이 지금 나의 아들이 깨우쳐 가

는 것을 너희들이 한두 가지는 나의
아들보다 낫다 하나, 너희들은 나의
아들이 수천수만 가지를 다 같이 변
해 가는 그 마음을 모르듯이, 너희들
스스로 상대방이 얼마만큼 많은 것을
깨우치며 그 깊이가 어디인지를 모르
면서 한 가지를 잘한다 하여 너희들이
그걸 가지고 내세우는 어리석은 믿음
을 가지 말라.
22 너희들이 하나의 음식을 잘한다 하여
그것으로써 너희들이 자랑하나, 두 가
지 세 가지가 나가면 금방 너희들이
그 역사를 다 알 것이며 개인의 능력
을 알게 될 것이니 그때 가서 부끄러
워 스스로 제가 떠나는 그와 같은 자
들이 되지 말라.
23 그것이 다 육의 생각이요, 사악한 욕
심에서 이루어지는 것이니, 그와 같은
생각을 가지고 있는 자 가장 어리석은
자들이니, 내가 그들에게 사랑의 깊이
를 보지 못하게 하며 나의 아들에게
그와 같은 마음을 전하지 못하도록 하
고 있음이니,
24 너희들이 얼마나 얕고 깊은 믿음인가
를 나의 아들에게 내려 나의 아들이
너희들을 다 보고 알고 있음을 너희들
은 항상 의식하며 살아가도록 하라.
25 너희들 스스로 섭섭하며 너희들 스스
로 오만하여 너희들 스스로 최고라는
생각을 하지 말라.
26 다 너희들보다 최고의 믿음과 경지에
이르러 있는 것이 너희들의 형제임을
잊지 말라.
27 묵묵히 세상의 넓음을 바라보며 넓은
세상을 보며 가는 믿음, 유하고 부드
러우며, 수천수만 가지의 갈라지는 그
믿음에서 너희들이 하나하나 다 똑같
은 점수를 받는 그와 같은 믿음의 길
을 가도록 그리하라.
28 믿음이라는 것은 한두 가지를 가지고
너희들이 구원을 받는 것이 아니니라.
29 구원의 길이란 이 세상에 살아가는 수
천수만 가지를 아름다운 마음으로 생
각하고 가는 그와 같은 믿음으로 가는
자여야 되니,
30 어리석은 믿음을 가지고 가는 백성이
되지 말라.

4,510 번째 하나님 말씀

2003년 1월 11일 09시 06분

1 사랑하는 나의 아들아!
2 "네, 아버님! 말씀하옵소서."
3 나라의 국운이 달린 전쟁을 치른다 할
때, 너희들이 한번 장수를 임명하여
전쟁터에 나간 그 장수요, 그 부하가
역부족이어서 패했을 때, 만 명이라는
병사를 이끌고 적과 싸워 그 병력이
패하고 또 패했을 때, 너희들은 다시
그 전쟁을 하고자 할 때 그 장수에게
또 만 명의 숫자의 병사를 내어 보내
서 싸우게 하겠는가?
4 그렇지 아니할 것이니라.
5 더 많은 것을 보강시키고 더 많은 사
람으로써 또 경험 있는 장수로써 그
전쟁을 치르게 할 것이며 많은 장비와
군사들을 준비할 것이니라.
6 만 명으로써 공격했던 그 요새를 탈환
하지 못했을 때 그 만 명으로써 똑같
은 방법과 똑같은 수법으로 거기를 공

격하는 그와 같은 우매한 짓은 하지
아니할 것이니라.
7 그리했을 때 너희들의 그 국운마저 망
하게 되며 나라의 문을 닫아야 하는
그와 같은 형국에 처해지기 때문일 것
이니라.
8 그렇다면 너희들이 이 말의 뜻을 하나
깊이 깨우쳐야 할 것이니라.
9 나의 아들 예수가 다시 재림하여 세상
에 너희들을 구한다 하고 지금 기다리
고 있음이니, 그와 같은 너희들의 마
음의 자세를 돌이켜 보며 깨달음을
얻어야 할 것이니라.
10 지금 내가 너희들에게 말했듯이, 한
번 전쟁터에 나간 그 숫자를 또다시
투입하여 거기에 사지로 몰아넣는 일
은 그 누구도 안 한다는 이 말뜻을 너
희들은 깊이 알아야 할 것이니라.
11 예수가 임무를 다했으며 예수가 세상
에 남아 있으며 그가 다시 재림하여
임무를 수행할 것이라는 그와 같은 생
각을 너희들은 가져서는 아니 될 것이
니라.
12 너희들은 그와 같이 예수가 재림하여
구원한다는 것 때문에 나의 아들 예수
의 이름을 부르며 거기에 너희들이 모
두를 바치며 지금 잘못 가는 종교 지
도자들에게 쇠사슬에 묶여, 이리 끌면
이리 가며 저리 끌면 저리 가는, 이성
을 잃고 있는 것이 너희들의 지금의
믿음의 작태임을 알라.
13 예수가 세상에 남아서 할 일이 있다
하면, 내가 예수를 재림시켜 너희들을
구원하며 새로운 역사를 이루는 그와
같은 방법으로써 너희들을 구원하는
그 길의 전철을 밟는다 하면, 내가 나
의 아들 예수를 그리 고통스럽게 죽게
하지도 아니하였을 것이며, 그가 육으
로 존재하도록 내가 그냥 놔두었을
것이니라.
14 그리하여 예수를 죽지 아니하게 하여
예수가 육으로써 세상에 존재할 때 그
가 나머지 그 모두의 임무를 계속 수
행할 수 있도록 했을 것이지, 내가 예
수를 그리 죽게 하여 그와 같은 재림
하는 것으로써 그 임무를 수행하도록
하는 그와 같은 절차요, 그와 같은 역
사는 있지 아니할 것이니라.
15 이는 예수가 남아서 하는 일이 아니
요, 이제는 예수의 임무는 다 끝났으
며, 예수가 할 대명은 다 이루었음이
니라.
16 예수를 보내 너희들을 다스리고자 하
였으나 지금과 같이 사악한 시대요,
너희들이 감히 상상할 수도 없는 사탄
의 세계가 되어 있음이니, 너희들은
스스로 사탄이 아니요, 악마가 아니라
그리 말할 것이니라.
17 그러나 너희들은 여기서 내가 무서운
사실을, 너희들에게 하늘의 뜻을 전했
음이니라.
18 너희들이 하나의 추한 짓, 더러운 짓,
죄를 짓는 그 순간에 너희들은 머리에
뿔이 몇 개씩 난 무서운 그 사탄이요,
사악한 것으로써 변한다 하였음이니,
너희들의 지금의 마음이 과연 어찌 되
었으며, 정녕 그리 살아가지 않는가?
19 너희들이 과연 사탄과 사악한 자로 수
시로 변하며 사는 삶을 살지 않는가?
20 나의 아들 예수를 보내어 너희들을 구

원하고자 했으나 지금 하루에도 수십
번씩 사악한 사탄의 용이요, 악마로
변하는 그와 같은 삶을 살고 있는 것
이 너희들이니,
21 나의 아들 예수로서 그를 다스릴 수
없어 더 높은 것으로써 너희들을 다스
리고 통제하여야 하며 더 무서운 율법
으로써, 법률로써, 법으로써, 또 나의
법전으로써, 내 성령으로써 다스려야
하는 그와 같은 것이 바로 지금의 형
국이니,
22 나 여호와가 그 뜻을 직접 너희들에게
말로써 세상에 전해 보내며 나의 뜻을
세상에 책으로 내려보내어 너희들을
지금 다스리고자 하는 것이 나의 뜻임
을 알라.
23 나의 아들 예수보다 더 높은 자 어디
있으며 나의 아들 예수의 가르침보다
더 높은 가르침을 가르칠 자가 누가
있는가?
24 이는 절대자라 너희들이 말하는 창조
주 나 여호와밖에 없으니, 나의 뜻이
요, 나의 생각을 나의 법전으로 전하
여 책으로 만들어 너희들을 구하고자
함이니 이를 알라.
25 너희들에게 죄에 대하여, 심판에 대하
여, 세상의 잘못을 책망하며 다스리
며, 의에 대하여 이 모든 역사를 이룰
수 있는 것은 나 여호와가 직접 너희
들을 통제하고 다스리는 그 길밖에 없
으며 그 누구도 이 역사를 이룰 수 없
음이니,
26 그리하여 내가 너희들에게 법전이라
하여 책으로 직접 내려보냄을 너희들
은 알아야 할 것이니라.
27 내가 모세를 통하여 이루고자 했던 것
이 너희들이 깨우쳐 알다시피 그와 같
이 실패되었으며,
28 그리하여 모세가 실패한 것을 나의 아
들을 직접 보내어 변화하고자 하였으
나 또한 그 역시 너희들이 나의 아들
을 죽음으로 모는 그와 같은 사악한
행위로써 그 모두를 실패로 끝나게 하
였음이니,
29 그러하였기에 다음은 보혜사로서 다
음의 일을 역사한다는 것인데, 사람을
보내어 실패하고 아들을 보내어 실패
했는데 그 아들을 또 보내야 하겠는가?
30 나는 이와 같은 어리석은 나 여호와가
아님이니라.
31 이 뜻을 너희들이 하나만 들여다보고
깨우친다 하여도 나의 아들 예수가
지금 다시 재림하여 너희들을 구한다
는 것이 얼마나 어리석은 것이며 나를
욕되게 하는 것인가를 알 것이거늘,
32 어찌하여 너희들은 그와 같은 사악한
종교 지도자의 세 치 혓바닥에 현혹
되어 그리도 하늘의 이치요, 세상의
이치를 모르고 사는가?
33 아들보다 더한 이가 누가 있는가?
34 내가 아들 예수를 보내어 너희들을 구
원하고자 했던 그 아들보다 더한 자가
있는가?
35 이제는 나 여호와가 직접 행함이 그래
서 여기 있음이니라.
36 그리하여 지금 나의 뜻이요, 너희들이
말하는 '창조주의 말씀'이라는 것을
나의 아들을 통하여 나의 성령을 그가
직접 받아 책으로 만들어 세상에 전
함이니,

37 이 책이 너희들의 심판의 기준이요,
너희들이 하늘에 오르는 빛을 보고 못
보는 그와 같은 지금의 심판의 시대
가 열려 가고 있음을 너희들은 알아야
할 것이니라.
38 너희들 인간사에서도 그럴 것이니라.
39 너희들이 한 사람에게 임무를 주어 그
에게 명하여 보냈으나 그가 임무를
수행하지 못하고 왔을 때 그를 너희들
은 또 보내겠는가?
40 그가 정녕 그 일을 행할 수 없다 판단
할 때는 그보다 높은 상사로 하여금
모두를 절충하며 그 일을 해결하며 답
을 얻도록 그리할 것이니라.
41 그리하여도 그가 또 못했을 때는 더
비중 있는 사람을 보내는 것이 너희들
이 해야 할 것이 아니던가?
42 바로 그와 같은 이치를 너희들이 깨닫
는다면, 나의 아들 예수가 지금 다시
세상에 내려와 재림하지 아니한다는
것을 알 것이며,
43 나의 아들 예수가 죽음으로써 너희들
에게 모두를 다 보여 주었음이니, 나
의 아들이 세상에 내려와 너희들을 위
하여 죽음보다 또 무엇으로 더 위대
한 것으로써 너희들에게 역사할 수 있
겠는가?
44 나의 아들 예수가 내려와 너희들을 죽
음보다도 더한 위대한 것으로써 깨우
칠 수가 없음이니라.
45 지금은 더 사악해졌으며 너희들은 형
용할 수 없는 그와 같은 세상에서 살
기에, 오로지 나 여호와의 성령이요,
너희들이 말하는 창조주의 말씀이요,
내 뜻밖에는 너희들을 다스릴 수 없음
이니,
46 내가 일일이 너희들의 귀에 심어 줄
수는 없어 내가 법전으로 만들어 책으
로 만들어 만방에 전하여, 하얀 눈이
세상을 덮듯이 이 세상을 덮어 그 속
에서 너희들이 변화되는 그와 같은 틀
을 만들고자 하는 것이 나의 뜻이니,
47 나의 법전을 읽지 않고, 예수가 재림
하여 너희들의 잠자는 자를 깨워 너희
영혼을 데리고 하늘로 올려 보낸다는
그와 같은 착각과 환상 속에서 깨어
나, 바르고 옳은 믿음을 가라.
48 이제는 너희들이 행하는 믿음을 가야
할 것이며, 행동하는 믿음을 가야 할
것임을 잊지 말라.
49 모두는 너희들의 손으로 지은 성전에
가 그 죄의 굴레에 더 빠지는 것이 아
니요, 나의 재물을 함부로 쓰는 죄를
짓지 말라.
50 너희들이 살면서 너희들 개인이 혼자
다락방에서 기도하며 한 점의 부끄럽
이 없는 삶을 사는 자가 사탄이요, 악
마가 되지 않는 것이니 그리 알라.
51 그것이 구원의 기초요, 근본이며 길임
을 내가 너희들에게 가르쳐 주니, 그
와 같은 믿음으로 가도록 그리하라.

4,511 번째 하나님 말씀

2003년 1월 11일 09시 43분

1 사랑하는 나의 아들아!
2 "네, 아버님! 말씀하옵소서."
3 나의 피조물 만백성들이 나를 향하여
뭐라 말하는가?
4 나를 창조주 아버지라 부르며, 전지전

능한 여호와 아버지라 말하며, 모두는
너희들이 나로부터 은혜 속에 세상에
나왔으며 이 세상의 그 모두는 다 나
의 은혜 속에 살아간다 그리 말하며
너희들이 그와 같은 생각을 가지고 사
느니라.
5 그리하여 너희들이 나 여호와 아버지
라 부르는 내가 있는 이 하늘나라에
오르고자 하며 영혼의 구원을 받기 위
하여 얼마나 많은 노력을 하며 많은
생각을 가지고 있는가?
6 그러한 너희들이 어찌하여 나 여호와
가 지금 내려보내는 새로운 나의 성경
이요, 나의 뜻이 담겨 있는 나의 법전
을 읽지 아니하며 보려 하지 아니하는
가?
7 나로부터 나의 아들딸이요, 나의 백성
이요, 나를 아버지라 부르는 모든 피
조물 만백성 너희들은, 내가 내리는
새로운 성경이요, 나의 법전을 읽지
않는 백성은 나의 백성이 아님을 알아
야 할 것이니라.
8 이를 접하고 이를 읽고 깨우쳐 내 뜻
을 알고자 하며 그를 따라가는 백성만
이 나로부터 선택된 나의 아들딸임을
너희들은 알아야 할 것이니라.
9 내가 나의 아들을 통하여 너희들에게
전하여 내렸느니라.
10 하나의 사악한 생각을 하며 하나의 사
악한 행동을 할 때 너희들이 바로 사
탄이요, 사악한 악마로 변하며, 뿔이
몇 개씩 달린 흉물스런 짐승으로 너희
들이 그 악마의 모습으로 변한다 하였
음이니,
11 그를 바로잡기 위해서는 나의 법전,
이를 정독하는 길밖에 없음이니, 너희
들의 마음을 바로 세우는 것은 이것
밖에 없음이니라.
12 그러하니 너희들이 그 순간순간에 무
너져 사탄으로 변하며 악마로 변하는,
너희 마음속에 잠재해 있는 그 마음의
뿌리를 뽑는 것은 어떠한 인간의 누구
의 가르침이요, 설교요, 설법이요, 강
론으로써도 너희들을 바로잡을 수가
없음이니라.
13 오로지 나의 160권의 이 법전을 읽고
또 읽고 정독하는 그 속에서 너희들
이 하늘의 이치요, 그 길을 알게 됨이
니, 나의 백성 너희들은 나의 법전을
읽고 깨우쳐야 할 것을 명심하고 또
명심하여야 됨을 알라.
14 너희들은 말하기를, 나의 아들딸이요,
나의 사랑하는 아들이요, 딸이라 말하
며 울고불고 나를 부르며 경배하고 기
도하는 너희들, 나의 백성이 나의 법
전을 읽지 않는 자들은 구원의 길을
볼 수 없음이니 나와 인연이 없는 것
이니라.
15 너희들이 나와 연관이 있으며 나와 인
연이 있으며 나의 아들딸이라 한다면
나의 법전을 정독하여 읽고 깨우쳐 그
리 깨달음을 얻으라.
16 나 여호와가 너희들을 세상에 태어나
게 했음이니, 내가 너희들에게 명하
는, 나의 법전을 읽고 깨우쳐 구원의
길을 받으라 하는 그 법전을 어찌하여
그리 보지도 않는가?
17 너희들이 구약과 신약의 그 성서만이
너희들을 구원하는 길이라 하나, 창조
주인 나 여호와가 새로운 성경을 세상

에 내려보내니 이를 읽고 깨우치라 하거늘, 어찌하여 너희들은 나의 계명이요, 나의 법전대로 살라 하는 이를 거부하며 이를 따르지 아니하며 이에 순종하지 아니하는가?
18 나의 자식이라 말하는 너희들이 나의 뜻을 거부하고 거역하며 내 뜻을 따르지 아니하면서 어찌하여 이 세상에서 너희들이 구원을 받아 나에게 오른다 하는가?
19 너희들은 말 못하며 보지도 못하고 듣지도 못하는 것같이 동식물들을 생각하나, 그들도 나의 법전을 읽고 나의 뜻을 따르지 아니하면 너희들이 하늘에 오를 수 없음을 알며, 나의 법전이 새로운 성경이라는 건 이 세상의 모든 동식물도 다 알고 있건만,
20 어찌하여 가장 지혜를 높이 내가 만들었으며 생각을 할 줄 알며 깨달음을 아는, 그리고 모든 동식물을 지배한다는 인간인 너희들이, 그들의 제왕이라는 너희들이 어찌하여 나의 법전을, 그 동식물도 알고 있는 것을 너희들만 깨닫지 못하며 너희들만 몰라 이를 거역하는 삶을 사는가?
21 여기에서 너희들이 자신을 돌이켜 보는 그와 같은 영광된 길을 바라볼 수 있는 깨달음을 얻도록 그리하라, 사랑하는 나의 아들딸들아!

4,512 번째 하나님 말씀

2003년 1월 11일 09시 48분

1 사랑하는 나의 아들아!
2 "네, 아버님! 말씀하옵소서."
3 사랑하는 피조물 만백성 너희들을 구원하고자 내가 구약의 시대요, 신약의 시대를 다 거쳐 오면서 모두가 다 실패하였으며 이루지 못한 그 뜻을 지금 내가 제3의 시대에 직접 너희들을 통제하여 너희들을 구원하고자 내가 밤과 낮을 가리지 않으며 시간과 때와 장소를 가리지 않으며 나의 아들에게 명을 내려 너희들에게 나의 법전이요, 하늘에 오르는 길이라는 이 책을, 나의 성령을 책과 글로 만들어 너희들에게 전하거늘,
4 어찌하여 나 여호와가 너희들을 구원하며 너희들을 사랑하기에 내가 마지막으로 너희들에게 내리는 나의 법전이 새로운 성경이며, 너희들을 구원하며 심판하는 근본이요, 기본이 된다는 것을 내 그리 목메게 부르짖어도 너희들은 이를 들으려 하지 아니하며 이를 보려 하지 아니하는가?
5 너희들이 하나의 건축물을 짓기 위하여 하나의 벽돌을 쌓기 시작하듯이 기초를 고르고 기초를 다지지 아니하면 그 건물을 지을 수 없는 것은 너희들이 다 알고 있는 사실이면서,
6 너희들을 구원하고 너희들이 나에게 올 수 있는 그 근본이요, 기본인 내가 새로 내리는 성경을 너희들이 보지 아니하며, 이를 보지 아니하고는 아무것도 이룰 수가 없다는 것을 그리 내가 말을 하여도 너희들이 나의 말에 귀를 기울이지 아니하며 이를 들으려 하지 아니하며 이를 무조건 거부하고자 하는 것이 너희들의 심성이니 이를 어찌하여야 하겠는가?

7 너희들이 지금 내가 내리는 법전이요,
새로 내리는 성경이라 함을, 너희들은
이를 믿지 아니하고 이를 따르려 하지
않으며 이를 보고 깨우치려 하지 않는
자, 이를 저버리며 찢어 버리고 태우
며 사탄이요, 사악한 자의 장난이라
말하는 자는 이 세상 나 여호와가 창
조한 그 모두를 다 내가 창조한 것이
아니요, 나 여호와가 만든 것이 아니
요, 나 여호와의 은혜 속에 너희들이
살아가는 것이 아니라 말하는 자임을
너희들은 알아야 할 것이니라.
8 나 여호와가 사랑하는 백성 너희들을
위해 모두를 창조하였으며 너희들을
위하여 내린 이 은혜가 너희들을 위하
여 내린 선물이 아니라고 말하며, 너
희들을 존재시키기 위하여 이 세상의
모두를 갖추고 내가 골고루 내린 그
모두를 다 너희들은 내가 내린 것이
아니라 그리 말하는 자라 내가 너희들
에게 말하였음이니,
9 그렇다면 이 세상 모두의 너희들에게
내린 은혜요, 선물이요, 이 지상에 존
재하는 그 모두가 너희들이 관리하고
너희들이 쓰고 살아갈 수 있도록 만든
그것이 내 뜻이 아니라고 거부하는
자들이며 내가 내린 것이 아니라고 말
하는 너희들이라면, 과연 너희들은 누
가 만들었다 말하는 것인가?
10 창조주인 나 여호와가 너희들을 위해
서 내린 것이라고 말하지 아니하는 것
은, 너희들은 바로 사탄이 내린 것이
며 사탄의 은혜 속에서 살며 사탄이
너희들을 그리 보호하고 달래며 너희
들이 안일하게 살아갈 수 있는 모두를
줬다 그리 말하는 자들이니 그보다 더
사악한 자가 없음이니라.
11 내가 내린 이 법전, 즉 새로운 성경을
너희들이 나 여호와가 내린 것이 아니
며 너희들을 심판하며 구원하는 근본
이요, 기본이 아니라 가르치는 자는
이 세상 그 모두를 다 나 여호와가 창
조한 것이 아니요, 사탄이 창조하였으
니 사악한 사탄이요, 악마 앞에 너희
들이 고개 숙여 그에게 경배하라 가르
치는 자들과 다른 것이 하나도 없음
을, 이 무서운 사실을 너희들은 깨우
쳐 알도록 그리하라.

4,513 번째 하나님 말씀

2003년 1월 11일 09시 56분

1 사랑하는 나의 아들아!
2 "네, 아버님! 말씀하옵소서."
3 나의 법전이 세상에 나오게 되는 것은
너희들 인간들이 몇 권의 책을 만들며
인간들이 새로운 과학 문명의 무엇을
도전하여 어떠한 것을 역사하는 것보
다도 더 어렵고 무척이나 힘들게 나오
게 됨을 알아야 할 것이니라.
4 이는 만백성을 구하는 것이며, 이 법
전이 세상을 덮고 덮지 않을 그때와
그 모두를 맞춰 나가야 하기 때문이니
라.
5 너희들이 생각나는 대로 기록하는 책
이요, 너희들의 생각에 의하여 과학
문명을 발전시키는 것처럼 그리 아무
때나 이루어져 나올 수가 없는 것이니
라.
6 시기와 때의 그 모두를 맞춰 나의 계

획하에 의하여 세상에 나와야 함이니,
그리하여 무척이나 어렵고 힘들게 나
의 법전이 세상에 나오게 되는 이치를
너희들은 알아야 할 것이니라.
7 이 세상의 지금 잘못 가고 있는 종교
지도자, 그리고 그 집단, 저희들만이
대단하고 위대하다 하며 저희들만이
구원을 받는다 생각하고 지금 굳게 뭉
쳐진 모든 종파요, 그 속에 있는 세상
의 만백성들의 이목이 집중되며 그들
이 두려움을 알게 되며,
8 그들이 지금 나의 법전이 내려감으로
써 그 모든 지켜 왔던 것이 하루아침
에 무너지기 시작하는 그 대변혁의 역
사가 이루어짐이니, 그 충격과 거기에
대한 거부요, 그를 지키기 위한 그들
의 반항이요, 그들이 너희들에게 해하
고자 하는 그 힘을 막을 수 없음이니,
9 나의 법전이 세상에 나오는 것은 때와
시기를 기다려 그때를 맞춰 나옴이니,
너무나 어렵고 힘들게 서서히 세상에
나오는 것을 너희들은 알아야 할 것이
니라.
10 나의 법전이 세상에 나와 모든 종파의
백성들의 이목이 나의 법전에 집중될
때, 그때 불어닥치는 그 회오리를 막
을 수 있는 것은 과연 어떠한 힘도 있
을 수가 없음이니,
11 나의 법전이 서서히 뿌리를 내려 가는
그때를 기다리는 것이며, 그로부터 이
길 수 있는 힘을 양성시키는 그 기간
과 시간이 필요하기에 어렵고 힘든 길
속에서 나의 법전이 나옴을 알라.
12 나의 법전이 세상에 나와 모두를 덮고
나의 법전의 두려움을 알게 될 때, 예
수 탄생 시 동방 박사들이 그를 찾아
갔던 것처럼 온 세상의 백성이 이 작
은 동양의 나라를 찾게 될 것이며, 이
곳에 몰려드는 그 바람은 누구도 막을
수 없음이니,
13 그를 대비하여 나의 법전이 어렵고 힘
든 역경 속에서 서서히 때와 시간을
맞춰 지금 나오게 됨을 너희들은 알아
야 할 것이니라.
14 그리하여 나의 아들 예수도 천사들도
이 법전이 세상에 나와 온 백성을 구
하는 시기와 기간을 내가 아무도 모른
다 너희들에게 말하여 전하였음이니
라.
15 나의 아들 예수도 모르며 천사들도 모
르며 사탄도 모르며, 모든 사악한 자,
그들까지도 만백성을 구하기 위하여
나의 법전이요, 새로운 나의 성령이
세상에 나오는 것을 아무도 모르고 있
음이니라.
16 다만, 내가 너희들에게 말하여 가르쳐
주지 아니했더냐?
17 10년 안에 이 모든 역사의 변하는 것
을 너희들이 볼 수 있다 하였음이니,
내가 지금 어렵고 힘들게 무척이나 고
통스럽게 법전이 세상에 나오나, 10년
이라는 그 세월 안에 전광석화처럼 어
느 날 하루아침에 이 세상을 나의 법
전이 덮을 것이며, 나의 법전이 새로
운 성경이라는 것이 퍼지게 될 것이며,
18 내가 이루고자 하는 지상 낙원의 건설
을 그때 시작하며 그때 이루어지기 시
작할 것이니 너희들은 그리 알아야 할
것이니라.
19 그때가 되어 모든 종파들이 개혁의 바

람이 불어 그 종파들이 개혁의 바람에
휩쓸려 그들이 설 자리가 없게 되어
야 할 것이며, 그들이 뭉쳐 힘으로써
너희들에게 대항하지 못하는 그와 같
은 모든 계획의 프로그램에 의해서
이루어져야 함을 알라.
20 열 개 백 개 모든 그 강한 종파들이 뭉
쳐 하나가 되어 너희들을 쓰러트리고
자 휘몰아치는 그 힘을 어찌 다 너희
들이 감당하겠는가?
21 모든 종파들이 힘을 합쳐 하나가 되어
그들이 다 새로 나온 나의 성경을 휩
쓸어 버리려 함이니, 그를 어찌 너희
들이 감내하겠는가?
22 그들이 지금까지 왔던 그 믿음의 방향
을 바꿔야 되며 그들이 존재했던 설
법이 다 문을 닫아야 하는 그와 같은
무서운 변화를 이루는 그 역사가 하루
아침에 이루어질 수는 없음이니라.
23 나의 법전이 세상에 전광석화처럼 덮
는 날, 새로운 세상에 너희들의 믿음
의 체계가 생길 것이며 새로운 세상이
탄생하며,
24 그리하여 이 법전이 세상에 전해지는
의미를 너희들이 알게 될 것이며, 이
가 진정한 나 여호와가 내린 진정한
저희들의 구원의 길이라는 것을 알고
있는 백성이 나오게 될 것이며, 그를
선택하여 너희들을 따르는 백성이 나
올 것이니,
25 그때 가서는 내가 이 법전이 너희들
을 심판하는 것이 아니요, 너희들이
구원의 길이라 이리 말하지 아니하여
도 스스로 저희들이 진단하며 깨우쳐
저희들이 이를 보고 가는 자가 나올
것이니, 그와 같이 무르익는 그 시기
를 기다림이니라.
26 너희들이 아무리 탐스러운 과일도 익
지 아니하면 먹을 수 없듯이, 지금의
과일은 나무에 붙어 익어 그를 먹을
수 있을 때까지 인내하고 기다리고
있는 것처럼 지금 내가 그와 같은 시
기를 찾고 있음이니,
27 오늘의 너희들의 고통과 시련이 있다
하여도 이는 당연한 것임을 알고 굳건
히 인내하고 견디는 그와 같은 노력을
경주하도록 하라, 사랑하는 나의 아들
딸들아!

4,514 번째 하나님 말씀

2003년 1월 11일 10시 02분

1 사랑하는 나의 아들아!
2 "네, 아버님! 말씀하옵소서."
3 네가 울고 싶은 마음을 내가 알며, 네
가 이를 그만두고 나가고 싶은 네 마
음을 아느니라.
4 모든 만백성들은 너를 사탄이요, 이단
이라 말하며, 네가 나의 성령을 받아
기록하지 아니하는 한 책이 한 권도
더 나올 수가 없으며 그 역사를 이룰
수가 없음이니, 네가 나의 명을 따라
네가 나의 성령의 내려보냄을 받기 위
하여 네가 오늘도 이와 같이 네 방에
앉아, 내가 내린 이 성전에 앉아 이를
받는 그 고통을 너는 버리고 일어서고
싶은 마음이 더러는 있으며,
5 그리하여 네가 과연 이 길을 갈 수 있
을까 없을까 하는 그와 같은 고통과
어려움 속에서 네가 눈물짓는 그 마음

을 아느니라.
6 그러나 너는 가야 하며 너는 그 역사
를 이루어야 할 것이며, 지금의 변화
속에서 네가 조금만 더 변화된다 하면
네가 완벽히 설 수 있는 나의 아들임
을 너는 알라.
7 사랑하는 나의 아들아!
8 인내함이 필요함이니라.
9 그리고 기다림이 필요한 것이니라.
10 너의 제자들 또한 지금 높은 경지에
이르기 시작하며 그들이 이제 깨우쳐
가고 있음이니라.
11 그러니 그들에게 너는 전하라.
12 너희들이 가장 사랑하는 사람, 그리고
아끼는 사람을 너희들은 사랑으로 다
스리며 사랑의 눈길로써 모두를 보는
그와 같은 마음으로 세상을 바꿔 보라
그리 전하라.
13 너희들은 사랑하는 사람과 사랑하지
않는 사람을 분별하지 못하며, 좋은
일 나쁜 일을 가리지 못하며 사랑하는
사람까지도 죄를 지으며 우를 범하는
일을 같이할 수 있는 그와 같은 마음
을 가지고 있으며 그리 행동하는 자들
이 너희들이니라.
14 그리하여 나의 법전을 읽고 깨우친 나
의 선택된 백성 너희들은 정녕 사랑하
는 사람을 사랑하거든 너희들이 불의
의 짓이요, 도덕적으로 잘못된 것이
요, 인간으로서 할 수 없는 그와 같은
행위를 사랑하는 사람과 더불어 생각
하며 더불어 행해서는 너희들이 그 사
람을 사랑하고 아끼는 것이 아님이니
라.
15 너희들이 정녕 사랑하는 사람을 사귀
려 하며 아끼거든, 그가 사랑으로써
살아갈 수 있으며 사랑이 무엇인가를
볼 수 있는 그와 같은 것으로써 너희
들이 인도하고 깨우치는 것이 정녕
사랑하는 사람임을 너희들은 알아야
할 것이니라.
16 이제 내가 돌이켜 너희들에게 말을 한
다 하면, 사랑하는 사람을 위하여 정
녕 그를 사랑하거든 너희들이 육적인
면에서 인간 삶의 즐거움에서 그와 더
불어 가는 것이 아니요, 그와 더불어
육의 삶을 위하여 무엇을 얻고자 하는
것이 아니요,
17 정녕 나 여호와를 향하여 영혼의 구원
을 받을 수 있는 그 길, 즉 영혼의 구
원을 받는 길은 무엇이던가? 한 점의
부끄럼이 없이 아름답게 사는 것이니
라.
18 하나를 실수했을 때 너희들이 사탄으
로 변한다 하였으니, 정녕 사랑하는
사람이요, 사랑하는 사람을 사랑하거
든 너희들은 사탄으로 변하는 그와 같
은 언행을 그에게 들려주지 말며, 그
와 같은 행위를 같이하기를 강요하지
말며, 잘못된 것을 생각하는 그를 바
로 세워 그를 다스리고 이끌어 주는
너희들의 그것이 진정한 사랑이니라.
19 사랑이란 너희들이 사랑하는 사람을
육으로써 어떤 즐거움이요, 향락을 위
해서 육의 이해관계를 위해서, 너희들
이 그를 잘못된 것을 알면서도 행하는
것이, 그리고 육으로써 그리 기쁨을
주기 위하여, 육으로써 그에게 기쁨을
주기 위해서 불의한 짓이요, 해서는
안 되는 짓을 하는 것이 사랑하는 것

이 아니니라.
20 사랑하는 사람을 사랑하는 것은 사랑
하는 길로 가도록 만드는 것이며, 사
랑하기에 너희들이 불의한 짓이요, 남
이 봐 추하며 더러운 짓이며 남에게
지탄받는 일을 하지 아니하는, 그와
같이 너희들이 같이 가는 마음으로 인
도하고 깨우치는 것이 진정한 사랑인
것이니라.
21 육의 향락이요, 육의 삶을 위하여 육
으로써 사랑하는 사람을 위하여 너희
들이 불의한 짓을 하며, 해서는 안 되
는 짓을 하며, 거짓 하며 너희들이 남
을 속이는 그와 같은 일을 하는 것은
그를 정녕 사랑할 줄 모르며 사랑이
무엇인지를 모르는 자이니,
22 너희들은 사랑이 무엇이며 사랑이 어
떠한 것인가 진정한 사랑을 보여 주는
그와 같은 삶을 사는 것이니라.
23 그건 바로 불의한 짓이요, 해서는 안
되는 일을, 육의 향락을 위해서 해서
는 안 되는 모든 일들을 억제하는 것
이 정녕 그를 사랑하는 것이며, 사랑
하는 사람을 사랑하는 마음임을 알라.

4,515 번째 하나님 말씀

2003년 1월 11일 21시 22분

1 사랑하는 나의 아들아!
2 "네, 아버님! 말씀하옵소서."
3 예수를 따랐던 그 제자들이 또한 육
의 믿음이 아니요, 영적인 믿음을 믿
었더라면 그와 같이 나의 아들을 팔며
나의 아들로부터 등을 돌리며 배신하
는 행위는 정녕 없었을 것이니라.
4 그들이 육적인 믿음이 아니요, 영적인
믿음을 믿었더라면 예수가 많은 백성
들 앞에 그리 조롱당하며 비웃음당하
며 그가 십자가에 못 박혀 죽는 그 형
상을 보고 그들의 마음이 돌아서지 아
니하며 그들이 등을 돌리는 일은 절대
로 안 했을 것이니라.
5 그들이 나의 아들 예수가 나로부터 선
택된 아들이요, 나로부터 명 받아 세
상에 내려간 아들이요, 세상의 왕이라
저희들이 믿었더라면,
6 예수가 그와 같이 비참하게 인간으로
서 감내할 수 없는 그 고통스러운 죽
음을 당하며 그 모욕을 받으며 그 비
아냥을 받는 것을 보고 그들은 정녕
나의 아들이 나로부터 선택된 나의 아
들이며 만백성을 구하고자 내려간 왕
이라 믿었을 것이니라.
7 그들이 영적인 믿음으로써 나의 아들
예수를 봤으며 그들이 영적인 믿음에
서 변화되는 그와 같은 믿음을 갔더라
면 그들은 그것을 진정한 나의 아들이
라 그리 그 순간에도 믿었을 것이니라.
8 그러나 그들이 육으로 믿으며 육으로
기대했으며 육으로써 계산하고 생각
했기 때문에 그와 같은 형국에서 나의
아들에게 등을 돌렸음이니, 그들의 믿
음이 그와 같이 잘못되었음이니라.
9 지금 너를 따르는 너의 제자들이 또한
어떠하겠는가?
10 정녕 너희들이 지금 영적인 믿음이요,
육의 믿음이요, 그 너희들의 믿음의
한계를 정확히 알아야 할 것이며 너희
들 자신을 돌아다봐야 될 것이니라.
11 내가 나의 아들에게 일러 말하기를,

나의 아들 예수가 그가 그와 같이 더
이상의 고통과 시련을 겪을 수 없으며
더 처참하고 비참한 그와 같은 고통의
죽음을 갈 수가 없는 그와 같은 마지
막의 그 순간까지도 그는 무어라 말하
였는가?
12 '저를 죽이고 저를 해하는 그들을 용
서하여 주옵소서.' 나에게 기도를 하
였음이니, 그것이 사랑이요, 그가 나
여호와가 존재함을 믿는 것이거늘,
13 너희들이 그와 같이 나의 아들 예수처
럼 나를 믿었으며 나의 아들 예수를
그리 믿었다면 과연 죽어 가는 그를
보고 너희들이 등을 돌리며 떠날 수
가 있었을 것이던가?
14 이것이 그들의 믿음이요, 그 백성들이
가고 있는 믿음의 형국이니, 지금의
너희들 제자들의 믿음이 과연 어떠하
던가?
15 지금의 제자 너희들의 믿음이 예수의
제자들과 똑같은 그와 같은 믿음을 가
고 있다 하면 내가 이루는 새로운 역
사는 이룰 수 없음이니라.
16 그 믿고도 믿었던 열두 제자 중에서
한 사람도 그를 따르는 자가 없었음이
니, 바로 지금 나의 아들을 따르는 많
은 제자 중에서 나의 아들이 어떠한
시련과 고통을 겪는다 해도 너희들이
그를 믿고 따를 자가 과연 누가 있으
며 얼마나 있는가?
17 그렇지 아니한다면 나의 법전 또한
실패작이며, 내가 마지막 시대에 나의
피조물 만백성을 구하려 나의 성령을
태워 나의 아들에게 내려보냄이니 이
또한 너희들이 사탄의 힘에 의하여 실
패로 끝나는 것을 알아야 할 것이니,
18 열두 제자가 따랐던 나의 아들 예수
는 나의 성령을 받아 나가 만백성을
구하고자 전했음이니라.
19 다만, 그가 지금 나의 아들처럼 글로
써 책으로써 문자로 만들지 않았을 뿐
이지, 나의 성령을 똑같이 받아 만백
성을 구하려 했으며, 거기서 배운 그
제자들이 한 명도 그와 더불어 죽어
가는 자 없으며 그를 영적인 믿음으로
써 믿은 자가 없으며, 육적인 계산속
에서 믿음을 따른 자들이니,
20 이제 마지막 시대에 나의 아들을 따르
는 제자 너희들 중에 단 한 사람이라
도 육적인 믿음이 아니요, 영적인 절
대적인 그 믿음으로 가는 자가 과연
있을 것인가?
21 예수는 그와 같이 처참히 가장 고통
스러우며 인내할 수 없는 비참한 죽음
의 그 길에서도 그를 해하고 죽게 하
는 그들을 용서해 달라는 간곡한 기
도를 나에게 드렸음이니, 그것이 사랑
이며, 그것이 하나의 믿음이며 나를
향하여 가는 마음인 것을 너희들은 알
아야 할 것이며,
22 너의 제자들 또한 나 여호와를 믿으며
나의 법전을 믿는다면 너희들이 나의
아들을 믿을 것이며,
23 나의 아들을 믿는다면 그가 어떠한 고
통과 시련의 길을 간다 해도 더불어
갈 수 있는 제자가 단 한 사람이라도
세상에서 나온다면 나의 법전은 빛을
볼 것이니라.
24 예수의 제자들은 한 사람도 그와 같은
자가 그 당시에 없었음이니,

25 오늘의 이와 같이 사악한, 말로써만
믿음을 가며 수다로써만 믿음의 길을
가는 자들이며,
26 너희들이 나의 아들 예수의 고통과 시
련을 겪는 것을 보고 배우고 깨우쳐
그 아픔을 너희들이 알고 너희 것으로
만들어 바로 서고자 하는 것이 아니
라, 그저 더불어 흘러가는 그 속에서
편승하려는 것이니라.
27 나의 아들이 피 흘려 죽어 간 그 고통
속에 너희들은 그저 묻어 지나가는
자와 같으니,
28 범죄자가 범죄자 아닌 사람 뒤에 숨어
서 한 관문을 통과하는 그와 같은 형
국으로써 너희들이 쉽게 피해 가며 쉽
게 천국에 오를 것이라는 그와 같은
형국으로 가고 있는 것이 너희들의 믿
음의 형태이니, 그렇게 해서는 나에
게 올 수가 없음이니라.
29 인간 너희들이 도둑은 도둑을 잡는 자
의 눈을 속여 갈 수 있으나, 나 여호와
를 속여서 너희들이 하늘에 오를 수
없는 이치를 깨닫는다면, 너희들이 어
찌 살아가야 하는가를 바로 알아야
할 것이니라.

4,516 번째 하나님 말씀

2003년 1월 11일 21시 51분

1 사랑하는 나의 아들아!
2 "네, 아버님! 말씀하옵소서."
3 너희들이 안식일이라 하여 너희가 정
해 놓은 그날 너희들이 구원을 받기
위하여 너희들의 성전에 와 종교 지도
자들이 가르치는 설교를 들으며 눈물
로써 기도하며 광란의 찬송을 부르며
재물을 바치는 그와 같은 행위를 하지
아니하면 그 모든 백성들이 죄를 짓는
것처럼 죄악시하며 그리 가르치고 있
음이니, 너희들은 그날의 개념을 잘
모름이니라.
4 안식일의 개념은 그러한 것이 아님을
너희들은 알아야 할 것이니라.
5 그러하니 너희들이 안식일을 강조하
는 그와 같은 행위를 이제는 철폐할
때가 되었음을 알아야 할 것이니라.
6 너희가 지금 안식일이라 하는 날을 그
저 철저히 행한다 하면 그것은 너희들
이 생활 속에 지친 몸을 쉬는 단순한
날임을 너희들은 알아야 할 것이니라.
7 너희들은 나 여호와가 6일 만에 만물
을 창조하고 세상을 다 이루어 놓았음
이니, 그리하여 내가 하루를 쉰다 하
여 너희가 7일째가 안식일이며 그날
은 설교를 듣는 것이며 너희들이 재물
을 바치며 구원을 받는다 그리 말하나,
8 과연 안식일의 그 하루가 내가 하루를
쉬는 그날과 너희들이 6일 동안을 일
을 하며 하루를 쉬는 그날이 안식일이
라 하여 너희들에게 와서 기도하고 경
배하며 재물을 바치는 그와 같은 행위
를 하는 것이 타당하다 생각하는가?
9 그러면서 너희들은 너희들이 안식일
이라 정해 놓은 그날에 너희들에게 와
설교를 들으며 재물을 바치며 너희들
을 따라 광란의 짓을 하지 아니하였을
때, 그가 작은 사고라도 일어난다면
그는 안식일을 지키지 아니하여 그와
같이 나 여호와로부터 벌을 받아 죗
값을 받았다 그리 위협하고 그들을 그

리 끌고 가며 쇠사슬에 묶어 놓고 있
는 것이 너희들의 종교 집단이 아니던
가?
10 너희들이 말하는 그 안식일의 개념은
그런 것이 아니니라.
11 너희들이 며칠 동안 일을 하고 지친
몸을 쉬는 그와 같은 날로 너희들이
알고 있으면 되는 것이거늘,
12 너희들은 그와 같은 형국으로 가르치
는 것이 아니요, 너희들은 그곳에 와
재물을 바치며 너희들에게 경배하기
위해 안식일은 어떠한 일도 하지 아니
하며 오로지 설교요, 너희들에게 재물
을 바치는 그와 같은 날로 너희들이
못을 박아 놨음이니,
13 안식일이라는 그날에는 어떠한 일도
해서는 안 되며 다른 행사를 해도 아
니 된다 그리 가르침이니라.
14 그러나 너희들은 안식일에 너희들이
다른 일을 해서는 아니 되며 오로지
너희들이 지은 성전에 와 설교를 들으
며 재물을 바치는 그것이 우선이라 한
다 하면,
15 너희들은 과연 재물을 바치는 행위는
그것이 안식일의 일이 아니고 무엇인
가?
16 너희들이 정녕 안식일로서 안식일은
믿음의 길만 가는 것이며 다른 것을
하는 것이 아니라 하면,
17 나의 백성들로부터 너희들이 재물을
거둬들이며 재물을 바치는 그와 같은
육의 움직임의 행동도 해서는 아니 되
는 것이 아니던가?
18 너희들은 안식일에 재물을 받아들이
는 행위를 해서도 아니 되는 것이거
늘, 어찌하여 너희들은 딴 일을 해서
는 아니 되며 너희들이 재물을 거둬들
이고 너희들에게 재물을 바치는 그와
같은 행위는 해야 한다는 말이던가?
19 육체의 노동이요, 정신적인 노동이요,
물질적인 노동의 재물을 바치는 것은
과연 아니던가?
20 그들이 재물을 바치기 위하여 그와 같
은 준비를 하는 그 과정이 또한 그들
이 정신적인 노동력이 필요한 것이 아
닌가?
21 그리고 안식일에 재물을 바치는 행위
는 해서는 아니 되는 것이 아니던가?
22 이와 같은 이치를 너희들이 깨우쳐야
할 것이니라.
23 정녕 너희들이 안식일이라 말하는 그
것은 너희들이 생활 속에서 힘들고 어
려워 자신의 육체가 약화되며 정신과
육체가 지쳐 있는 그 하루를 쉬기 위
한, 그리하여 원기를 회복하여 다음에
너희들이 일을 하기 위한 휴식의 날인
것을 너희들은 알아야 할 것이니라.
24 어찌하여 천 년이 하루인 하늘나라 나
여호와가 쉬는 그 하루를, 그 안식일
은 천 년의 안식일을 의미하는 것이거
늘, 너희들이 그를 거기다 붙여 너희
들이 사는 세상에서 너희들이 6일을
일하며 7일째 안식일이라 하여 너희
들이 재물을 받아들이며 설교하며 기
도하는 그와 같은 역사의 방향으로 흘
러가는가?
25 너희들이 정녕 안식일을 지킨다면 재
물을 받고 거래하는 그와 같은 행위도
해서는 안 된다는 것을 알아야 할 것
이니라.

26 너희들은 안식일의 휴식이라는 것이
너희들에게만 있는 특권이 아니니라.
27 너희들이 며칠 간 일을 하고 하루의
쉬는 그 역사는 지친 몸을 쉬듯이, 내
가 많은 동물들에게 짐승들에게도 그
와 같은 안식일을 주었음이니, 너희들
은 그 개념을 알아야 할 것이니라.
28 겨울에 긴 잠을 자는 모든 동물이요,
미물들이 다 그들이 무엇이던가?
29 지친 몸이요, 삶에 시달린 그들이 쉬
는 그 시간에 동면에 들어감이니 그들
이 바로 너희들이 말하는 안식일과 똑
같음이니 그를 알라.
30 너희들이 지금 지키는 안식일은 우선
너희들이 정신적이요, 육체적이요, 노
동이요, 생활에 시달린 그날 하루 그
저 재충전하며, 또한 너희들의 삶의
기쁨을 회생시키기 위하여 쉬는 날로
써 단순히 그리 알아야 할 것이며,
31 너희들이 재물을 거둬들이고 설교를
듣는 그런 날로 얽매어 너희들이 그리
써서는 아니 되는 것을 알라.
32 너희들이 정녕 안식일의 개념을 알고
쉬고자 한다면, 너희들이 어떠한 형태
든 재물이요, 헌금이요, 그와 같은 것
을 받아들이고 거둬들이는 행위도 노
동과 마찬가지이니,
33 너희들은 그와 같은 짓을 너희 성전에
서 돈을 거둬들이며 금화와 재물을 거
둬들이는 짓을 하면서 어찌하여 다른
백성들이 하는 일은 그것을 죄악시하
며 그리 말하는가?
34 너희가 생활하다가 정신적, 육체적으
로 피로가 누적되었을 때 너희들이 하
루를 쉬는 날이 그 쉬는 날이니라.
35 너희들이 만든 그 계명의 안식일이 잘
못되었음이니 그날은 나의 백성들이
편안하게 쉬며 내일을 준비할 수 있는
그와 같은 시간으로써 쓰도록 하는 것
이 그 의미이니라.
36 너희들은 그러나 너희들이 만든 그 계
명으로 하여금 나의 백성들에게 안식
일이라 하여 너희들의 손으로 지은 성
전에 와 기도하며 경배하며 설교를 들
으며 재물을 바치도록 하니, 나의 불
쌍한 백성들로부터 재물을 착취하는
그와 같은 행위를 하지 말라.
37 그들이 피로한 몸을 쉬고자 하는 그들
에게 생명의 연장이요, 삶의 능력을
회생하는 기회를 얻는 그 시간을 너희
들이 정신적, 육체적, 물질적인 그 고
통을 다시 그들에게 주는 그와 같은
행위를 철폐하라.
38 너희들이 그날에 재물을 바치며 너희
들의 설교를 들으라 하는 그와 같은
행위는 나와는 아무런 관계도 없는,
너희들의 법으로 만든 너희들 인간의
계명이요, 너희의 간악한 머리로 만든
너희들의 안식일이니라.
39 이를 철폐해야 할 것이니 그리 알라.
40 나의 백성들이 생활에 지친 날 편히
쉴 수 있도록 하는 것이 그것이 바로
너희들이 그리 쉬는 날임을 알라.

4,517 번째 하나님 말씀

2003년 1월 11일 22시 09분

1 사랑하는 나의 아들아!
2 "네, 아버님! 말씀하옵소서."
3 내가 이 지상의 모든 것을 너희들이

관리하고 취하며 그리 살아가도록 너
희들에게 다 주었음이니, 그는 또한
너희들에게 내가 내려 준 큰 은혜요,
복이니라.
4 그러나 내가 너희들에게 더 큰 은혜
요, 선물을 주었음이니 이는 바로 무
엇이던가?
5 이 세상에 내가 너희들에게 취하고 살
수 있는 그 모두를, 너희들이 보존하
며 또 지키며 관리하며 그들을 잘 다
루어 사용할 수 있는 그와 같은 능력
을 내가 너희들에게 주었음이니, 그리
하여 너희들 인간이 동물들과 다른 점
이 무엇이던가?
6 너희들은 지키고 관리하며 보존하며
가꾸는 그와 같은 능력을, 나로부터
그 많은 지혜를 받아 갔음이니, 너희
들은 단순히 먹고 사는 것에 급급하는
동물들과 다른 나로부터 큰 은혜요,
복과 선물을 받았음을 알아야 할 것이
니라.
7 너희들이 보존하는 능력이 없으며 지
키는 능력이 없으며 관리하는 능력이
없으며 가꾸는 그와 같은 능력이 없다
면 너희들은 과연 어떻게 되겠는가?
8 짐승과 다를 점이 하나도 없는 것이
너희들인 것이니라.
9 모든 변화도 없을 것이며 모든 역사도
너희들은 이룰 수도 없으며, 그저 먹
고 자는 그 하루하루의 생활이요, 떠
돌이 같은 생활을 하는 것이 너희들일
것이니라.
10 그리고 너희들은 오늘과 같은 그 변화
의 역사를 이룰 수 없을 것이며, 짐승
과 같이 먹이를 찾아 떠돌아다니는 그
와 같은 생활에서 너희들이 살아야 할
것이나,
11 너희들은 관리하는 능력과 가꾸는 능
력과 보존하는 능력과 지키는 능력,
그 모든 재능을 나로부터 받아 나가
너희들이 인간의 삶을 지키며 그를 보
존하며 오늘과 같이 가정을 다스리며
가정을 이루며 사회를 가꾸며 사회를
이루고 그리 살아가는 것이 너희들이
니라.
12 너희들은 인간 세상에 살아가는 그 삶
에 대해서는 모두를 다 지키고 가꾸는
그 보존의 한계를 넘을 정도로 잘 역
사하고 살아왔으나,
13 너희들의 가장 소중한 구원의 길이요,
구원의 빛인 모세의 시대의 그 역사를
보존하는 것과 그 시대에 내가 모세
를 통하여 너희들에게 깨우치고자 했
던 내 가르침이요, 내 성령이요, 내 뜻
을 보존하고 관리하는 데 실패한 것이
나의 백성 너희들이니라.
14 또한, 새로운 시대, 신약의 시대, 예수
의 시대도 마찬가지였음이니라.
15 내가 예수를 통하여 너희들에게 가르
치고자 했던 그 모두는 너희들이 보존
하고 관리하며 그를 소중히 여기는 것
에 또한 너희들이 실패하였음이니라.
16 육의 세상에 사는 너희들이 가꾸고 관
리하는 그 보존하는 모든 능력을 너희
들이 100퍼센트 발휘하여 너희들이
지금과 같은 변화된 육의 세상의 삶의
역사를 이루었으나,
17 너희들이 믿음이요, 하늘에 오르는 그
길에 가장 중요한 생명의 빛인 그 가
르침이요, 나의 진리요, 성령을 너희

들이 보존하고 관리하고 지키는 데는
너희들은 모두가 다 실패하였음이니
라.
18 모세의 시대와 예수의 시대에 너희들
이 보존함에 다 실패했으며 지키는
것에 실패하였음이니, 내가 그리하여
제3의 시대를 열어 나의 법전이요, 나
의 성령을 책으로 만들어 세상에 내보
내 나의 뜻을 보존하도록 하며 보존케
하여 너희들을 멸망에서 구원하고자
함이니,
19 이것이 지금 내가 새 역사를 이루는
것이며 새 성경을, 나의 법전을 책으
로 글로 만들어 너희들에게 내려보내
는 뜻이 여기에 있음이니라.
20 내가 다시 제3의 시대에 나의 법전을
세상에 내려보내 너희들의 마음이요,
너희들의 생각이요, 하늘에 오르는 참
진리를 깨우쳐 그를 영구히 보존하며
너희 것으로 만들어 너희들이 깨우침
을 얻어 구원을 받도록 그리 내가 내
려보냄이니,
21 이를 너희들이 지키고 보존하지 아니
할 때 너희들은 재앙과 멸망과 그 모
두만이 너희들에게 있음을 알아야 할
것이니라.

4,518 번째 하나님 말씀

2003년 1월 11일 22시 17분

1 사랑하는 나의 아들아!
2 내가 너희들에게 성서에 기록하여 뭐
라 가르쳤는가?
3 낳아 주고 길러 준 네 부모를 공경하
며, 형제지간에 우애하며 불화하지 말
고 살라 하였음이니라.
4 형제지간에 불화하고 반목하는 자 지
옥으로 간다 내가 그리 기록하여 너희
들에게 깨우쳤건만, 지금 나의 피조물
만백성 너희들이 살아가는 형태는 무
엇이며, 너희들의 마음은 어디에 두고
어떻게 살아가는가?
5 너희들의 살아가는 그 형태의 모습을
한번 돌아다봐야 하지 않겠는가?
6 낳아 준 부모를 공경하며 형제간에 화
목하게 사는 것에 너희들은 인색하나,
너희들이 취미로 좋아 기르는 애완동
물에 투자하며 그들을 가꾸며 그들을
위하여 너희들이 정성을 들이는 것은
과연 어떠하던가?
7 너희들을 길러 주고 낳아 준 그 부모
보다 더 정성을 들이며 더 가꾸며 더
투자를 하고 산다면 너희들은 믿겠는
가?
8 너희들은 절대 그러한 백성들이 아니
며 그러한 사람은 없다 그리 말할 것
이니라.
9 그러나 이것이 엄연한 사실이며, 너희
들은 낳아 주고 길러 준 부모를 바라
보는 마음보다 너희들이 기르고 아끼
는 애완동물에게 투자하며 관리하며
그를 보는 마음이 더 애절함이니, 이
는 과연 무엇이던가?
10 너희들이 기르는 애완동물 한 마리의
죽음이, 그가 죽었을 때의 그 슬픔이
너희들을 길러 주고 낳아 준 부모의
죽음보다도 더 슬픔을 참지 못하는 그
와 같은 마음으로 변한 것이 지금 나
의 백성들이라 너희들이 말할 수 있지
않은가?

11 과연 너희들은 그러한가, 그렇지 아니
한가 너희들 스스로 가슴에 안고 한번
생각해 봐야 할 것이니라.
12 내가 오늘 이와 같은 뜻을 너희들에게
깨우치며, 너희들이 살아가는 형태요,
너희들의 마음이요, 너희들의 인간미
가 얼마나 그와 같이 변해 있는가를
내가 너희들에게 다시 한 번 깨우쳐
주고자 함이니라.
13 그러나 너희들은 말할 것이니라.
14 누가 애완동물보다 부모를 덜 사랑하
며, 부모가 돌아가신 것보다 제가 아
끼는 애완동물이 죽은 것을 더 슬퍼하
는 자가 어디 있겠느냐, 그리고 너희
들은 그렇게 인정이 없는 백성이 아니
며 인정이 없고 사랑이 메마른 사람
들이 아니라며 그리 나 여호와를 욕
할 것이니라.
15 내가 내려다보는 너희들의 그 삶의 작
태는 지금 내가 표현하는 것보다 더
하면 더했지 덜하지 아니함이니, 이를
보는 나 여호와의 마음이 어떠하겠는
가?
16 너희들을 낳아 주고 길러 준 그 부모
보다도 너희들이 기르는 애완동물의
죽음을 더 슬퍼하는 너희들이라 하면,
그렇게 너희들이 변하여 있다면, 과연
너희들이 지금 보이지도 않으며 만질
수도 없으며 듣지도 못하는 나를 믿는
다는 것은 정녕 진정한 믿음이라 생각
할 수 있는가?
17 너희들은 나 여호와를 향하여 믿는 것
이 구원이라는 그 허울 때문에 형식
적인 그 믿음을 가지지 아니하는가?
18 믿지 않는 것보다는 믿는 것이 나으
며, 설마하니 믿는 자가 안 믿는 자보
다는 구원을 받아 하늘에 오를 수 있
는 길이 있으며, 너희들이 지은 죄를
안 믿는 것보다는 믿는 것이 용서받을
수 있다고 생각하여 너희들이 진정한
믿음의 깨달음이 아니요, 형식적인 믿
음을 가고 있는 것은 아닌가?
19 너희들은 나 여호와가 구해 준다며 구
원을 받을 수 있다는 그 믿음 때문에
그러한 믿음을 간다면 조건부의 믿음
으로 가는 것이니, 그와 같은 백성들
은 나와 아무런 관계도 없는 것이며
나하고는 인연이 없는 것이라 내가 너
희들에게 그리 말하였음이니라.
20 과연 너희들이 지금의 세상에서 살아
가는 형편은 무엇이던가? 너희들이
너희를 낳아 준 부모를 너희들이 기
르는 애완동물만큼도 섬기고 받들지
아니하는 세상이 되었다면 이제는 이
것이 종말이요, 마지막 시대라 말할
수 있음이니,
21 이 모두의 책임은 사랑을 베풀며 산다
는 너희들의 종교 집단들이 지금 이와
같이 만들어 놓았음이니 그를 너희들
이 변제해야 될 것이며 너희들이 책임
져야 할 것이니라.
22 그러하니 너희들이 나를 믿고 나에게
경배하며 하늘에 오르는 그 길을 온다
는 것도 너희들이 과연 어떠한 마음으
로 오겠는가?
23 다 형식적인 것이며, 진실한 믿음이
요, 진실한 깨달음의 길을 가는 자가
없다 함이니, 구원받을 자가 없다는
나의 뜻을 너희들이 알겠는가?

4,519 번째 하나님 말씀

2003년 1월 11일 22시 26분

1 사랑하는 나의 아들아!
2 "네, 아버님! 말씀하옵소서."
3 나 여호와의 가장 큰 기쁨이요, 나 여
호와의 가장 큰 행복은 나의 피조물
만백성이 바른 믿음을 믿어 하늘에
오르는 그 길을 오르는 것을 바라보는
것이거늘, 과연 너희들은 어찌 살아가
는가?
4 지금 너희들은 정녕 나 여호와의 분노
함을 알지 못하며, 이를 보지 못하는
가, 그리고 생각조차도 할 수 없겠는
가? 너희들은 나의 분노함을 알아야
할 것이니라.
5 구약의 그 많은 역사의 시대에도 너희
들이 실패했으며 신약의 그 모든 역사
의 시대에도 다 그를 실패하였음이니
나 여호와의 마음이 어떠하겠는가?
6 나 여호와의 가장 큰 기쁨은, 지금의
모든 종교 집단 너희들이 우왕좌왕하
며 진정한 깨우침이 아닌 잘못된 그
길에서 벗어나 바로 서는 것이 나에게
가장 큰 기쁨임을 너희들은 알아야 할
것이거늘,
7 지금의 뿌리 깊은 그 종교 지도자가
개혁이요, 변화의 기미를 보이지 아니
하며, 새로운 진리요, 참진리의 뜻이
요, 나 여호와의 새로운 성경이 세상
에 내려가나 그를 보지도 않으려 하
며 그를 접하지도 아니하려는 것이
너희들이니 과연 나 여호와의 이 분노
함을 너희들은 어찌 그리도 모르는가?
8 나 여호와의 분노함은 이루 말할 수
없음이니라.
9 이를 읽은 나의 백성 너희들이야말로
믿음의 길로 바로 가는 것이 나 여호
와의 은혜에 보답하는 길이며 나에게
가장 기쁨을 주는 것이라는 것을 알아
야 하고 그리해야만 하거늘, 너희들은
그와 같은 것을 생각지도 아니하며 바
라보지 아니하려 함이니라.
10 그리하여 나 여호와가 가장 기뻐하는
것이요, 내가 가장 행복해하는 것이
요, 내가 가장 기다리는, 너희들이 변
하는 그와 같은 믿음의 길을 가는 것
은, 그 길을 인도하는 것은 나의 법전
뿐이요,
11 만백성을 지도하고 지도자로서 그들
을 이끌어 나에게 오를 수 있는 길을
여는 것은 선택된 나의 백성 너희들이
니, 그 누구도 이를 할 수 없음을 너희
들은 알아야 할 것이니라.
12 나 여호와의 가장 큰 기쁨이요, 나의
영광이요, 나의 축복이라 할 수 있는
것은, 너희들이 나로부터 받은 은혜에
보답하는 것이 그와 같은 길이라는
생각을 하고 살 수는 없겠는가?
13 너희들이 나로부터 받은 그 은혜를 생
각하는 마음으로 산다 하면 너희들은
나에게 가장 큰 기쁨이요, 영광을 줄
수 있음이니라.
14 그는 곧 무엇이던가?
15 너희들이 바로 설 수 있으며 참진리를
볼 수 있으며 하늘에 오르는 길을 향
하여 나의 백성들이 올 수 있기 때문
이니라.
16 이제 내가 너희들에게 다시 한 번 강
조하나니, 너희들이 나에게 기쁨을 주

고 너희들이 나로부터 받은 모든 영광
과 은혜와 그 감사에 대해 나에게 보
답할 수 있는 길이라면 너희들이 지
금부터 십계명대로 삶을 살며 나의 법
전대로 살아가는 것이니라.
17 나의 법전을 가슴에 안고 정독하고 또
정독해서 너희들이 지금 깨우쳐 바로
서지 못하면 안 되는 것이니라.
18 지금 나의 법전이 세상에 내려가기 시
작하였으나 너희들이 이를 보지 아니
하며 읽지를 아니하며, 너희들 인간의
육신이 점점 노쇠해져 가며 너희들의
머리가 백발이 되어 나이가 많아 머
지않아 육의 세상에 종말을 거두는 그
시간이 되었을 때, 그때 가서 너희들
이 깨닫고 또 느껴서 나의 법전을 읽
고 정독하여 바르게 살려고 노력하나,
그때는 이미 너희들이 나에게 올 수
있는 시간이 없으며 그것 또한 너희들
에게 그와 같은 기회가 없음이니,
19 지금 너희들이 나의 법전을 읽고 접하
는 것을 잠시도 멈춰서는 아니 될 것
이니라.
20 지금 이 시간에 너희들이 나의 법전을
읽어 정독해 깨우치며 나의 십계명을
정독하여 그대로 살고자 하는 너희들
의 마음을 다스려 그와 같이 살지 아
니한다면 너희들은 시간이 기다려 주
지 아니하며 너희들에게 기회를 주지
아니함을 알라.
21 너희들은 노쇠하고 백발이 되어 깨닫
고 그제야 깨우친다 해도 이미 너희
들에게는 기한이 없으며 기회가 없음
이니, 모두는 다 그저 지나가며 너희
들을 기다려 주지 아니한다는 것을 알
라.
22 너희들이 나 여호와에게 보답하고자
한다면 나로부터 선택된 나의 백성 너
희들이 변화되는 모습을 보이며,
23 그리고 또 만백성 너희들이 나에게
보답하며 은애하는 길은 나의 법전을
읽고 깨우치는 것이니, 정독해서 바른
믿음의 길을 보도록 그리해야만 될 것
이니라.
24 그렇지 아니하면 너희들은 구원의 길
은 없음이니라.
25 이제 나의 아들을 따라가며 나의 아들
의 제자요, 나의 법전을 읽은 만백성
너희들은 나로부터 선택된 백성의 그
의미가 무엇인가?
26 너희들이 심판의 기준인 나의 법전을
지금 접했으며 이를 가지고 공부하여
깨우쳐 변화되며, 너희들이 나의 아들
로부터 강론을 들어 변하며, 죄짓는
것을 두려워하며 심판을 두려워하는
그와 같은 삶으로 변화되는 그것이 너
희들이 나에게 받은 가장 큰 축복이니,
27 이제 나의 아들을 따르는 제자요, 법
전을 읽은 만백성 너희들은 법전의 한
권을 너희들이 가슴에 안고 그 뚜껑을
열고 읽는 그 순간에 나 여호와가 너
희들과 같이하고 있음이니 그보다 더
큰 축복과 영광이 없음을 알아야 할
것이니라.

4,520 번째 하나님 말씀

2003년 1월 11일 22시 33분

1 사랑하는 나의 아들아!
2 "네, 아버님! 말씀하옵소서."

3 이 세상 만백성 너희들은 다 한 형제라 하였으며, 그 형제의 소중함이 무엇보다도 너희들에게 중요함이라 하였음이니라.

4 너희들이 어떤 믿음의 형태를 가든, 어떠한 신앙 앞에 고개를 숙이든, 너희들이 한 형제라는 그것보다 더 소중한 것이 없다 내가 너희들에게 가르쳤음이니라.

5 그러나 너희들은 지금 어찌 살아가고 있는가?

6 모든 종교 집단이요, 그곳을 형성하고 있는 나의 피조물 만백성 너희들은 너희들과 같은 종파를 믿지 아니하며 너희들과 같은 계열에 속하지 아니하였다 하여, 너희들과 같이 가는 것이 아니요, 너희들과 가는 믿음의 길이 다르다 하여

7 그들은 다 형제가 아니요, 사탄이요, 이단이요, 악마라 하며 그들을 경원시하며 지금 살아가고 있음이니, 그들의 그 어리석음과 우매함을 너는 전하여 깨우쳐 줘야 할 것이니라.

8 모든 형제의 소중함을 같이 생각하지 않으며, 저와 뜻이 같지 아니하다 하여 이단이요, 사탄이라 그리 사악하게 말하는 그들에게 너는 가르쳐 주라.

9 그들은 과연 제 몸속에 흐르는 것이 무엇이며 저희들 몸속에는 무엇이 있는가?

10 저희들 몸속에 흐르고 있는 그 피는 과연 어떠한 색깔로써 어찌 흐르나 그들에게 물어보라.

11 나의 백성 모두는 다 붉은색의 그 피가 흐르고 있음이니라.

12 그러나 지금 저희들만이 구원을 받은 자들이요, 저희와 같이 가지 않는 자는 사탄이요, 이단이라며 저희 형제를 경원시하는 그 어리석은 백성들은 저희들 몸속에 흐르는 것은 붉은 피가 아니요, 황금빛 피가 흐른다고 생각하는 자들이며,

13 그리고 저희들 몸속에 흐르는 빛은 황금 찬란한 그 빛의 피가 흐르는 것이며 다른 백성들의 피는 검은 피가 흐른다 그리 말하는 것이 그들의 형태이니라.

14 너희들의 형체를 이루고 있는 그 살결의 그 끝은 무엇이던가?

15 저희들 것은 색이 다르며 저희들 것은 특별히 되어 있으며, 다른 백성들의 살결은 너희들과 같은 육의 형체가 아니라 그리 말하는 그 어리석은 백성들이니 그와 같은 어리석고 우매한 자들임을 알라.

16 너희들이 뭐라 말하여도 너희들이 형제 됨이 더 소중하며, 너희들이 어떠한 종파를 믿는 것보다, 그 종파에 속하며 뜻이 다른 것보다, 그보다 더 소중한 것이 너희들이 형제임을 알라.

17 그러나 너희들은 그를 경원시하며 그를 사탄이요, 이단이라 감히 말하는 자, 제 몸속에는 황금빛의 피가 흐르며 다른 형제의 백성들은 곪고 썩은 피가 흐른다며 그리 어리석은 것을 가지고 말하는 자들과 똑같으니라.

18 그 모두가 다 같다면 너희 형제요, 나의 아들이요, 나의 딸임을 너희들은 알아야 할 것이며, 여기서 거역하지 못할 것이니라.

19 너희들의 몸속에 흐르는 피를 한번
보라.
20 너희들 몸속에 흐르는 것은 황금의 피
요, 붉은 피가 아니라면 너희들이 더
위대한 백성이라 말할 수 있으나,
21 너희들 몸에 흐르는 그것도 붉은 피
요, 다른 형제들 몸에 흐르는 피도 붉
은 피라 하면 너희들은 다 나의 아들
딸이요, 다 똑같은 형제임을 너희들은
여기서 거역할 수 없음을 알아야 할
것이니라.
22 너희들은 지금 같은 믿음이요, 같은
종파의 길을 가지 않는다 하여 사탄이
요, 마귀요, 이방인이라 그리 말하나
니, 얼마나 너희들이 어리석은 자들인
가 너희들은 알아야 할 것이니라.
23 내가 성서에 기록하여 전함을 내가 너
희들에게 누차 말하였느니라.
24 너희들이 형제를 핍박하는 자 지옥 불
로 간다 내가 성경에 기록하여 놨거늘
너희들은 지금 어찌 가는가?
25 가르치기는 그리 가르치나 행동을 그
리하지 아니함이니, 바로 너희들이 지
옥 불로 가는 그와 같은 행위를 하며
지옥으로 달려간다는 것을 알 것이며,
26 너희들이 나 여호와와는 관계없는 길
로 달려가며, 너희들이 천국으로 오는
길이 아니요, 지옥으로 달려가는 그
길을 가고 있다는 그 뜻을 알겠는가?
27 너희들은 이와 같은 이치를 깨달아야
할 것이니라.
28 너희들은 어떠한 종파요, 어떠한 생각
이 달라서 이방인이요, 마귀라 생각하
지 말고, 너희들이 형제이며 더 소중
한 것을 먼저 생각하라.
29 지금 너희들이 나에게 물어보라.
30 과연 나 여호와는 누구를 선택할 것이
며 누구를 버릴 것인가?
31 형제를 핍박하며 형제를 이방인이요,
사탄이라 하는 자들, 나는 너희들의
손을 들어주지 아니할 것이며, 너희들
이 이방인이요, 사탄이며 사악한 자들
이라는 것을 알라.
32 너희들이 이방인이라 하며 사탄이요,
마귀라 하는 그 순수한 자들의 손을
내가 들어줄 것이며 그들을 내가 가슴
에 안을 것이니 너희들은 그리 알라.

4,521 번째 하나님 말씀

2003년 1월 11일 22시 39분

1 사랑하는 나의 아들아!
2 "네, 아버님! 말씀하옵소서."
3 예수의 그 고통을 알며, 예수가 제가
죽어야 할 그 십자가를 짊어지고 가는
그 고통과 같은, 제 스스로 제가 지고
가야 할 그 십자가를 지고 가는 그 고
통을 겪고 인내하며 가는 나의 백성
들, 그리고 나 여호와에게 순종하며
나의 십계명을 지키며 나의 법전을 지
키며 살아가고자 애를 쓰는 그 백성들
을 내가 정녕 사랑하겠는가,
4 그저 재물을 모으기 위하여 혈안이 되
었으며 더 큰 성전에 그저 많은 백성
들을 모아 재물을 긁어모으는 데만 연
연하는 썩어빠진 그와 같은 집단들을
내가 사랑하겠는가?
5 나 여호와가 과연 어떠한 집단을 사랑
하겠는가?
6 너희들은 그를 스스로 판단할 수 있어

야 할 것이니라.
7 참진리를 가르치는 것, 그리고 하늘에
오르는 것, 나의 계명대로 살아가는
것, 나의 율법대로 살아가고자 하는
것, 나의 법전대로 살아가고자 하는
그와 같은 백성들을 내가 더 사랑하는
것은 말할 것도 없음이니라.
8 그렇다면 내가 하늘에 이름을 기록하
며 그들에게 천국의 문을 들어 올 수
있는 그 문을 열어 주는 것은 과연 누
구를 위하여 내가 열어 주겠는가?
9 너희들은 나 여호와가 누구를 위하여
천국의 문을 열어 주며 누구의 이름을
나의 낙원에 걸어 놓는다 생각하는가?
10 너희들은 그를 알아야 할 것이니라.
11 최소한 너희들이 하늘에 오르는 그 길
을 올 수 있는 기초를 다지는 것은 사
랑하는 나의 피조물 만백성에게 너희
들이 진정한 믿음을 가르치는 자여야
될 것이며,
12 그렇지 아니하며 재물을 모으는 데만
급급하여 썩어져 간 그와 같은 집단에
속해 있는 백성, 너희들은 내가 그 이
름을 기억하지 아니함을 알아야 할
것이니라.
13 사랑하는 나의 아들아!
14 지금 그와 같이 재물에 혈안이 되어
나의 백성들로부터 그와 같은 것을 모
아들이는 데 혈안이 된 백성들이 과연
어떻게 가고 있는지 아는가?
15 그들의 억지와 그들의 역사는 감히
하늘에서 들을 수가 없음이니라.
16 이 세상에 가장 소중한 것이며 가장
위대한 보화요, 보석을, 하나밖에 없
는 것을 지금 세상에 내가 내려보내는
것이니라.
17 그리하여 너희들 손에 나의 법전이요,
내가 하늘에 오르는 길이라 하여 나의
성령을 태워서 세상에 내려보내니, 세
상에 이것보다 더 아름다운 보화요,
보석이요, 소중한 것이 없거늘, 그와
같은 것을 보지 않으려 하는 것이 지
금의 종교 집단이니라.
18 그러면서 그들은 뭐라 말하는지 아는
가?
19 가장 빛이 나며 하나밖에 없는 이 찬
란한 보화요, 보석을 그들은 보석이
아니라 잡석이라 말하며, 그는 아무런
쓸모없는 것이라 그리 말하느니라.
20 그리고 저희들이 가지고 있는 잡석이
보석이며 보화라 그리 말하며 나 여호
와로부터 받은 가장 소중한 것이라 저
희들이 그리 울부짖고 있음이니, 지금
모든 종파의 집단이 그리 가고 있음이
니라.
21 그들은 저희들이 잘못된 것을 모르면
서, 때로는 저희들이 그를 이해 못 하
기 때문에 그리하는 것이 아님을 알라.
22 그들은 저희들이 잘못된 것을 엄연히
알고 있음이니라.
23 저희들이 잘못 알고 있으며 잘못된 것
을 알고 있느니라.
24 저희들이 쥔 것이 잡석이요, 지금 내
가 새로 내려보낸 나의 성경이야말로
가장 소중한 보화요, 보석이라는 걸
다 아느니라.
25 그러면서 그들이 모르는 체, 정녕 저
희들이 지금 말하는 것이 맞는 것처럼
역으로 억지를 쓰고 떼를 쓰고 있으며,
26 그리하여 나의 피조물 만백성을 저희

들이 지금까지 끌고 이끌어 왔던 그 습관과 폐습을 버리지 아니하고 끌어 가려 하는 그 사악한 자들의 모습을 보는 나 여호와의 마음이 얼마나 아프겠는가?
27 그들을 바로잡고 그들 속에서 나의 피조물 만백성을 구원하는 것은 너희들이 나의 법전을 가지고 하얀 눈이 세상을 덮듯이 세상에 그리 전하는 길밖에 없음이니 그리 알라.

4,522 번째 하나님 말씀

2003년 1월 11일 22시 45분

1 사랑하는 나의 아들아!
2 "네, 아버님! 말씀하옵소서."
3 이 세상에 수천수만 가지의 다양한 종교 집단이 다양한 저희들의 독특한 모습으로써 저희들만의 숭배하는 믿음과 저희들만의 다양한 생각을 가지고 계획을 가지며 그 관습에 따라 흘러가고 있는 것이 나의 피조물 만백성이 지금 가고 있는 종교의 형태이니라.
4 이 수많은 종교의 집단이요, 수만 가지의 형태로 밀고 가는 그들을 하나로 통일하며 하나로 만들어 나 여호와의 참진리를 모두가 다 통일하여 배우고 깨우쳐 한길로 가게 만든다는 것은 얼마나 어렵고 힘든 것이던가?
5 이것은 어떠한 방법으로도 이룰 수 없는 것이 지금의 너희들의 산재되어 있는 종교 집단이요, 저희들이 끌고 가는 형국임이니라.
6 이 모두를 다 하나로 이루는 것은 너희들은 정녕 이룰 수가 없음이니라.
7 오로지 너희들이 이를 하나로 이루어 만백성이 깨우칠 수 있는 그 길을 보일 수 있는 것은 너희들이 지금 말로만 하던 그 사랑을 실천으로 보여 주며, 말로만 하던 나눔을 너희들이 직접 나눔의 생활 속에서 너희들이 생활하는 그와 같은 형국으로 변해야 할 것이니라.
8 너희들 생활 속에서 서로 나누며 사랑함이 부족했던 그 삶을 너희들이 직접 변화시키며, 물질에 대한 부족한 너희들의 마음이요, 물질에 대한 욕망을 다 버리며, 정녕 나의 피조물 만백성을 위해 사랑을 실천하는 그와 같은 삶의 길밖에 너희들이 갈 수 없음이니라.
9 그와 같은 마음으로써 변화되어 너희들이 살아갈 때, 나 여호와가 너희들에게 힘을 실어 줄 것이며 너희들에게 그 역사를 이룰 수 있는 그 능력을 부여할 것이니,
10 너희들이 사랑을 베풀며 변하고자 하며 진실된 생활 속에서, 물질에 허덕이며 물질의 욕심 때문에 이웃을 보지 못하며 사랑을 보지 못하고 살던 너희들 마음이 변화되어 살아갈 때, 나 여호와가 너희들에게 힘을 주며 너희들에게 역사할 수 있는 그와 같은 능력을 부여함이니, 그와 같은 하나가 되었을 때 모두가 이루어질 수 있음을 알아야 할 것이니라.
11 이 모두는 너희들이 그와 같이 변화되는 속에서 나 여호와가 너희들에게 임하여 힘과 용기를 주며 지혜를 내려 주었을 때만이 너희들이 정말 이를 하

나로 만들 수 있는 것임을 알아야 할 것이니라.
12 그리하여 내가 너희들이 그리 변하도록 나의 법전을 내려보내 너희들을 깨우치며, 천 년에 걸쳐 이 같은 역사를 이루어 의인의 백성들이 이 세상에서 살며 하늘에서 이루어진 것같이 이 지상에 낙원을 이루고자 하는 나 여호와의 이 애절한 마음을 너희들은 과연 알고 있는가?
13 그러니 지금 나의 아들을 따르는 제자들이요, 나의 법전을 읽고 깨우친 백성이요, 나의 법전을 한 줄을 읽고도 너희들이 이는 정녕 나 여호와의 뜻이며 내가 내리는 성령의 말씀이요, 새로운 성경이라 믿는, 나로부터 사랑하는 백성 너희들이 지금 변화되는 그 준비작업에 열중하여 너희들이 하나하나 실행하는 그 단계가 너희들이 나의 마음을 역사할 수 있도록 하며 나의 뜻을 너희들에게 내리게 하며 나의 성령을 너희들에게 충만하게 할 수 있는 길임을 알라.
14 지금 나로부터 선택된 백성 너희들이 이 변화되는 새로운 역사의 기틀을 위하여 준비 작업에 열중하며 준비 작업을 계획대로 하나하나 이루어 나갈 때 모든 종교 집단이 혼합될 수 있으며 하나가 될 수 있음을 너희들은 알아야 할 것이니라.
15 너희들이 변하는 그 속에서 나의 성령이 너희들에게 임하지 아니한다면 이 혼잡한 종교 집단을 하나로 이룰 수 없으며 하나로 통일할 수 없는 것이니, 너희들은 이를 알아야 될 것이니라.

4,523 번째 하나님 말씀

2003년 1월 11일 22시 54분

1 사랑하는 나의 아들아!
2 "네, 아버님! 말씀하옵소서."
3 너를 따르는 너의 제자들과 나의 법전을 읽고 깨우친 백성들, 그리고 나의 법전을 접하여 나의 법전을 읽고 깨우친 많은 사랑하는 나의 백성 너희들은 이제는 깨우쳐야 할 것이니라.
4 너희들은 창조주 나 여호와의 뜻에 의하여 행하여지며 역사하기 때문에, 그리고 너희들은 나의 법전을 읽고 깨우치는 그 순간에 나로부터 선택된 백성들이니라.
5 그리하여 너희들은 그 순간부터 나로부터 선택되었으며 또한 나의 대명을 수행하는 나의 백성으로서 너희들이 나의 아들딸로서 임명됨이니,
6 그렇다 하여 너희들이 하는 모든 일은 승자가 되어야 하며 너희들이 하는 일은 모두를 다 이겨야 하며 너희가 승자로서 앞에 서야 한다는 그와 같은 생각을 가져서도 아니 되며, 그와 같은 생각을 버려야 할 것이니라.
7 나의 법전을 읽는 자, 나의 아들을 따르는 제자, 그 모두는 나로부터 선택된 백성이며, 너희들의 삶을 사는 것이 아니요, 창조주 나의 뜻에 의하여 너희들이 행해지며 살아가는 그것은 당연한 것이니라.
8 그리하였다 해서 너희들이 육의 세상에서 금화와 은화요, 부귀와 영화를

누리며 권력을 쌓으며 육의 세상에 너
희들이 부귀영화를 누릴 수 있는 그와
같은 것을 많이 얻고 못 얻고, 이루고
못 이루는 그것으로써 너희들이 승자
요, 패자라는 생각을 가져서는 아니
될 것이며,
9 또한 재물이요, 권력이요, 모두를 다
너희들이 남들과 견주어 반드시 너희
들 것이며 너희들이 승자가 되어야
한다는 그와 같은 생각을 버려야 할
것이니라.
10 너희들은 승자요, 패자라는 것은 재물
이요, 부귀영화요, 권력이요, 너희들
이 이루고자 하는 것을 이루었을 때
그것이 승자요, 패자의 뜻이 아님을
알라.
11 너희는 어디에 쓰이는 자들이며, 어떠
한 일을 위하여 너희들이 나에게 필요
한 자들인가 알아야 할 것이니라.
12 그러기에 너희들은 인간 세상에 살아
가면서 인간들이 따지는 성공과 실패
요, 너희들이 성공한 자며 또한 패배
자며, 그리고 너희들이 남으로부터 부
러움을 사는 자며 또는 남으로부터
가련한 모습으로 비쳐지는 자요, 그와
같은 너희들이 살아가는 형태를 가지
고 너희들의 성공이요, 실패했다는 그
기준을 두어서는 아니 됨이니라.
13 아무리 물질이 많은 곳이요, 아무리
물질이 많은 집단이요, 그와 같은 것
을 너희들이 관리하고 통제한다 해도
너희들이 그것으로써 성공하고 실패
하는 그와 같은 것을 기준을 두어서는
아니 되는 것이니라.
14 나로부터 선택된 백성들이요, 나의 법
전을 읽고 깨우친 나의 아들딸 너희들
은 창조주 나 여호와가 이루고자 하는
것을 너희들이 얼마만큼 열심히 이루
었으며 너희들이 그 길을 달려왔느냐
에 따라서 바로 성공이요, 실패의 기
준을 두어야 할 것이니라.
15 너희들은 나 여호와와 인간과의 그 중
간의 교량 역할 그 속에서 나 여호와
가 전하고자 하는 뜻을 받아 나의 피
조물 만백성에게 어찌 전하여 그들을
깨우치는가, 나 여호와와 인간과의 관
계 개선을 위하여 너희들이 얼마만큼
노력했으며 얼마나 많은 나의 뜻을 정
확하게 전하였느냐 하는 것이며, 너희
들이 인간과 나 여호와의 그 중간의
교역자로서 그 역할을 어찌했느냐에
따라서 거기에 성공이요, 실패의 기준
을 두어야 하는 백성들이기 때문에,
16 너희들의 인간 세상에 살아가면서 부
귀와 영화요, 재물을 놓고 또 권력을
놓고 시시비비할 때, 반드시 너희가
승자가 되며 너희가 이기는 자가 되어
야 한다는 그와 같은 착각을 버려야
할 것이니라.
17 너희들이 승자요, 패자요, 성공이요,
실패라 하는 것은 너희들이 나 여호
와와 인간과의 관계의 중간에서 그
교량역할을 어찌하였으며 나의 뜻을
어찌 정확히 얼마만큼 전하여 만백성
을 깨우쳤느냐 하는 것에 너희들의
성공과 실패의 기준이 있다는 것을 잊
어서는 아니 될 것이니라.
18 너희들이야말로 나로부터 선택된 백
성들은 나 여호와와 나의 백성과의
관계 회복에 역점을 두어야 함을 알라.

19 모든 나의 피조물 만백성이 내가 존재
함을 알며, 내가 존재하기에 너희들이
심판을 받으며, 그 심판을 받아 너희
들은 반드시 그 대가를 치르는 그와
같은 삶을 사는 것을 벗어날 수 없으
며, 나 여호와와 인간 너희들과는 떨
어지려야 떨이질 수가 없는 그와 같은
관계이니,
20 너희들이 나 여호와와 나의 백성들과
의 그 관계요, 나로부터 멀어지는 그
백성들이 나를 등지고 가는 자, 그리
고 하늘에 오르는 길이라 하여 가나
그 길이 지옥 불로 달려가는 그 길로
가며 그리고 나로부터 멀어지는 그 백
성들을 깨우쳐 나 여호와와 그들과의
관계 회복을 너희들이 얼마나 이루었
으며 거기에 너희들이 얼마나 역점을
두고 너희 스스로 얼마나 노력했느냐
에 따라서 너희들은 성공이요, 실패라
는 그와 같은 평가를 받으며 거기에
기준을 두는 백성임을 알아야 할 것이
니라.
21 인간 세상의 육의 세상에 이루어지는
모든 승자요, 패자에 너희들이 승패를
두지 말라.
22 그리하여 그때마다 승자가 되지 못한
다 하여 나를 원망하지 말며, 나의 법
전을 던지는 그와 같은 오류를 범하지
말라.
23 부귀영화요, 재물이요, 권력이요, 이
모두는 아무것도 아니며 부질없는 것
이니라.
24 나 여호와와 나의 백성들과의 관계 회
복을 너희들이 얼마나 잘 관리하여,
떠나는 백성들이 나의 법전을 보고 하
늘에 오르는 그 길을 깨우치게 하여
얼마나 나에게 보내는 것이냐 그것에
성공이요, 실패의 기준이 있는 것이
나의 아들을 따르는 제자들이요, 나의
법전을 읽고 깨우친 백성 너희들이 나
로부터 평가받는 것임을 잊지 말라.

4,524 번째 하나님 말씀

2003년 1월 12일 0시 10분

1 사랑하는 나의 아들아!
2 "네, 아버님! 말씀하옵소서."
3 너희들이 세상에 살아가면서 하는 말
이 있느니라.
4 열 길의 물속은 다 들여다볼 수 있으
나 한 길밖에 안 되는 사람 너희들의
속은 바라볼 수 없다는 그런 말이 있
음이니, 그게 얼마나 무섭고 매몰찬
이야기더냐?
5 너희들의 키의 열 배가 되는 그 물속
은 너희들이 다 뒤지고 볼 수 있으나
한 길밖에 되지 않는 너희들의 속을
알 수 없다는 것은 사람의 말과 행동
하는 것과 속의 생각이 다름이니, 그
누구를 믿을 수도 없으며 그 진실을
알 수 없다는 것이 아니던가?
6 인간이 사는 것이 동물과 다른 것이
무엇이던가?
7 자기 의사를 반듯이 표현할 수 있으며
자기 뜻을 전할 수 있으며 자기 생각
을 말할 수 있는 것이 인간이니라.
8 그러나 그 하는 말이 진실이어야 되며
거짓이 없어야 하거늘, 너희들 인간
스스로 진실을 말하는 것이 아니라
자신을 속이며 거짓된 말을 하며 거짓

된 행동을 한다는 말이 아니던가?
9 말을 하면서 너희들의 속의 생각은 다
르며, 행동하면서 말은 다르고 또 말
을 하면서 그 행동이 다른 것이 너희
들이 아니던가?
10 세상 것을 다 줄 것같이 말하면서도
너희들이 막상 주고자 할 때는 연필
한 자루도 남에게 주지 못하며 벌벌
떠는 사람들이 말로는 세상 것을 다
주는 것처럼 그리할 수 있음이니, 너
희들 인간이 얼마나 부끄러우며 그 말
이 얼마나 너희들 자신에게 짐승만도
못한 그와 같은 말인 줄 알겠는가?
11 이제 너희들은 알아야 할 것이니라.
12 나 여호와요, 창조주인 나의 뜻을 받
으며 나의 성령을 내가 나의 아들을
통하여 '하늘에 오르는 길'이라 하여
책으로 만들어 너희들에게 전하는 나
의 법전을 보고 깨우치고 공부하는 나
의 사랑하는 아들딸, 그리고 나의 아
들을 따라 공부하며 나의 법전을 읽고
깨우친 만백성 너희들은 너희들이 한
길의 속을 다 들여다볼 수 있는 그와
같은 너희들이 되지 아니하면 아니 됨
이니,
13 그렇지 아니하다면 너희들은 정녕 깨
우친 자도 아니요, 형제도 아니요, 이
는 곧 나의 아들딸이 아니 되기 때문
이니라.
14 너희들의 한 길도 안 되는 그 속을 다
보여 줄 수 있는 그와 같은 너희들로
변하지 아니한다면, 그와 같은 형제지
간이 아니라 하면 너희들은 곧 나의
아들딸이 못 됨이니라.
15 나의 아들딸만이 너희들이 형제며, 한
부모의 자식으로서 아들과 딸이 아니
면 그가 형제가 아니지 않은가?
16 성씨가 다른 자는 인간적인 면에서 너
희들의 족보 속에서 서로 분리되듯이
그와 같은 이치이니,
17 나의 피조물 만백성 너희들은 나의 아
들이요, 딸이니, 너희들이 똑같은 마
음으로 똑같은 형체로 살아가야 함이
너희들이 가야 할 길이니라.
18 나의 법전을 읽고 깨우친 백성 너희들
은, 나의 아들 또한 네 속을 많은 백성
들이 들여다볼 때, 그를 완벽히 볼 수
있는 그와 같은 네가 되어야 하며 너
의 제자들 또한 그와 같은 나의 백성
으로 되어야 함이니라.
19 그는 무엇이던가?
20 그가 하는 말이 법이요, 그가 하는 말
은 진실이요, 그가 하는 말은 거짓이
없으며 그 행동은 하나도 부끄러움이
없으며 속임이 없으며 앞과 뒤가 다르
지 않은 그와 같은 삶을 사는 것이 너
희들의 모두를 들여다볼 수 있도록 하
고 가는 삶이니라.
21 이제는 너희들이 제자요, 너희들이 형
제요, 너희들은 나의 아들딸이니, 너
희들이 같이 만나 이야기하며 대화할
때 너희들의 속을 다 보여 주고 들여
다볼 수 있는 그와 같은 너희들이 되
어야 함을 잊지 말라.
22 그것이 너희들이 가야 할 길이며 그것
이 변화된 것이니라.
23 아무리 너희들이 가까이 살며 같이 대
화하며 같이 생활하면서도 그 속을 보
여 주지 아니하며 속을 내놓지 아니한
다면 이는 너희들이 너무나도 멀고 먼

길에서 살아가는 것이며 인간관계의
인연이라 할 수 있는 것이 못 되거늘,
24 나의 아들이요, 나의 딸이라 하여 나
의 법전을 읽고 깨우치며 나의 아들을
통하여 강론을 들은 너희들이 그 모두
가 속과 겉이 달라 너희들의 속을 알
수 없는 그와 같은 사람으로 선다면,
너희들이 변하지 않는 많은 백성들과
너희들과 무엇이 다르던가?
25 속을 다 들여다볼 수 있는 맑고 고운
마음으로써 너희들이 변하는 것이 나
의 아들딸로서 나에게 올 수 있는 기
초요, 근본임을 잊지 말라, 사랑하는
나의 아들딸들아!

4,525 번째 하나님 말씀

2003년 1월 12일 0시 23분

1 사랑하는 나의 아들아!
2 "네, 아버님! 말씀하옵소서."
3 만백성을 구하고자 마지막 사랑을 베
푸는 나 여호와의 마음을 너희들은 과
연 알고 있는가?
4 나 여호와가 너희들을 얼마나 사랑하
는 것인지 너희들은 알고 있는가?
5 너희들을 구원하고자 하는 나 여호와
의 외로움과 고통과 나의 가슴 아픔을
너희들은 과연 얼마나 알며 나의 심정
을 너희들이 얼마나 알고 있다 생각하
는가?
6 그리고 너희들이 지금 가고 있는 그
믿음의 길이 과연 어떠한 형태로써 가
고 있는가?
7 너희들 자신을 한번 돌이켜 봐야 할
때가 되었음을 알아야 할 것이니라.
8 지금 너희들은 나의 아들을 따라 나의
법전을 공부하며 나의 아들을 통하여
내리는 그 성령의 가르침을 직접 전함
이니, 그를 듣고 깨우치는 너희들이
과연 어떠한 상태로 믿음의 길을 가
는가 내가 너희들에게 물어보고자 함
이니라.
9 너희는 인간 세상에 살아가면서 너희
들이 이루고자 하는 목적과 부귀와 영
화요, 재물을 모으고자 하는 너희들이
인간 세속에서 성공했다는 그와 같은
것을 나 여호와로부터 얻고자 하나 그
모두가 무산되며,
10 나로부터 그와 같은 재물이요, 그 부
귀와 영화로써는 상이요, 심판을 하지
아니하며, 너희들이 성공이요, 실패한
것이 아니기에 내가 너희들에게 재물
을 주고 안 주는 것은 나와 관계없으
며,
11 너희들이 나를 믿음으로 하여 그 재물
을 얻지 못하며 너희들이 이루고자 하
는 그 성취의 뜻을 이루지 못한다 하
여도 너희들은 나의 법전을 믿으며 나
의 아들을 믿고 따라가겠는가?
12 너희들 스스로 가슴에 대답을 해 보라.
13 너희들이 어렵고 힘든 고생 길의 연속
이라 하여도 나를 향한 마음의 변화가
정녕 너희들 가슴속에 일어나지 아니
하며 너희들이 나로부터 등을 돌리는
그러한 일은 없겠는가?
14 나의 아들 예수가 고통스럽게 죽어 갈
때 그 제자들이 그곳에서 등을 돌린
그와 같은 행위를 너희들 지금의 제자
들은 과연 그와 같이 아니하고 살아갈
수 있겠는가?

15 나의 법전이 10년 후에 세상을 다 덮
는다 하였으며 하얀 눈처럼 세상을 덮
어 만백성을 구하는 역사를 이룬다
하였음이니라.
16 그러나 10년의 세월이 흘러 법전이
이 세상을 덮지 못한다 할 때 너희들
은 과연 나의 말을 믿으며 나의 뜻을
믿고 그 길을 따라가겠는가?
17 너희들의 대답은 과연 무엇이던가?
18 나의 법전을 만백성이 새로운 성경이
라 믿게 되며 이는 곧 나의 뜻이라 내
가 너희들에게 전하였음이니라.
19 그러나 모든 백성들이 이는 새로운 성
경이 아니며 이는 나의 뜻이 아니요,
나의 마음이 아니요, 내가 직접 내리
는 것이 아니라며 만백성이 너희들에
게 조롱하며 우롱할 때, 너희들은 과
연 그를 인내하고 갈 수 있는 마음의
자세가 되어 있는가?
20 너희들의 마음에 한번 그를 물어보라.
21 너희들이 육의 삶 속에서 좌절과 그
모두를 포기하지 아니하면 아니 되는
그와 같은 형국에 들어왔을 때 과연
너희들은 어찌하겠는가?
22 나의 아들을 따르는 너의 제자들이 나
의 아들이 잘못되어 너희들이 모두를
다 포기하며 좌절로써 흘러갈 때, 그
때도 너희들은 나의 이 법전을 새로운
성경이라 과연 믿고 따라갈 수 있는
마음이 되어 있는가?
23 내가 너희들에게 말하기를, 너희들의
가장 큰 행복이라는 것은 숨을 쉴 수
있고 나 여호와에게 기도하고 경배할
수 있는 능력만 있다면 그것이 행복
이라 그리하였음이니, 그것이 너희들
에게 가장 위대한 행복이라 하였음이
니라.
24 과연 너희들이 그와 같이 모두가 다
실패하여 쓰러져 가며 너희들이 죽음
직전에 나 여호와에게 '죄를 용서하여
주옵소서.' 그 말을 할 수 있는 힘만
있을 때, 그때도 과연 너희들은 나에
게 기도하며 나의 이 법전이 새로운
성경이요, 만백성을 구하는 길이라 그
를 믿고 따라가겠는가?
25 나의 아들이 너희들에게 내가 명하여
92세라는 너희들의 숫자의 삶을 산다
하였음이니라.
26 그러나 나의 아들이 그 나이를 살지
못하고 죽어 갈 때 너희들은 그때도
나의 이 법전이 새로운 성경이라 과연
믿고 따라오겠는가?
27 너희들 가슴에 손을 얹고 그 대답을
한번 너희들이 얻어 보라.
28 160권의 법전이 세상에 나와 만백성
을 구한다 하였으나, 160권의 법전이
세상에 나오지 못하고 그가 문을 닫을
때 너희들은 그래도 나를 믿고 이것이
나 여호와의 뜻이라 믿겠는가?
29 너희들은 이 성전이 문을 닫아 모두를
다 폐하게 된다 하여도 과연 나의 성
령의 뜻이라 믿겠는가?
30 나 여호와의 뜻이 좌절되며 새로운 세
상을 여는 그 모두가 다 이루어질 수
없으며 모두가 다 옛날보다, 지금보다
더 사악한 시대로 변하는 그 변화가
있다 하여도 너희들은 과연 이 법전이
새로운 성경이라 하여 너희 가슴에
안고 나를 따르겠는가?
31 모든 악이 세상을 지배하며 지금보다

더 악한 그와 같은 형국이 되어 모든 종교 집단은 이 세상을 다 지배할 듯이 왕성해지나 너희들은 설 자리가 없는 그와 같은 형국이 되었을 때, 그 때도 너희들은 나의 성령이요, 나의 법전이 새로운 성경이요, 나의 뜻이라 과연 믿겠는가?

32 내가 너희들에게 내린 5달란트의 그 사업이 실패하여 모두 다 문을 닫는다 해도 그를 나의 뜻이라 믿으며, 이 성경이 나의 새로 내리는 성경이며 만백성을 심판하는 기준이라 너희들은 믿겠는가?

33 너희들이 병들어 죽어 가는 그 순간에도 너희들은 나에게 기도하며 나 여호와의 성경이요, 나의 법전이 내가 내린 것이라 정녕 이를 믿고 너희들이 그와 같이 부끄럼이 없이 그 죽음에 직면할 수 있는가?

34 너희들의 가장 소중한 것을 잃는다 해도 너희들은 과연 나를 믿고 나를 따라올 수 있겠는가?

35 나의 아들 예수가 세상에 나와 무엇을 했는가?

36 죽으며 나 여호와의 존재함을 너희들에게 알리고자 하여 그는 그와 같은 고통의 세월의 죽음의 길을 갔음이니라.

37 그리고 그는 어찌하였는가?

38 그를 팔며 그를 배신한 그 제자들 몇 명만을 세상에 남겨 두고 그는 죽음의 길을 초연히 선택하여 그리 갔음이니, 거기에서 너희들은 무엇을 얻고 무엇을 깨닫겠는가?

39 여기에서 너희들은 무엇을 깨우쳐야 하겠는가, 그리고 너희들은 무엇을 알아야 하겠으며 무엇을 배워야 하겠는가?

40 예수가 나의 아들이며 나의 명을 받아 행함을 증명하기 위하여 너희들에게 예수는 그를 가르쳤으며 그를 전하고자 했으며 나 여호와가 하늘에 존재함을 너희들에게 알려 주고자 하였음이니라.

41 너희들이 지금 내가 몇 가지 물은 그 답을 과연 얼마만큼 대답할 수 있는가 너희들 스스로 점수를 매겨 보라.

42 나의 아들 예수는 인간으로서 견딜 수 없는 그 고통과 나의 아들로서 인간의 비웃음과 그 비아냥과 그 비참함과 그 견딜 수 없는 강한 고통을 견뎠느니라.

43 그리고 그 고통과 그 절박한 상황에서, 그리고 죽음 직전의 고통 속에 아무것도 생각할 수 없는 그와 같은 그곳에서 그는 무엇을 했던가?

44 그는 말하였느니라.

45 나의 아들은 무엇으로써 그가 행했으며, 그가 피 흘려 죽어 가며 그 모두의 숨이 끊어져 가는 그 순간에 그는 무어라 말하였느냐?

46 그는 모두를 다 버려둔 채 나 여호와에게 간곡히 원하는 기도를 드렸음이니, 그 기도의 뜻이 무엇인지 너희들은 알고 있는가?

47 그 비아냥과 그 비참함과 그 고통과 견딜 수 없는 마지막 숨을 거두는 순간에 나의 아들은 나 여호와에게 그리 기도하였느니라.

48 '아버님, 지금 저들을 용서하여 주옵소서.

49 그리고 저를 핍박하며 저를 죽이고 저를 배신하며 저를 비아냥거리며 저에게 돌을 던지는 그 모두를 다 용서하여 주옵소서.' 그리 간곡히 그는 나에게 기도를 하였음이니,
50 그 누구도 할 수 없으며 행할 수 없는, 사랑이 무엇이며 나 여호와의 사랑이 무엇이고 내가 너희들에게 전하고자 베풀라는 사랑이 무엇인가 그를 증명하기 위하여 그는 그 말 한마디를 하고 죽어 갔음이니라.
51 너희들은 그를 여기서 깨우쳐야 할 것이니라.
52 나의 아들 예수는 어떠했는가?
53 그를 보냈으며 그의 뜻을 들어주지 않은 나 여호와에게 그는 무어라 말하였는가?
54 내가 나의 아들 예수가 그 잔을 받지 아니하며 그 죽음의 고통의 길을 가지 아니하도록 해 달라 그는 수십 번 피보다도 더 진한 기도를 드렸으나 나는 그 뜻을 들어주지 아니하며 그를 받지 아니하였음이니, 예수가 나 여호와를 볼 때 어찌 생각하겠는가?
55 그는 그 고통스러운 것과 그 모두를 다 저버려야 하며 절망의 그 순간까지 그는 나 여호와를 그리도 버리지 아니하였음이니라.
56 내가 버린 것같이 그를 내가 접어 두었건만, 그 아들은 나에게 기도하였음이니라.
57 그것은 무엇을 너희들을 위하여 그리 깨우쳐 주었는가?
58 나의 아들은 그리했느니라.
59 절대적으로 나 여호와가 있음을, 내가 존재함을 그는 믿었음이니라.
60 그리고 절체절명의 순간에 그는 나를 부르며 나에게 의지하였음이니라.
61 그가 죽어 가는 그 순간에 나로부터 버림을 받았으며 나로부터 잊혔으며 내가 버려둔 그와 같은 그 절망의 순간에도 그가 뭐했느냐?
62 나에게 기도를 하였느니라.
63 그가 나 여호와에게 기도하며 나를 불렀으며 그가 그리 숨을 거둔 것은 무엇이던가?
64 나 여호와가 절대적으로 존재하며, 나 여호와가 어버이로서 하늘에 존재하며, 너희들을 심판한다는 것을 그는 만백성에게 전해 주고자 함이요, 내가 존재함을 가르쳐 주기 위함이었느니라.
65 그는 그와 같은 나로부터 버림을 받은 그 순간에 고통과 시련 그 속에서도 절체절명의 순간에 나를 부르며 의지함이니, 너의 제자들 또한 그리 가야 함이니라.
66 과연 너희들이 그와 같이 갈 수 있는가?
67 그리하여 내가 너희들에게 몇 가지 질문을 하여 너희들이 '예'요, '아니요'라는 그 답을 듣고자 하였음이니, 나의 법전에 기록하여 이 답이 세상에 나가면 너희들 스스로 '예'요, '아니요' 그 답을 찾아보도록 하라.
68 예수는 나 여호와가 존재하며 내가 함께하며 오로지 너희들의 구원의 길은 나 여호와뿐이라는 것을 증명하기 위하여 죽을 때 그때까지 나 여호와를 부르며 나에게 경배의 기도를 드리며

그는 장렬히 죽음의 길을 갔음이니라.
69 과연 너희들도 그와 같은 길을 갈 수 있는 백성이던가?
70 너희들 자신을 한번 돌이켜 봐야 할 것이니라.
71 예수가 그와 같이 절망적인 그 순간에도 그를 죽이는 모든 백성을 용서해 달라 나에게 간곡히 눈물의 기도를 드렸음이니라.
72 내가 버렸으며 내가 그의 손을 놓았으며 내가 그를 그 고통의 시련 속에 오도록 그리하였건만, 그는 그 앞에서 나에게 기도하며 모든 자들을 용서해 달라 사랑을 실천하였으며, 나 여호와가 사랑하는 것을 그는 그대로 실천하고자 하였으며 그리 행하였음이니라.
73 그리고 그는 말하였느니라.
74 그 절체절명의 순간에 나 여호와에게 간곡한 기도를 드렸음이니, 과연 너희들도 그 길을 갈 수 있는가 그를 너희 스스로 한번 답하도록 그리하라.

4,526 번째 하나님 말씀

2003년 1월 12일 0시 31분

1 사랑하는 나의 아들아!
2 "네, 아버님! 말씀하옵소서."
3 너희들 인간의 심리가 어떠하던가?
4 똑같은 그릇에 똑같은 양을 받아 똑같이 나누어 주어도 남의 그릇은 크게 보이며 남의 것은 많아 보이는 마음이니 그것이 바로 너희들의 마음이니라.
5 진정한 깨우침의 아름다운 마음으로 사는 자는 남의 것이 작게 보이며 너희 것이 더 크게 보이는 그와 같은 마음이 되었을 때 너희들은 남에게 나눠줄 수 있는 마음이 아니던가?
6 남의 것이 많게 보이고 제 것이 적게 보인다면 너희들은 너희 것을 남에게 줄 수 있는 그 베풂의 사랑이 없는 것이 너희들의 마음이니, 그 마음이 바로잡혔으며 참진리며 나 여호와의 뜻이며 사랑하는 그 뜻이라 말할 수 있는가?
7 그와 같은 마음을 가지고 사는 백성 너희들은 진정한 깨우침이 아님이니라.
8 너희들이 지금의 종파의 믿음이 과연 어찌 가는가?
9 너희들은 그 믿음 속에서 스스로 참진리를 깨우치며 아름다움을 깨우치며 사랑을 베풀며 나누며 사는 것이 나의 뜻이거늘,
10 너희들은 저 자신을 다스리지도 못하는 그와 같은 형국에서 모든 종파를 배타적으로 생각하며 그들을 다 배척하며 그들을 밀어붙이며 너희들로부터 적대시하며 그와 같이 가는 길만이 너희들이 구원의 길에 오르는 길이라 생각하며, 진정한 나 여호와로부터 사랑을 받는다 그리 생각하며, 나로부터 내가 원하는 것이 그와 같은 것이라 너희들은 그리 행하고 있으며,
11 나를 이용하여 모든 종파들을 다 배타적으로 생각하며 너희들이 가는 믿음만이 진정한 믿음이라 그리 말하느니라.
12 이 모두는 너희들을 잘못 이끌고 가는 종교 지도자들 때문이니라.
13 너희들은 나 여호와를 믿고자 하는 것

이 아니요, 너희들을 이끌고 가는 그
종교 지도자들에게 높은 사랑을 받으
며 인정을 받으며 신임을 받고 싶으며
그들이 단상에서 너희들의 이름을 불
러 주기를 원하는 그와 같은 인간적인
마음에서 너희들이 그와 같은 행위를
하는 것이 아닌가?
14 진정한 믿음이요, 진정한 나의 백성으
로서 너희들이 가는 것인가 아닌가 하
는 것을 너희들이 한번 스스로 깨우쳐
봐야 할 것이니라.
15 나의 선택된 백성으로서 진정한 믿음
으로 가는 백성은 모든 종파를 배타적
으로 보지 않고도 너희들이 지금 믿음
의 길을 가며 스스로 자신을 다스려
가는 것이 나로부터 선택된 백성들이
가는 길이니라.
16 너희들이 남의 종교요, 남의 집단이
요, 남이 소속된 것을 탓하지 말며, 그
를 참견하지 말며, 그를 배타적으로
하지 아니하고도 얼마든지 참진리의
옳은 길을 찾을 수 있으며 나의 뜻을
바라볼 수 있으며 너희들이 구원의 길
을 올 수 있는 것이거늘, 어찌하여 너
희들은 그리 어리석은 행위를 하는가?
17 너희들 모든 백성들은 저희들의 믿음
에 충실하면 되는 것을, 저 자신에 충
실히 하는 그와 같은 기본이 되지도
않는 너희들이 남의 종교요, 남의 집
단을 비방하고 비평하느니라.
18 남을 너희들이 배타적으로 하지 말며
남을 비방하며 비평하지 아니하고도
너희들이 참진리의 아름다운 그 뜻을
따라 하늘에 오르는 길이 얼마든지 있
거늘, 너희들은 어찌하여 아무런 이해
관계도 없는 남의 종파를 배타적으로
생각하며 너희들과 같이 가지 않는 백
성은 모두가 사탄이 되어 사악한 자라
그리 매도하는가?
19 너희들이 그와 같은 마음을 깨우쳐야
할 것이니라.
20 똑같은 그릇에 담아 있는 그 양식이
남의 것이 커 보이고 많아 보이는 그
심리를 가지고 있는 그들과 같으니,
그게 바로 욕심의 근본을 버리지 못하
여 어리석고 우매한 행동을 하는 것이
나의 백성들임이니, 이 이치를 깊이
깨우쳐 너희들이 바로 살아가도록 그
리하라.

4,527 번째 하나님 말씀

2003년 1월 12일 0시 41분

1 사랑하는 나의 아들아!
2 "네, 아버님! 말씀하옵소서."
3 나의 피조물 만백성 너희들이 창조주
나 여호와를 믿으며 나의 아들 예수를
믿으며 너희들이 구원의 길을 간다는
것은 결국 무엇을 말하는가?
4 그 길을 간다는 것은 너희들이 그와
같은 믿음이요, 그와 같은 마음을 가
지고 살아가는 것을 의미하는 것이 아
니던가?
5 너희는 결국 무엇이며 어떠한 길을 가
는가?
6 예수와 같은 삶을 살아가는 것이 너희
들이 바른 믿음을 믿는 것이며, 나의
아들 예수를 부르며 그 보혈로써 구원
을 받으며 나의 아들 이름으로써 너희
들이 구원을 받는다는 것은 나의 아들

예수가 살아온 것 같은 똑같은 삶을
살아가는 자만이 구원을 받는다는 엄
연한 사실을 너희들은 알아야 할 것이
니라.
7 너희들이 나의 아들 이름을 부르며 구
원을 받고자 하며 구원을 받았다 말하
는 자, 나의 아들 예수와 같이 그리 살
아가지 아니하는 자는 정녕 구원을 받
을 수 없음을 알라.
8 너희들이 믿음의 길을 가면서 나로부
터 구원을 받는다 말하는 것은 즉, 예
수와 같은 그 아름다운 모습으로써 그
아름다운 삶을 살아서 구원을 받겠다
하는 것이 아니던가?
9 너희들은 그 약속을 하며 그 길을 가
고자 함이니라.
10 그러니 그리 가지 못하며 그리 변하지
못하는 자, 너희들은 진정한 믿음의
길을 가는 자가 아니며 나와는 아무런
관계도 없는 백성임을 알아야 할 것이
니라.
11 믿음의 백성이 되었다면, 너희들이 구
원을 받았다면 너희들은 과연 어찌 가
야 하는가?
12 예수가 행했던 그 믿음이요, 예수가
갔던 그 길을 똑같이 가며 그가 행한
것을 똑같이 행하는 그와 같은 백성이
어야만 너희들이 나로부터 구원을 받
는다는 그 엄연한 사실을 너희들은 알
아야 할 것이니라.
13 거기에 미달되는 자, 거기에 따라오지
못하는 자, 구원을 받을 수 없음이니,
14 너희들이 지나가는 말로 나를 부르며
'믿는 자요, 믿습니다.' 하고 대답하는
그와 같은 것으로써는 너희들은 구원
을 받을 수가 없음을 알아야 할 것이
니라.
15 예수가 가는 그와 같은 삶을 살지 않
는 백성은 정녕 믿음의 길을 가는 것
이 아님을 너희들은 알아야 할 것이니
라.
16 나 여호와를 믿는 것도 또한 마찬가지
이니라.
17 나의 백성이며 나의 뜻대로 살아가는
자, 그와 같이 살아가지 아니하는 자
는 너희들이 구원을 받을 수 없는 것
이니라.
18 즉, 내가 내린 십계명을 지키고 사는
것을 의미함이니라.
19 그것을 지킬 수 없다며 너희들이 내가
내린 법전을 그대로 지키고 살 수 없
다 말한다면, 너희는 나의 아들이 아
니요, 나를 팔아 너희들이 하늘에 날
아오는 그와 같은 착각을 하고 있음을
알아야 할 것이니라.
20 너희들이 지금 믿음의 길을 가는 것
은 예수가 행한 것을 그대로 본받아
너희들이 그리 변화되는 삶을 살며 나
의 심성을 닮아 너희들이 그와 같이
사는 것이 아니요,
21 나의 아들 이름을 부르면 구원을 받으
며 나의 아들의 보혈로써 구원을 받으
며 너희들의 손으로 지은 그 성전에
가 재물을 바쳐 너희들이 구원을 받는
다 그리 말하는 것은 나의 아들과 나
의 이름을 부름으로써 너희들이 날아
가는 새를 타고 자연스럽게 하늘에 그
저 올라오는 그와 같은 착각을 하고
있음임을 알아야 할 것이니라.
22 너희들은 그저 말하면 '믿습니다.'로

말하느니라.
23 너희들은 구원을 받았느냐 그리 말하
면 너희들은 종교 지도자 앞에 '믿습
니다.' 그리 말하느니라.
24 너희는 구원을 받을 수 있느냐 그리
말하면 너희들은 '믿습니다.' 그리 말
하느니라.
25 모든 것을 묻는 대로 너희들은 그저
'믿는다, 맞다' 그와 같이 말로 수다를
떨고 있음이니, 과연 너희들이 그리
믿고 갈 수 있는 자들이며 구원을 받
았다 생각하는가?
26 너희들은 말하느니라.
27 나 여호와의 심성을 닮으며 나의 아들
예수가 살아온 것과 같이 그와 같은
길을 살아오는 것이 구원을 받는다 하
면 너희들은 나의 십계명을 지키고 그
와 같이 살아야 할 것이니라.
28 그러나 너희들이 나의 십계명을 인간
이기에 지킬 수 없으며 그대로 지키며
살 수 없다 그리 말하는 것은 무엇을
말하며 어떤 것을 의미하는가?
29 너희들이 십계명을 지킬 수 없다는
것은 종교 지도자들이 그리 가르치며,
그리 지킬 수 없는 것이 인간이기 때
문에 행할 수 없는 것이며 아무나 행
할 수 없는 것이기 때문에 너희들이
죄를 짓고 너희들이 손으로 지은 성전
에 와 재물을 바치고 눈물을 흘려 기
도하면 구원을 받는다 말함이니,
30 이는 거꾸로 말하면 다음과 같은 내용
이 되느니라.
31 '너는 나 외에 다른 신을 네게 둘 수
있겠느냐? 그리고 다른 신을 두어도
너는 구원을 받을 수 있지 않으냐?'
그리하면 너희들이 '믿습니다.' 소리
지르는 것이니라.
32 '너는 너를 위하여 새긴 우상을 만들
지 말고 또 하늘에 있는 것이나 아래
로 땅에 있는 것이나 땅 아래 물속의
어떠한 형상이든지 만들지 말며 그것
들에게 절하지 말라.' 그리 가르쳤느
니라.
33 이를 행하지 아니하여도 너희들은 구
원을 받을 수 있음을 믿느냐 하면 '믿
습니다.' 그리 대답하는 것과 똑같으
니라.
34 너희들이 십계명을 지킬 수 없다는 것
은 그와 같으니라.
35 '너는 너의 하나님 여호와의 이름을
망령되이 일컫지 말라. 그러고도 너희
들은 구원을 받을 수 있다 믿느냐?'
하면 '믿습니다.' 그리 대답하느니라.
36 '안식일을 기억하여 거룩히 지키라.
안식일을 기억하여 거룩히 지키지 아
니해도 너희들은 구원을 받을 수 있다
그를 믿느냐?' 하면 '믿습니다.' 대답
하는 것과 똑같으니라.
37 '네 부모를 공경하라, 살인하지 말라,
간음하지 말라, 도적질하지 말라, 네
이웃에 거짓 증거하지 말라, 네 이웃
의 집을 탐내지 말라.'
38 이와 같은 것을 거역하고도 너희들은
저희 손으로 지은 성전에 재물을 바치
고 구원의 기도를 하면 구원을 받을
수 있다, 그러니 그리 너희들은 구원
을 받은 자들이며 선택된 자라 그리
알고 있느냐?' 그리 물으면
39 너희들은 '믿습니다.' 또 대답하는 것
이니라.

40 그와 같이 대답하는 것이 너희들이 십
계명을 지킬 수 없다 그리 말하는 자
들이며 그리 가르치는 자들이니라.
41 너희들이 믿음의 길을 가며 하늘에 오
르는 것은 나의 아들 예수의 믿음을
그대로 그 길을 밟지 않으면 너희들이
올 수 없으며 나의 심성을 닮아 오지
않으면 너희들이 올 수 없다는 엄연한
사실을 알라.
42 너희들이 믿음의 길을 가는 것은 곧
그와 같이 변하고 그와 같이 살고자
하여 너희들이 노력하는 것이니, 너희
들이 1년, 2년, 10년, 30년, 평생 동안
배우고 가르친 것처럼 그와 같이 변화
되는 역사가 되지 아니하는 자들은 너
희 자신에 도취되어 너희들이 지옥으
로 가는 길을 연구하고 연마한 자들임
을 잊어서는 아니 될 것이니라.

4,528 번째 하나님 말씀

2003년 1월 12일 0시 45분

1 사랑하는 나의 아들아!
2 "네, 아버님! 말씀하옵소서."
3 지금 수천 년 동안 믿음의 길을 달려
오며 저희들이 구원의 길이요, 구원을
받았다 가르치는 그 백성들이, 그 종
교 지도자들이 어찌 가르치는가?
4 '너희들은 나의 성전에 오는 그 순간
에 예수의 보혈로써 구원을 받았음이
니라. 그를 믿느냐?' 물으면 그 신도들
은 '믿습니다.' 그리 소리 지르느니라.
5 '너희들은 구원을 받았음을 아느냐,
그를 믿느냐?' 물으면 '믿습니다.' 말
하느니라.
6 '너희들은 구원을 받을 수 있음을 알
고 있느냐?' 물으면 '믿습니다.' 그리
하느니라.
7 그리고 '너희들과 같이 가지 않는 모
든 백성들은 사탄이니라. 그리고 악마
니라. 그를 너희들은 믿느냐?' 물으면
'믿습니다.' 소리를 지르는 것이니라.
8 너희들은 여기서 깨우쳐야 할 것이니
라.
9 너희들의 '믿습니다.' 하는 그 함성은
너희들이 '나는 지옥으로 가겠다.' 부
르짖는 것과 똑같은 걸 알아야 할 것
이니라.
10 너희들이 나로부터 구원을 받고자 한
다면 나의 아들 예수의 보혈로써 구원
을 받았다 너희들이 말을 해야 한다
면, 그것으로써 너희들이 구원을 받았
다는 자신을 갖고자 한다면, 나의 아
들의 삶과 너희들의 삶을 분리해서
그를 봐서는 아니 되는 것이니라.
11 너희들은 나의 아들의 삶을 그대로 답
습하는 삶을 사는 자만이 구원을 받을
수 있음이니, 너희들이 나의 아들 예
수의 삶의 그 형태와 너희들이 지금
살아가는 모습이 엄연히 분리되며 구
분되는 그와 같은 삶에서 산다면 너희
들은 구원을 받은 자가 못 되며, 받을
수 없는 자들임을 알라.
12 예수와 같은 그 길을 가는 자만이, 나
의 아들 예수가 십자가를 지고 그 고
통의 길을 간 것처럼 너희들이 그와
같은 길을 갈 수 있는 자만이 구원을
받을 수 있는 자라는 것을 알라.
13 예수와 함께 너희들이 가고자 하며 그
리되고자 한다면 너희들은 그와 같은

삶을 그대로 답습하는 것만이 구원을
받을 수 있는 길임을 알라.
14 나의 아들 예수가 행한 그 길이 바로
믿음의 길이요, 하늘에 오르는 길이기
때문임이니, 이와 같이 너희들이 나의
아들 예수와 분리되는 삶이며 그 분
리됨이 보이며 너희들이 그와 같은 차
별화되는 삶을 살아오면서 너희들이
나에게 구원을 받는다는 생각은 절대
해서는 아니 될 것이니라.
15 너희들은 나의 아들이 고통스럽게 죽
어 간 그 십자가를 어찌 생각하는가?
16 너희들은 그 십자가를 짊어지고 고행
의 길을 가는 것이 아니라, 그 십자가
를 타고 너희들은 그저 천국으로 날
아서 직접 나의 천국의 문을 들어오
는 것처럼 착각하고 있음이니라.
17 너희들이 죽어서 영혼과 육이 분리될
때 너희들의 육은 땅으로 가나 너희들
의 영혼은 그리도 너희들이 아끼고 소
중히 부르짖던 그 십자가를 타고 날아
서 나에게 오르는 그와 같은 착각 속
에 가고 있는 것이 너희들이며 믿음을
가고 있는 자들이니라.
18 너희들은 지옥 불로 떨어짐을 알아야
할 것이니라.

4,529 번째 하나님 말씀

2003년 1월 12일 12시

(강론을 마치며)

1 사랑하는 나의 아들아!
2 "네, 아버님! 말씀하옵소서."
3 너희들이 죄를 짓는 그 순간에 사탄의
자식이요, 너희들이 살아가는 그 모두
는 나 여호와를 대신하여 살아간다는
네가 부르짖는 그 음성이 하늘에도 들
리며 모든 천사요, 사탄들이 그 목소
리에 다 지금 놀라고 있음을 알라.
4 과연 너희들이 그리 갈 수 있으며 그
리 갈 수 있는 백성인가 하여 하늘이
놀라고 있음을 너희는 알아야 할 것이
니라.
5 오늘 내가 너희들에게 하나를 깨우쳐
주고자 함이니라.
6 너희들이 지금까지 믿어 온 모든 그
종교 집단들이 잘못되었으며 그 길을
잘못 간다 나 여호와가 수천수만 번
너희들에게 말하였느니라.
7 너희들의 종교 지도자가 어찌 가르치
는가?
8 너희들은 나의 아들 예수의 보혈로써
구원을 받으니 너희들이 믿음이라는
너희 손으로 지은 성전에 와 기도하면
구원을 받는다 그리 말하느니라.
9 그리고 너희들은 믿음이요, 영적인 행
동이 중요한 것이지 육적인 행동은 중
요하지 않다 그리 말하고 가르치느니
라.
10 그러나 너희들이 나의 종이요, 나로부
터 선택되어 만백성을 구한다는 종교
지도자들이 단상에 서서 설교하고 가
르치는 그 내용을 들어보라.
11 그들은 무엇을 기본으로 이야기하는
가?
12 성서의 한두 구절을 읽고 너희들은 인
간이 어찌 살아갔으며 인간은 어찌해
야 하며 인간은 어찌 행동하고 누구는
어찌했고 누구는 교회를 짓는 데 얼마
를 냈으며 법당을 짓는 데 얼마를 냈

다 하니,
13 어찌하여 너희들은 육의 인간의 행한
것을 예를 들어서 그리 버젓이 가르치
면서 너희들이 하늘에 오르는 길이요,
믿음이라는 것은 영적인 믿음이요, 그
리고 구원은 영적인 구원이지 육의 행
하는 것은 아무것도 아니라 말하는가?
14 나의 성경이요, 나의 뜻을 가르치는
종교 지도자요, 나로부터 선택되었다
제가 말하는 그들이 말하기를 육의 행
함은 별것이 아니요, 믿음의 행함이
중요하다고 하면서, 저희들이 가르치
는 그 소중한 시간에 저희들은 육에
이루어진 것을 예를 들어 육에 이루어
진 것을 행하여 그를 본보기로 하여
나의 백성 너희들에게 착하게 살라,
아름답게 살라 그리 말하며, 많이 바
치라, 많이 내라 그와 같은 설교를 하
지 않는가?
15 이것을 하나 보더라도 그들이 얼마나
잘못되었는가?
16 저희 자신이 하고 있는 그 추한 행위
를 스스로 보지 못하는 그와 같은 자
들이니라.
17 나의 아들이 너희들과 더불어 강론하
며 공부하되, 그가 인간적인 그 이야
기를 얼마나 하며, 그가 인간 세상에
얻어진 이야기를 너희들에게 깨우쳐
그걸 교훈이요, 가르침이라 하여 너희
앞에 강론하고 떠드는 시간이 얼마나
되는가?
18 나의 법전이요, 내가 내린 그것만을
가지고 너희들에게 말함이니 이는 하
늘의 뜻이요, 나 여호와의 뜻이니라.
19 그는 말하느니라. 인간의 살아가는 도
리가 더 중요하며 인간의 행함이 중요
하다 그리 말하는 나의 아들도 사람이
선한 일을 행한 일을 그 귀중한 시간
에 너희들에게 예를 들어 깨우치라고
하지 아니하거늘,
20 종교 집단이요, 나로부터 선택받으며
만백성을 구하는 것은 저희들밖에 없
다 하며, 믿음이요, 영적인 것만이 구
원을 받으며 육의 행함은 아무것도 아
니라 말하는 자들이 나의 소중한 시간
이라 하여 나의 사랑하는 백성들을 집
합시켜 모아 놓고 하는 이야기가 무엇
이더냐?
21 육으로써 누구는 어찌하여 무엇을 많
이 바쳤고 육으로써 무슨 일을 했으
며 육으로써 무엇을 했다, 육을 놓고
저희들이 가르치며 육의 행함을 예를
들어서 알겠느냐 묻고, 맞지 않느냐
물으면 '맞습니다.' 소리 지르고 가르
치는 것이 너희들이니, 얼마나 너희들
이 웃지 못할 꼴을 하고 있는가?
22 그렇다 하면 너희들은 과연 여기서
깨달음이 있을 것이니라.

4,530 번째 하나님 말씀

2003년 1월 13일 0시 57분

1 사랑하는 나의 아들아!
2 "네, 아버님! 말씀하옵소서."
3 너희들이 살아가는 그 속에 육의 삶을
마치고 나에게 와 심판을 받는 것은
엄연한 일이며 피할 수 없는 사실임을
아느니라.
4 그리고 너희들은 그리 믿어야 할 것이
니라.

5 그러한 너희들이 같은 삶을 살 때 너로부터 선택된 너의 제자들이요, 나의 백성 너희들은 참진리요, 영원히 사는 영혼의 구원의 그 길을 보며 아름답게 변하고 살아감이니, 너희들의 삶이 얼마나 값지고 아름다운 것이던가?

6 그러나 같은 삶을 살며 같은 세월 속에 살아가면서도 그와 같은 길이 아니요, 나 여호와요, 심판자의 뜻을 거역하며, 그와는 정반대의 먼 길로 가는 삶을 사는 사람들이 있다면 너희들과 그들과의 차이점은 무엇이던가?

7 너희들이 나 여호와의 참진리요, 하늘에 오르는 그 길이요, 나 여호와의 대명을 받아 움직이고 행하는 백성들이라면, 과연 너희들이 어떤 고통과 시련이 있다 하여 불평불만을 하며 어렵고 힘들다 하여 어떤 고비인들 넘기지 못하는 그와 같은 삶을 살겠는가?

8 진정한 믿음의 길이요, 나 여호와에게 오르는 그 길을 가며 살아가는 너희들은 어떠한 고통과 시련이요, 그 무엇도 감내하지 못할 게 없으며 넘기지 못할 게 없음이니라.

9 너희들보다 더 위대한 백성이요, 너희들보다 더 축복을 받은 자들이 없음이니, 너희들은 어떠한 것도 참고 넘을 수 있는 것이거늘, 너희들 마음이 흔들리며 동요되어서는 아니 됨을 알아야 할 것이니라.

10 오늘 내가 나의 성전에 대하여 그 그림을 그렸으며 그리 생각하고 있었음이니, 내가 너의 제자들에게 나 여호와가 원하는 것을 너희들 스스로 그리 이루라, 너희들의 그 뜻에 따라 이루라 그리 명하였음이니,

11 오늘 너희들이 나의 뜻에 따라 나 여호와가 기뻐하는 일이라 하여 그와 같이 일을 했음이니, 너희들 스스로 즐거운 마음으로 한마음이 되어 너희들이 오늘의 그 힘들고 어려운 일들을 즐겁고 기쁜 마음으로 다 행하고 이룸이니, 그것이 바로 하나의 마음이 되는 것이니라.

12 너희들의 오늘 그와 같은 역사를 내가 명한 것은, 너희들이 그저 서로 만나고 인사하며 나의 법전을 보고 공부하고 깨우치는 그러한 것만으로는 너희들이 하나가 될 수 없는 것이니라.

13 너희들이 힘들고 어려운 훈련이요, 그 고통 속에서 하나가 되며, 너희들이 나의 법전을 가지고 만백성을 깨우치고자 서로 동분서주하며, 무엇인가 나의 성전에 만백성이 그득히 와 나의 아들을 통하여 내리는 그 강론을 들을 수 있도록 역사하는 그와 같은 속에서 너희들이 한마음이 되느니라.

14 너희들은 내가 원하는 것을 오늘 너희들 스스로 그와 같이 일했음이니 그리고 이루어 놓았음이니, 너희들은 다음에 지금 나의 성전에 있는 그 의자에 앉을 자리가 없어 넘칠 수 있도록 그 역사를 한마음이 되어 같이 연구하여 그 역사를 이루도록 하라.

15 그리하면 내가 너희들에게 은혜와 힘과 용기를 줄 것이니, 그리하여 너희들이 나 여호와가 존재함을 알며 너희들이 하나의 마음으로 이루어짐을 알라.

4,531 번째 하나님 말씀

2003년 1월 13일 01시 04분

1 사랑하는 나의 아들아!
2 "네, 아버님! 말씀하옵소서."
3 지금 내 사랑하는 만백성이요, 지금의 믿음의 길이 구원의 길이라 달려가는 너희들이 지금의 행하는 그 삶에서, 믿음의 그 길에서 단호하게 결단을 내려 나의 법전을 접하며, 너희들이 잘못 끌고 가고 있는 종교 집단에서 용감히 헤어나지 못한다면 나 여호와는 너희들의 손을 놓을 수밖에 없음을 알아야 할 것이니라.
4 너희들이 용감한 자세로써 힘차게 그리고 자신 있게 지금의 가는 그 믿음에서 돌아서서 나의 법전을 접하며 정독하는 그와 같은 길을 가지 아니하면 너희들이 정녕 구원을 받을 수 없으며, 구원의 길이 아닌 다른 길로 가기에 나 여호와가 너희들의 손을 놓을 수밖에 없다 함을 나의 법전에 기록하여 전함이니라.
5 나의 백성들이 내가 내린 새로운 성경이요, 구원의 기초요, 구원의 기본이 되는 나의 법전을 정독하며 그 내용대로 살고자 노력하며, 그 내용대로 살지 못하는 것을 회개하며 반성하지 아니한다면 너희들이 나의 뜻을 정면으로 거부하며 거역함이 아니던가?
6 너희들이 내가 내리는 법전의 그 내용대로 그를 반성하며 너희들이 잘못 가는 것을 다스려 깨우치는 그와 같은 삶으로 변하지 아니한다면 너희들은 나의 뜻을 정면으로 거부하며, 그 거부하는 것은 나 여호와가 존재함을 믿지 아니하며, 너희들이 나의 존재함을 믿지 아니하는 것은 너희들이 심판을 받을 것인지 받지 않을 것인지 그 자체까지 의심하며 의혹하게 됨이니, 너희들의 믿음의 자세가 흔들려 감이니라.
7 너희들은 나 여호와가 존재함을 확실히 믿으며 너희들이 심판받는다는 것을 확실히 믿을 때, 절대로 흔들릴 수 있는 그와 같은 길을 갈 수 없음을 알아야 할 것이니라.
8 너희 종교 집단들이 나의 뜻을 믿지 아니하며, 내가 내리는 이 새로운 성경으로서 마지막 시대에 너희들을 심판하는 법전이라 믿지 아니할 때, 너희들은 일부의 백성만을 지옥으로 보내는 것이 아니요, 수많은 나의 백성들을 구원의 길이 아닌 지옥의 길로 인도하는 그와 같은 사악한 역사를 너희들이 이루게 됨을 잊어서는 아니 될 것이니라.
9 사랑하는 나의 아들아!
10 "네, 아버님! 말씀하옵소서."
11 내가 내리는 심판의 새로운 성경을 거부하며 나의 법전을 거부하는 자, 그들이 내가 내리는 나의 법전이요, 나의 법전을 듣고 강론하며 깨우쳐 가며 만백성을 구원하고자 하는 너희들을 악평하며 너희들을 공격하며 무리한 힘으로써 너희들을 강압하며 너희들이 감히 감당할 수 없는 그와 같은 핍박으로써 너희들에게 몰아친다 하여도 너희들 자신의 믿음이 흔들려서는 아니 됨이니라.

12 그 모든 자들이 사탄이 되어 모든 종
파가 하나의 힘이 되어 너희들을 쓰러
트리고자 공격한다 하여도, 너희들이
그 자체의 믿음이 흔들리지 아니하며
나 여호와를 찾으며 나에게 경배한다
면, 그리고 나의 법전을 정독하여 그
들이 부르짖는 소리에 귀 기울이지 아
니하며 너희 마음을 굳건히 다스린다
할 때,
13 그들을 두려워하지 아니하며 너희들
이 겁먹지 아니하며 나의 법전을 가슴
에 안고 정독하는 그와 같은 삶을 살
때, 너희들은 절대 넘어지지 아니하며
그들로부터 너희들이 무너지는 그와
같은 일은 절대로 없을 것이니라.
14 너희들을 그들이 핍박하며 악평하며
공격하는 것을 버티고 견디며 살아갈
때, 너희들이 그 속에서 기쁨을 알며
기쁨의 충만함을 또한 느끼고 얻을 것
이니, 그게 곧 나 여호와를 볼 수 있는
길이며, 나에게 오는 길이며, 나의 음
성을 들을 수 있는 너희들임이니라.
15 어떠한 공격과 어떠한 강압으로 너희
들을 밀어붙인다 할 때, 너희들 자신
이 흔들리는 믿음을 가져서는 아니 될
것이니라.
16 나의 아들 예수가 죽어 가고 힘들 때
그의 제자들이 어떠한 공격과 핍박에
도 자신 있게 견디는 그 용기가 있었
더라면 그와 같은 일은 있지 아니했
을 것이니라.
17 그들은 악평과 공격과 저희들에게 시
비하는 것이 두려워 그 모두가 다 뿔
뿔이 헤어졌으며 그를 팔고 등 돌리는
그와 같은 형국이 되었음이니, 그 후
손들이 이룬 지금에 오늘 진정한 길
이며 진정한 나 여호와의 뜻이요, 예
수가 이루고자 한 그것을 너희들은 전
하고 가르쳤다 생각하는가?
18 그렇지 못했음이니라.
19 저희들이 목숨을 내놓고도 지킬 수 있
는 나를 믿는 마음이요, 나 여호와가
존재함을 믿는 마음이요, 나의 아들
예수가 죽어 가면서 나에게 기도하는
그와 같은 마음으로 그들이 존재했더
라면 오늘과 같이 험악하고 사악한 시
대는 이루어지지 아니하였을 것이니,
20 너의 제자들이 그와 같은 어떠한 악평
과 어떠한 공격과 어떠한 강압에도 흔
들리지 않는 믿음의 자세를 지금서부
터 다스려 나가지 아니한다면 너희들
또한 그들처럼 쓰러짐을 잊어서는 아
니 될 것이니라.
21 그리하여 완벽하게 너희들을 바로 서
게 하고자 하는 것이 나 여호와의 뜻
임이니라.

4,532 번째 하나님 말씀

2003년 1월 13일 01시 08분

1 사랑하는 나의 아들아!
2 "네, 아버님! 말씀하옵소서."
3 수많은 백성 중에 너희들이 나 여호와
로부터 선택을 받은 자들이며, 내가
너희들을 쓰고자 하며, 나를 대신하여
역사하며 나의 삶을 대신하여 사는 것
이 너희들이라 하였음이니라.
4 그리하여 너희들이 하나의 잘못을 했
을 때 사탄으로 변화됨이니, 너희들이
바로 서고 바로 가지 못할 때 나의 피

조물 만백성을 구원할 수 없다 하였음
이니, 바로 너희들은 나로부터 선택된
나의 아들딸이기 때문이니라.
5 너희들이 나 여호와 창조주로부터, 내
가 마지막 심판이요, 나의 천국의 문
을 열고 열어 주지 않는 나 여호와로
부터 선택받은 너희들이 과연 무엇이
두려우며, 그보다 더 큰 은혜와 영광
이 세상에 어디 있다 생각하는가?
6 누구도 받을 수 없는 크나큰 은혜와
영광을 나로부터 받으며 나를 대신하
여 살아가는 너희들이 어떠한 고통과
시련의 길을 간다 하여 무엇이 부러우
며 무엇이 부족함이 있다 말하는가?
7 이 세상에 너희들보다 더 축복이요,
영광인 백성은 없음이니라.
8 너희들은 나 여호와로부터 은혜를 받
은 것을 생각하며, 내가 너희들을 선
택하여 너희들이 나를 대신해 살며 나
의 뜻을 전하며, 그리고 만백성을 구
하여 나에게 오를 수 있는 그와 같은
선택된 백성이니,
9 그와 같은 은혜와 은총을 받은 것이
세상 것을 다 준다 해도, 너희들이 가
지고 있는 모두를 다 잃는다 해도 무
엇이 두려울 것이 있으며 무엇이 근심
걱정이며, 무엇이 그리도 마음을 조급
히 하며 너희들을 불안하게 하기에
너희들이 오늘의 근심과 걱정을 털어
버리지 못하며 불안한 그 삶을 사는가?
10 불안해하지 말며, 나의 법전을 정독하
며 깨우쳐 가며, 내가 명한 그 뜻대로
살아가고자, 그 길을 가고자 노력하고
또 노력한다면 모두를 다 얻을 수 있
으며 이룰 수 있는 것이 너희들이니라.
11 인간 너희들은 얼마만큼 노력하느냐
에 따라서 그 결과를 얻는 것이니, 너
희들은 실천해 보지도 아니하며 행하
지도 아니하면서 두려워하지 말며 겁
먹지 말라.
12 너희들이 죽어 내 앞에 왔을 때 너희
들이 어떠한 영광인가를 알 것이거늘,
너희들이 나로부터 선택된 것이며 나
로부터 그 축복이요, 은혜가 너희들의
세상 그 무엇과도 내가 바꿀 수 없다
그리 말하였음이니, 너희들은 근심 걱
정하지 말라.
13 그리고 너희들이 근심 걱정에 휘말리
지 말며, 그것에서 헤어나지 못하는
나의 백성이 되지 말라.
14 모두가 다 이루어지는 것이며 모두가
너희들이 승자이니 그날이 머지않았
음을 알라.

4,533 번째 하나님 말씀

2003년 1월 13일 01시 17분

1 사랑하는 나의 아들아!
2 "네, 아버님! 말씀하옵소서."
3 너희들이 인간 세상에 살아가면서 악
한 짓, 사악한 짓, 남에게 해서는 안
되는 그와 같은 짓을 하여 남으로부터
저주받는 행동을 하며 너희들이 그리
하여 무엇을 얻었다 하면 그것이 어떠
하던가?
4 그와 같이 사악한 방법으로 무엇을 이
루었으며 무엇을 취했을 때 그것은 너
희들의 기쁨이요, 영광이 아니라 너희
들은 불안과 공포요, 그 공포의 생활
의 연속인 것이니라.

5 이것이 너희들이 살아가는 법도며 인
간사에서도 이루어지는 것이니라.
6 아무리 사악한 자라 하여도 제가 잘못
한 것을 아는 자, 항상 불안과 공포의
연속 속에서 살아가는 것이요, 영광과
편안한 마음으로 살아갈 수 없는 것이
너희들의 인간관계에 이루어지는 일
이니라.
7 너희들은 선으로써 어떤 것을 행했을
때 선으로써 무엇을 하고 자 너희들이
재물을 잃었을 때, 또는 명예를 다 잃
었을 때, 어떠한 것을 잃었다 해도 불
안과 초조와 공포요, 그리고 두려운
마음이 정녕 너희들에게는 없는 것이
니라.
8 너희들이 노력하고 또 노력하여 나의
계명이요, 법전대로 살 수 있다는 것
은 그것이 얼마나 위대하고 기쁨인가
를 너희들은 알겠는가?
9 그러나 그와 같이 살지 않는 자, 그 위
대함과 그 기쁨과 영광의 빛을 보지
못하며 살아가는 자들이니라.
10 너희들이 어렵고 힘들고 고난의 길을
간다 하여도 너희들이 그 길을 가는
것, 그리고 나의 계명이요, 나의 법전
대로 살아가고자 노력하는 그 길은 어
렵고 힘듦이니라.
11 남들이 바라볼 때 너희들은 바보같이
보이는 것이며, 남들이 볼 때 너희들
은 모자란 자들같이 보이며, 남들이
행복하고 즐겁게 살 때 너희들은 덜떨
어진 그와 같은 사람들같이 보이며,
세상사에 손해를 보며 아무것도 이루
는 것이 없는 바보천치와 같은 사람으
로 보일지 모르나, 너희들에게 행복이
요, 기쁨이라는 것은 이루 말할 수 없
음이니,
12 나의 계명을 지키고 살아가는 너희들
을 바보요, 천치요, 미련한 자요, 불쌍
한 자들이라 그리 손가락질하는 자,
그들은 너희들이 얻고 가는 그 기쁨과
영광의 축복됨을 모르느니, 그들은 그
것을 모르고 사는 것이니라.
13 오로지 그는 너희들만이 알 수 있는
것이니라.
14 그리하여 너희들이 힘들고 어려운 그
길을 가는 것이 얼마나 축복되고 행복
이며 즐거운 것인가, 그리고 나 여호
와와 더불어 너희들이 같이한다는 것
이 얼마나 영광되며 너희 마음에 기
쁨인가 그것을 너희 형제들이요, 만백
성에게 전하도록 그리하라, 사랑하는
나의 아들아!
15 너희들만이 기쁨을 알며 너희들만이
축복을 알며 너희들만이 영광을 누려
서는 아니 됨이니, 그 모두를 만백성
에게 전하고 그들로 하여금 그들이 깨
우쳐 진실된 선을 선택하며 사는 마
음, 그리고 내가 새로 내리는 나의 성
경이요, 나의 법전을 읽고 깨우쳐, 어
렵고 힘드나 그 길을 가고자 노력하는
너희들이 얼마나 축복과 기쁨이 있으
며 스스로 너희들이 신나는 인생의 삶
을 사는 것인가를 그들에게 깨우쳐 주
라.
16 너희들을 바보요, 못난 자요, 어리석
은 자라 하는 자들이 정녕 얼마나 어
리석고 불쌍한 자들인가를 그들이 알
날이 머지않았을 것이니라.

4,534 번째 하나님 말씀

2003년 1월 13일 01시 25분

1 나의 사랑하는 아들아!
2 "네, 아버님! 말씀하옵소서."
3 너희들이 모든 길을 이루었으며 모든 것을 역사했으며 너희들이 하고자 하는 하루의 그 일과를 아름답게 마쳤을 때, 그리고 너희들이 살아가며 남으로부터 부끄럽지 않고 당당한 모습으로 살아갈 수 있도록 남에게 말할 수 있는 그와 같은 자세로 하루를 살았을 때, 그 마음의 기쁨과 그 마음의 흐뭇함은 얼마나 크던가?
4 그러하니라. 정녕 사악한 일을 저버리며 선을 선택하며, 악과 선의 그 기로에서 용기를 내어 선을 선택하며 악을 처단할 수 있는 그와 같은 용기와 자신을 가지고 살아가는 너희들이 얼마나 행복하며 즐거운지 너희들은 모름이니, 그 행복과 즐거움을 얻도록 그리하라.
5 악을 저버리며 선을 선택하며 한 점의 부끄럼이 없이 살아갈 수 있도록 저 자신과의 싸움에서 승자가 되는 것이 얼마나 기쁘고 즐거움인가를 너희들은 알아야 할 것이니라.
6 지금 모든 믿음의 길을 가는 백성들이 나 여호와가 내린 십계명을 지키고 사는 것이며 나의 법전대로 지키고 사는 것이며 한 점의 부끄럼이 없이 사는 것이 구원이요, 하늘에 오르는 길이요, 그것이 인간의 삶의 그 행복한 것을 그들에게 깨우쳐 주며 가르쳐 주는 자가 없느니라.
7 그저 저희들은 지금 구원을 받았다 생각하며, 그리고 천국에 올 수 있는 자들이라 생각하며, 저희들이 가는 길에는 감히 나 여호와가 두려워 천국의 문을 열고 저희들을 영접하는 그와 같은 착각 속에서 사느니라.
8 그들은 나의 아들 예수의 보혈로써 구원을 받았다 말하며 그리 믿고 가는 자들이니라.
9 그리고 나 여호와는 그들에게 지금 나의 법전을 통하여 말함이니, 그와 같은 착각 속에 사는 너희들은 들어야 할 것이니라.
10 너희들이 나의 아들 예수처럼 나의 우편에 올 수 있다, 그리고 너희들이 결정되어 있다 생각하는 자, 그리고 너희들 자리가 나의 우편에 준비되어 있으니 너희들은 죽어 반드시 천국의 문을 거쳐 내 옆에 올 수 있다 그리 장담하는 자, 너희들은 알아야 할 것이니라.
11 내가 나의 아들에게 일찍 보여 주었음이니, 비추는 태양보다도 더 뜨거운 그와 같은 문을 통과하며 그보다 열배 백배 더 강하고 뜨거운 그 속을 통과하여야 너희들이 나에게 올 수 있다 하였음이니, 죄지은 자, 죄 하나를 지고 있다 하여도 그 불길을 통과할 수 없다 하였음이니라.
12 그러하거늘 나의 우편에 너희들의 자리가 준비되었으며, 예수처럼 내 옆에 올 수 있는 그 모두의 자리가 준비되었다 말하는 그와 같은 너희들이 개인의 역사의 기적을 이루고 그를 보고자 한다 하면 너희들은 어찌 살아야 하는

지 아는가?

13 나의 아들이 세상에 나와 죽어 다시 부활하는 그 역사를 이루었듯이, 너희들이 죽어서 다시 태어나는 그와 같은 변화의 삶을 살지 않는다면 너희들은 구원의 '구'자라는 그 말도 꺼내지 말라.

14 너희들이 죽어서 다시 태어나는 그와 같은 어렵고 힘든 그 변화의 역사를 이루지 아니한다면 너희들은 나와는 아무런 관계도 없음이니라.

15 내가 너희들을 바라보기를 얼마나 불쌍한 백성으로 보고 있는지 아는가?

16 너희들의 말에 있느니라, '떡을 줄 사람은 아직 줄 생각도 아니 하는데 미리 목이 마를까 김칫국부터 마신다.'는 말이 너희들에게 있음이니, 그보다 더한 착각 속에서 너희들이 지금 자신이 속고 속는 속에서 삶을 살아가고 있음을 너희들은 알아야 할 것이니라.

17 그와 같이 어리석은 삶을 사는 것이 너희들이니라.

18 입으로 수다를 떠는 것으로써, 말로만 너희들이 회개한다 하며, 말로써 반성한다 하며, 말로써 죄를 짓지 아니한다 하며 너희들이 나의 성전에 와 울고불고 그리 말함이니, 그러나 너희들은 행동이 그러하지 못함이니라.

19 말로써 너희들이 모두 다 회개를 하며 광란의 찬송을 부르면서 그 부름 속에서 회개하며 축복의 영광을 받은 것이라 착각하고 있음이니, 이 속에서 너희들이 깨어나야 함을 알라.

20 내가 나의 아들을 통하여 너희들에게 수없이 가르쳤음이니라.

21 너희들이 지고 있는 그 죄가 눈물로 회개하며 광란의 짓으로써 회개한다 해서 너희들에게서 떨어지는 것이 아니요, 너희들이 성령으로 착하게 아름답게 사는 마음속에 그 악함이 견딜 수 없어 한 자리 물러나 그들이 들어갈 수 있는 틈을 비우고 기다리고 있는 것이며,

22 그리하여 너희들에게서 떨어지지 아니하고 있는 그 죄목들이 너희들의 마음이 약해지며 너희들의 마음이 변화되며 너희들이 또한 믿음에서 변질될 때, 그리고 너희들이 어렵고 힘든 이 하늘에 오르는 길을 가지 못하고 중단하며 포기할 때 그들은 가차없이 너희들을 잠식함이니, 너희들은 그를 지고 나에게 옴이니라.

23 너희들이 변질되고 변화되지 아니하였다 해도 그 악한 짓, 너희들의 사악한 행위요, 너희들이 지은 죄, 남들에게 부끄러운 죄, 남이 보지 않는 틈에서 행한 흉악한 그 죄목은 하나도 떨어지지 아니함이니, 그는 끝까지 너희들을 따라오며 나에게까지 오는 줄을 알라.

24 그들은 너희들이 죽어 심판을 받아 나에게 올 때까지 따라와 너희들의 영혼을 지옥으로 이끌어 가고자 하는 것이 그들이니, 그들은 절대로 떨어지지 아니함이니라.

25 다만, 너희들이 짊어지고 온 그 사악한 행위요, 너희들이 살아가면서 선을 베푼 그것으로써 너희들이 나에게 점수를 받는다는 것을 그때 가서야 알게 될 것이니, 너희들이 지금에 가는

그 믿음이 얼마나 잘못되었는가?
26 너희들이 구원을 받았다 그와 같이 착각을 하는 자가 얼마나 어리석고 불쌍한 자들인가?
27 감히 너희들이 나 여호와의 고유의 권한이요, 나만이 열고 닫을 수 있는 그 천국의 문을 너희들이 오자마자 내가 두려워서 열어 주며, 내가 사랑하는 자식이 왔기에 열어 준다는 그와 같은 착각을 하지 말라.
28 그 천국의 문을 보지도 못하는 것이 너희들임을 알라.
29 너희들은 떡을 주려는 생각도 하지 아니하는 자 앞에서 김칫국부터 마시면서 침을 넘기는 불쌍한 인간이 되지 말라.

4,535 번째 하나님 말씀

2003년 1월 13일 01시 31분

1 사랑하는 나의 아들아!
2 "네, 아버님! 말씀하옵소서."
3 너희들이 나의 법전대로 행하며 나의 십계명대로 지키고 살면 그 길이 바로 구원의 길이요, 나에게 오르는 길이라 내가 너희들에게 수없이 가르쳐 주었음이니라.
4 그리 간단하며 그리 편안하게 올 수 있는, 나에게 직접 너희들이 올 수 있는 그 길을 너희들은 짓밟으며 그를 짓뭉개며 침을 뱉으며, 그와 같이 사악한 행위로써 이단이요, 사탄이라 너희들이 지금 그와 같이 광란의 짓을 하고 있음이니,
5 지금 나의 백성 너희는 정녕 구원의 길을 오르고자 하는 것이 아니라 구원의 길이 아닌 나와는 영 관계도 없는 그와 같은 길을 너희들이 가고 있다는 것을 알아야 할 것이니라.
6 너희들이 그와 같은 길에서 벗어나 나에게 오르는 길이요, 참진리요, 하늘에 오르는 길을 반석 위에 서서 볼 수 있는 그 삶으로 변화되고자 한다면 지금 흘러나오는 너희들의 몸에 박힌 그 관습과 잘못된 버릇과 너희들에게 지금 전해 내려오는 모든 전통과 그 모두를 버리지 아니하면 너희들은 구원을 받을 수 없음을 알아야 할 것이니라.
7 지금 너희들이 속해 있는 믿음의 집단의 가르침이요, 그것만이 너희들이 구원을 받는 일이며 절대적이며, 그리고 한 자요, 한 획도 고치지 못하며 고칠 수가 없는 것이 성경이며, 그리하여 그대로 지키고 오면 너희들이 하늘에 오르는 길이라 그리 가고 있음이니,
8 그와 같이 가르치는 자 밑에서 배우고 있는 백성 너희들이 그것이 옳고 그른 것인가를 너희들의 눈으로 보고 귀로 들어 그것을 스스로 판단하여 과감히 그 속에서 뛰쳐나오는 그와 같은 역사를, 그 변화를 이루지 아니한다면, 그와 같은 용기가 없는 자라면 너희들은 정녕 나로부터 구원을 받을 수 없는 자임을 너희들은 알아야 할 것이니라.
9 정녕 너희들은 결코 나에게 구원을 받을 수 없음을 내가 나의 법전에 다시 한 번 기록하여 전함이니, 이 구절을 읽고 이 뜻을 깨우치는 자, 왜 나 여호와가 너희들에게 구원을 받을 수 없다

말하는지 그 의미를 깊이 깨우쳐야
할 것이니라.
10 너희들이 지금까지 온 그 폐습이요,
잘못된 그 고정관념에서 헤어날 줄 모
르며 변화될 줄 모르는 너희들은 절대
로 구원을 받을 수 없음이니라.
11 너희들의 집단이요, 너희들이 속해 있
는 단체에서 지금까지 이끌고 오며 행
하여 왔던 그 구태의연한 방법으로써
는 너희들이 구원의 길이 아니요, 지
옥 불로 간다는 것을 내가 다시 한 번
강조하니, 너희들은 지옥 불로 가는
것이요, 나의 나라에 오는 것이 아니
라 오를 수 없는 것임을 알아야 할 것
이니라.
12 너희들이 나에게 오를 수 있으며 내
품에 올 수 있는 것은 지금의 삶에서
너희들이 용기를 갖고 뛰쳐나와 다시
시작하는 삶이요, 뼈를 깎는 아픔 속
에서, 죽음보다도 더 무서운 악과의
싸움에서 너희들이 하나하나 그들을
제거하며 이길 수 있는 승자의 길을
택하지 못한다면 너희들은 나의 자식
으로서 나의 아들딸로서 내 품에 오는
것이 아니요,
13 너희들이 지금까지 그 욕심에 의해 짓
고 쌓아 온 그 죄의 대가를 받으러 지
옥 불로 감을 알아야 할 것이니라.
14 너희들은 그 길을 위하여 지금 살아가
고 있음이니, 얼마나 너희들이 어리석
고 불쌍한 삶을 살아가는가?
15 자신이 넘을 수 없는 길, 어렵고 힘든
길, 싸워서 도저히 이길 수 없는 그 싸
움에서 너희들이 참고 이기고 견디는
자만이 구원을 받을 수 있음이니라.
16 지금의 형태에서 너희들이 다시 나는
삶, 거듭나는 삶, 즉 내가 말하듯이 너
희들이 죽어서 다시 태어나는 그와 같
은 역사의 변화를 이루는 삶을 살지
않는다면 너희들은 나를 볼 수 없음이
니라.
17 이를 내가 너희들에게 전하는 뜻을 깊
이 깨우쳐 스스로 선택의 길을 봐야
할 것이니라.
18 너희들이 모르는 사람이, 아무것도 이
해관계가 없는 사람이 너희들에게 말
하고 전하는 이야기도 너희 귀로 들었
을 때 너희들에게 도움이 되며 깨달음
이 될 수 있는 것이니라.
19 너희들은 내가 전하는 그와 같은 뜻
이, 나 여호와가 어찌하여 밤과 낮을
가리지 아니하며 이 많은 성령을 내리
는 것인가, 사탄이요, 사악한 자들이
이와 같이 160권의 법전이라 하여 이
새로운 성경을 내릴 수 있겠는가?
20 내릴 수 없음이니, 너희들은 이를 깨
우쳐 들여다보라.
21 이를 깨우쳐 보지 아니하는 자, 너희
들은 영원히 죽음의 그 길을 가는 자
이니라.

4,536 번째 하나님 말씀

2003년 1월 13일 01시 35분

1 사랑하는 나의 아들아!
2 "네, 아버님! 말씀하옵소서."
3 사랑하는 너의 제자들과 나의 법전을
읽는 만백성, 그리고 이를 모르며 이
를 사탄이라 이단이라 부르짖는 백성
들, 그리고 나 여호와가 존재하는지

존재하지 아니하는지, 구원의 길이 있
는지 없는지, 심판을 받는지 받지 않
는지 그 자체도 구분하지 못하고 살아
가는 나의 백성들 그들에게 너희들은
전하도록 그리하라.
4 나 여호와가 존재함을 의심하는 자,
그리고 나 여호와가 과연 존재하는지
의혹하는 자, 그리고 불안을 가지고
있는 자, 또 나의 법전이 정녕 나의 성
령인 것인가, 내가 내리는 새로운 법
전이요, 새로운 성경이라는 나의 이
책이 과연 마지막 시대에 너희들을
심판하는 심판의 기준인가 기본인가
이를 의심하는 자, 이를 의혹하는 자,
이것에 의구심을 갖는 자,
5 그리고 나의 아들이 과연 이 시대에
만백성을 구하기 위해 내려온 목자요,
나로부터 선택된 선지자인가, 그렇지
아니하면 이는 사탄이요, 마지막 시대
에 오는 거짓 선지자로서 만백성을 혼
란케 하며 지옥 불로 인도하는 그와
같은 사악한 자가 아닌가, 이를 너희
들이 의심하고 의혹하는 자, 너희들은
정녕 나에게 오르는 그 길을 올 수가
없음이니라.
6 그와 같이 의혹하고 의심하는 자, 너
희들 스스로 좌절하게 되어 있으며 너
희들 스스로 지쳐 쓰러지게 되어 있으
며, 너희들은 멀고도 긴 그 길을 올 수
가 없는 자들임이니라.
7 의심하며 의혹하는 마음을 갖는 자,
너희들은 나에게 오르는 그 험난하고
멀고도 먼 그 길을 오지 못하며 중간
에 낙오자가 되며 좌절하는 자들이 됨
이니라.
8 내가 너희들에게 말하였느니라.
9 너희들이 갈 때 뒤를 돌아다보지 마
라, 불꽃이 터지며 세상에 천둥이 치
고 벼락이 터지며 어떠한 상황이 벌어
져도 뒤를 돌아보지 말라, 너희들이
그리하면 잘못될 것이라 내가 그리 말
하였음이니라.
10 그러나 그 백성이 어찌하였는가?
11 제가 나를 의심하며 나를 의구하며 나
를 믿지 못하기 때문에 그는 뒤돌아봤
음이니, 그가 어떤 형태로 변하였던가?
12 그와 같이 너희가 변하는 것이 너희들
이 나를 의심하며 의구하는 자들임을
알라.
13 너희들은 그리되느니라.
14 내가 앞만 보고 달려가라 하였으며 뒤
돌아보면 너희들이 돌이 되며 소금 기
둥이 된다 말하였음이니, 어찌하여 너
희들이 나를 의심하고 나를 의혹하기
에 그를 돌아다보며 그와 같은 형국으
로써 제가 돌변하며 인간으로서의 모
두를 다 저버리는 그와 같은 길이 되
는가?
15 저희가 그 길을 보지 아니하고 달려갔
다면 영광과 축복이요, 구원의 길이
있는 것을, 의심하며 의구하며 나를
믿지 못하는 자이기에 그는 그 상황에
서 뒤를 돌아다봤으니 그리 굳어진 형
국이 되었음이니라.
16 지금 믿음의 길을 가고 있는 자들이
그러하느니라.
17 의심하고 의구하며 불안한 자, 좌절하
여 너희들이 나에게 오를 수 없는 자
들이니, 바로 돌기둥이요, 소금 기둥
으로 변하는 그와 같은 자가 될 것이

니 잊지 말라.

4,537 번째 하나님 말씀

2003년 1월 13일 01시 43분

1 사랑하는 나의 아들아!
2 "네, 아버님! 말씀하옵소서."
3 구약의 시대에 사는 나의 백성들과 신
약의 시대에 살던 백성들과 지금에 사
는 나의 백성들, 과연 그들이 가지고
있는 인간 본연의 자세인 인성이 어떻
다 생각하는가?
4 나로부터 그들이 받아 나간 그 심성이
어떠하던가?
5 구약의 시대보다는 신약의 시대가 몇
배 더 사악한 백성으로 변하였으며,
지금 나의 아들 예수가 보혈로써 너희
들에게 나 여호와의 뜻을 따르며 계
명을 지키고 하늘에 오르라 그리 죽음
으로써 하소연한 그 세월이 흐른 지금
의 너희 백성들이 신약의 시대보다 더
사악해졌으며 잘못 가고 있는 이와 같
은 형국이니라.
6 그리하여 지금의 이 시대에서는 내가
말로써는 누구를 내려보내어, 나의 아
들을 내려보내며 또한 선지자요, 지도
자를 내려보내어 말로써 전하는 그 복
음으로써 너희들을 깨우칠 수가 없음
이니라.
7 말로써 전하는 그 복음으로써는 너희
들을 깨우쳐 하늘에 오르는 길로 이끌
수가 없는 것이 지금 나의 백성 너희
들이 살아가는 그와 같은 형국이니라.
8 그러니 너희들이 말로써 전하는 그 복
음으로써 너희들을 구원할 수 없다 하
면, 어찌 너희들을 구원하겠는가?
9 이제는 증거하는 것으로써, 그리고 근
거를 보이는 것으로써 나 여호와의 뜻
을 내가 글로써 책으로 만들어 너희들
에게 전하니, 이게 새로운 성경이니라.
10 새로운 성경이요, 나의 법전을 내려보
내는 그것으로써만이 너희들을 가르
칠 수 있으며 너희들을 바로잡을 수
있으며 나의 뜻을 변하지 아니하게 너
희들이 전할 수 있는 것이 지금 이 시
대에 너희들이 살아가는 그 형국임이
니라.
11 너희들이 구약의 시대는 내가 말로써
전해도 그 백성들이 빼고 더하며 저희
들 생각대로 마음대로 거짓 하며 저희
들이 유리한 쪽으로 만드는 그와 같은
백성들이 아니며, 순수하고 단순하며
그리고 깨끗한 백성들이기 때문에 그
들은 말로써 들은 것을 감히 두렵고
무서워서 함부로 빼고 더하는 그와 같
은 심성을 가지고 사는 백성 들이 아
니었음이니라.
12 그는 말하자면 그들이 다섯 살 미만의
아이들이니라.
13 그 아이들에게 어떠한 것을 시키고 강
요한다 해도 그들이 거짓 하지 아니하
듯이 그 시대는 그와 같은 백성이기
때문에 말로 전할 수 있으며 너희들이
구전으로써 복음을 전할 수 있었음이
니라.
14 나의 아들 예수의 신약 시대는 중 고
등학교요, 열네다섯 살의 그와 같은
시대이니,
15 그 속에는 제가 판단할 수 있으며 제
가 생각할 수도 있으며 부모를 위하여

형제를 위하여 변호할 수도 있으며 그
렇지 않으면 양심상으로 바로 말할 수
있으며, 그를 법정에 세워 놓고 바로
말하라 할 때 그는 눈물로써 그 모두
를 진실로 말할 수 있는 그와 같은 백
성들의 마음이 신약의 시대였느니라.
16 그러나 지금은 어떠한 시대의 백성인
줄 아는가?
17 금방 너희들이 금화와 은화를 받아 철
석같이 약속해도 열배 백배를 준다면
너희들이 언제 그랬냐는 듯이 바로 뒤
집는 것이 지금의 너희 백성들이 가
지고 있는 심성이며 살아가는 형태이
니라.
18 그러니 너희들은 말로써 복음을 전할
수 없는 것이며, 그리하여 근거하는
책으로써 글로써 너희 눈으로 보고 들
어 너희들이 더하지도 못하며 버리지
도 못하도록 완전무결하게 만들어 내
려보내야만 그나마 그를 보고 깨우칠
수 있는 것이 지금 나의 백성들의 심
성이니라.
19 그러하니 내가 어린아이들과 같은 구
약 시대의 백성을 보았으며, 열네다섯
살 먹은 그 신약의 백성들을 내가 보
았으며, 지금 마지막, 내가 보기에 역
겨워 고개를 돌리지 않을 수 없는 이
와 같은 추한 백성들의 모습을 내가
보고 있음이니,
20 지금 나 여호와가 노해 있는 것은 당
연한 것이며, 너희들의 손을 놓고 싶
은 마음이 당연한 것이니라.
21 그러나 내가 너희들을 사랑하기에 나
의 아들을 통하여 지금 새로운 성경을
내려보냄이니, 이는 완벽히 증거하며
너희들이 거부할 수 없으며 이를 너희
들이 변질시킬 수 없도록 완벽한 정답
을 내려보냄이니라.
22 그리하여 이 법전만이 너희들을 구원
할 수 있으며 깨우칠 수 있다 함이 여
기에 있음이니라.
23 이는 너희들이 어떠한 방법으로든 간
에 이를 보고 깨우쳐 너희들이 거부하
며 반항하지 못하도록 내가 만들었음
이니,
24 이를 보고 깨우치는 자만이 변화할 수
있으며 새로운 삶을 살 수 있으며 새
로 태어나는 생명임을 너희들은 잊어
서는 아니 될 것이니라.

4,538 번째 하나님 말씀

2003년 1월 13일 01시 51분

1 사랑하는 나의 아들아!
2 "네, 아버님! 말씀하옵소서."
3 내 사랑하는 백성 너희들이 이대로 삶
을 살아 구원을 받을 수 있다 하면, 너
희들이 육의 삶에 그 숨을 거두는 것
이 모든 인생이 끝나는 것이라면 너희
들은 얼마나 즐겁고 편안한 삶을 살
수 있겠는가?
4 그저 사악한 짓, 즐거운 짓, 인간 너희
들이 느낄 수 있고 취할 수 있는 그 모
두를 살다 너희들이 운명하여 죽음의
그 순간을 맞이하면 될 것이니라.
5 그러나 그리 갈 수 없는 것이 너희들
의 운명임을 알라.
6 너희들은 반드시 나 여호와에게 와 심
판을 받으며 그 대가를 치르고 사는
것이 너희들임을 잊어서는 안 될 것이

니라.
7 수많은 나의 백성들이 오늘의 삶으로
써 너희들이 끝나기를 바라나, 너희들
은 그리 넘을 수 없음을 알라.
8 너희들은 그와 같이 나로부터 선택된
백성들이기에 나 여호와가 너희들을
구원하고자 함이 여기에 있음이니라.
9 나 여호와가 너희들이 어렵고 지키기
힘든 그 십계명을 너희들에게 내려보
내어 그를 지키라 하며, 내가 나의 법
전을 세상에 내려보내어 새로운 성경
으로써 이를 지키고 살라 하는 그와
같은 나의 깊은 뜻을 너희들은 어찌
아는가?
10 이를 너희들은 알지 못함이니라.
11 너희들에게 힘들고 어려운 그 길을
가라 함은 너희들이 죽어 나에게 와
심판을 받으며 법에 따라 너희들을 단
죄하고자 함이 아님을 너희들은 알아
야 할 것이니라.
12 너희들이 죽어 나에게 임했을 때, 또
심판을 받을 때, 그와 같이 너희들이
심판을 받기 전까지 너희가 회개할 수
있으며 구원의 길을 볼 수 있으며 너
희들이 구원의 기도를 할 수 있으며
그와 같은 그 기회가 그때까지밖에 없
기 때문이니라.
13 너희들의 육의 생명이 존재하는 그 순
간까지만 너희들이 심판에 대하여 용
서를 받을 수 있도록 기원하며 회개하
며 변화될 수 있는 것이기 때문이니라.
14 죽어 너희들이 나에게 와 심판을 받을
때는 아니 됨이니라.
15 받기 전까지 너희들을 내가 바로 세워
구원해야 하기 때문이니라.
16 그리고 너희들이 죽어 심판을 받기 전
까지 너희들을 구원할 수 있기 때문이
니라.
17 그리하여 너희들에게 어렵고 힘든 그
길을 가라 하는 나 여호와의 애절한
뜻을 너희들은 알겠는가?
18 너희들의 육이 존재하는 한 육의 삶에
서 너희들이 모두를 구원할 수 있는
것이며, 육의 삶에 종말을 거두며 육
과 영혼이 분리되어 너희들의 육은 한
줌의 흙으로 돌아가며 영혼은 나에게
와 심판을 받는 그와 같은 너희들의
역사가 이루어지는 그 순간에 너희들
은 아무것도 할 수 없기 때문이니라.
19 너희들의 육이 존재하는 그 속에서만
용서를 빌 수 있으며 회개를 할 수 있
으며 눈물로써 나에게 기도를 할 수
있으며 너희들이 나에게 구원의 소청
을 할 수 있는 것이니라.
20 그 후는 아니 됨이니라.
21 그리하여 지금 내가 너희들을 구원할
수밖에 없기 때문에, 지금 이 순간에
구원하지 아니하면 너희들을 구원할
수 없기 때문에 내가 어려운 그 계명
이요, 나의 법전이요, 그를 지키고 살
아오라 하는 것임이니라.
22 그 뜻을 너희들이 알아야 할 것이니라.
23 그리하여 이 어려운 길을 너희들에게
가라 함이니, 그리 가라 하면서 그를
바라보는 나 여호와의 마음이 어떻겠
는가?
24 가고자 하여도 못 가는 자, 의지가 약
해서 못 가는 자, 용기가 없어 못 가는
자, 결단성이 없어서 못 가는 자, 끈기
가 없어서 못 가는 자, 나를 의심해서

못 가는 자, 그 모두요, 너희들이 중간
에 도태되는 그 모습을 보는 나 여호
와의 마음이 이루 말할 수 없이 아픔
이니,
25 내가 그리하여 너희들을 구원하고자
책으로 이렇게 만들어 160권의 법전
을 만들어 세상에 펼쳐 볼 수 있도록
내보냄이니, 이를 보고 깨우쳐 구원을
받으라.

4,539 번째 하나님 말씀

2003년 1월 13일 01시 57분

1 사랑하는 나의 아들아!
2 "네, 아버님! 말씀하옵소서."
3 새로운 성경이 내려옴은 예수를 대행
할 나의 아들로서 나 여호와의 뜻을
받아 나로부터 선택된 지상의 낙원을
이루고자 하는 일꾼을 이끌고 나 여호
와가 이루고자 하는 그 대역사를 이루
는 것이며, 나 여호와가 마지막 역사
하는 새로운 나라의 건설이요, 심판을
시작함을 너희들은 알고 있음이니라.
4 나의 피조물 만백성이요, 믿음의 길을
가는 자, 내가 터치하여 깨우쳐 준 자,
내가 새로 이루는 그 역사요, 그 역사
를 위하여 새로운 백성들을 이끌어 가
며 나의 뜻을 받아 마지막 역사를 하
는 데 참여할 자, 그리고 지도자가 있
으며, 이 세상에 다시 내려올 것이라
는 것을 너희들은 알고 있느니라.
5 그리고 새로운 성경이요, 새로운 말씀
이라 하여 내려오는 것도 너희들은 다
알고 있는 것이니라.
6 너희들은 그 대업을 맡아 대역사를 이
룰 사람이, 선택된 자가 너희들 백성
중에서 그 누군가가 반드시 선택되어
그 역사를 이룰 것이라 그리 생각하고
있을 것이니라.
7 그리고 너희들은 그를 알고 있음이니
라.
8 그러면서 너희들이 새로운 나 여호와
가 이루는 그 새시대의 역사를 이루는
그 지도자가 지금 너희들이 이끌어 가
는 종교 집단 중에서, 그 지도자 중에
서 누가 나올 것이라 생각하며, 그 집
단을 이끄는 자 그 밑에서 또 지도자
라 하여 많은 백성들에게 설교하며 가
르치는 그 백성 중에서 나올 것이며
반드시 그리되어야 한다 생각하며 당
연히 그리 이루어진다 생각할 것이니
라.
9 다른 사람으로서, 다른 집단으로서 다
른 곳에서, 너희들이 말하는 이방인
쪽에서 어떠한 지도자가 나온다는 것
은 너희들은 용서할 수 없으며 받아들
일 수 없으며, 아무리 나 여호와의 성
령이 직접 내려온다 하여도 너희들은
거부할 것이며 순종하지 아니하는 것
이 너희들의 지금 가지고 있는 마음이
니라.
10 너희들이 직접 받아야 하며, 너희들의
종교 지도자가 받아야 하며, 너희들
집단의 우두머리가 받아야 한다는 것
이 너희들의 그 생각이니, 그 마음을
바꾸지 아니하면 너희들은 새로 내려
오는 성경이요, 새로운 나 여호와의
심판의 말을 너희들이 들을 수 없음을
알아야 할 것이니라.
11 너희들은 믿을 것이니라.

12 너희들은 또 믿어야 할 것이니라.
13 이미 선택되어 나의 법전이 책으로써 세상에 나와 알려지기 시작하고 있음을 너희들은 깨달아야 할 것이며 그를 알아야 할 것이며, 너희들은 거부하고 믿지 않으려 하나 이는 엄연한 사실임을 알고 믿지 아니하면 너희들은 구원을 받을 수 없음이니라.
14 이제 그가 전하는 나의 법전으로 이 환란의 시대를 평정할 것이며, 적그리스도라 하여 지금 설치고 있는 그 모두는 저희들 스스로가 적그리스도이며, 적그리스도라 말하는 그와 같은 행위, 그 모두의 사악한 뿌리들을 뽑는 그 역사가 이루어지고 시작됨을 알아야 할 것이니라.
15 지금까지 너희들이 나의 피조물 만백성을 우롱하고 이용하여 이루어 놓았던 그 모든 성전의 문을 닫으며 그곳에 거미줄을 치는 그 역사가 지금 시작되었음을 너희들은 알아야 할 것이니라.
16 이 환란과 이 엄청난 지금의 사악한 시대에 그 모두를 평정하며 그를 다스릴 자가 이미 세상에 나와 나의 법전을 세상에 전하기 시작하였으며, 160권의 법전이 역사함을 너희들은 믿어야 할 것이니라.
17 너희들은 죽으면 죽었지 이를 믿기 싫으며 이를 인정할 수 없으나, 이를 인정하는 자가 너희들의 생명을 구하며 죽음에서 새로운 생명이요, 구원의 빛을 얻는 것임을 알아야 할 것이니라.
18 그리하여 지금 나의 아들을 통하여, 나의 아들로 하여금 내가 내리는 새로운 성경을 세상에 전하며, 이 모두가 세상에 덮였을 때 스스로 종교 개혁은 이루어질 것이며,
19 너희들이 여태껏 이루지 못했던 많은 인자들이 세상에 나오며 인자들을 세상에 육성하는 데 힘을 다할 것이며, 많은 인자들을 육성하는 데 지금 나의 법전이 그 기본이요, 기초가 되어 새로운 역사요, 새로운 시대를 이루어 이끌어 가는 그 백성들이 지금 깨달으며 깨우쳐 가는 그 길에 이미 그들이 스스로 가고 있음을 너희들은 알아야 할 것이니라.

4,540 번째 하나님 말씀

2003년 1월 13일 02시 01분

1 사랑하는 나의 아들아!
2 "네, 아버님! 말씀하옵소서."
3 나를 의심하며 나를 의혹하며 나의 법전을 의심하며 나의 아들을 의심하는 자, 너희들은 좌절하며 너희들이 그 어렵고 힘든 길을 갈 수 없으며 그 역사를 이룰 수 없다 하였음이니라.
4 이제 너는 너의 제자들의 손에 쥐여 깨우쳐 주라.
5 그들이 나의 법전을 읽고 공부하며 깨우치며 나의 성령을 직접 들어 지금 변하는 그 길에 있으나, 그들의 마음속에 한 자리를 버리지 못하여 완벽하게 변하지 못함이니,
6 그들이 '내가 어찌하여 선택되었으며, 내가 어찌 이와 같은 영광의 길에 올 수 있으며, 창조주 여호와의 성령을 직접 받아 그 대명을 이루는 그곳에

일원으로 선출되며 선택되었을까?'
하는 그와 같은 불안한 마음과 그와
같은 의구심을 가져서는 아니 됨을 그
들에게 전해 주라.
7 너희들이 그 마음을 떨쳐 버리지 아니
하며 그 마음을 지워 버리지 아니하는
것은 나 여호와를 믿지 못하며 나에게
의구심을 가지고 있음이니라.
8 너희들은 나 여호와가 선택한 자요,
나 여호와가 필요로 하여 선택된 자
이기에 너희들이 최선을 다하여 나의
법전에 따라 살며 십계명대로 살아가
는, 그리고 변화되는 삶을 사는 백성
으로 가겠다 하여 앞만 보고 달려가며
전진하면 됨이니,
9 너희들이 나 여호와를 대신하여 사는
자들이요, 너희들이 죄를 하나 지을
때 사탄으로 변한다 하여 죄를 짓지
말라 하였음이니, 그와 같은 것을 지
키고 살아가는 데 너희 모두를 다 바
치고 최선을 다하면 너희들이 하늘에
오를 것이니,
10 이 많은 수십억의 인구 중에서 하늘에
오를 자가 몇 명이나 된다 생각하는가?
11 너희들 마음속에 있는 그 한 가지 의
구심을 버리도록 하라.
12 '내가 어찌하여 선지자를 만났으며,
내가 어찌하여 선지자와 더불어 가며,
내가 어찌하여 하나님께서 내리는 이
법전을 접하게 되었으며, 내가 강론을
들었으며, 만백성이 구원의 길을 모르
며 잘못 가는 그 수억 수십억의 종교
집단 중에서 내가 어찌하여 이 영광
을 얻게 되었는가?' 그를 의구심을 갖
지 말며 의심하지 말며 불안한 마음,
그 한 가지 마음을 가슴속에서 뽑아내
라 그리 전하라.
13 그리하면 너희 마음의 변함이 있을 것
이며, 너희들의 믿음의 자세가 육의
믿음이 아니요, 영적인 믿음으로써 바
로 설 수 있는 나로부터 축복을 받게
될 것이며 나로부터 영을 받게 될 것
이니 그리 전하라.

4,541 번째 하나님 말씀

2003년 1월 13일 08시 05분

1 사랑하는 나의 아들아!
2 **"네, 아버님! 말씀하옵소서."**
3 너희들이 정녕 나 여호와기 존재하며
이 지상의 모두를 나의 주관하에 존재
하도록 했으며 모두를 주관하여 가는
것을 의심하며 그를 믿지 못하겠거든,
그리고 너희들이 나에게 와 심판을 받
는다는 것이 의심이 가고 또 의혹이
가거든 너희들의 모습을 거울로 비춰
보라 하였음이니라.
4 너희들이 귀와 눈과 코와 입과 그 제
자리에 자리하고 있는 것, 너희들의
눈이 거꾸로 가 있으며 반대로 가 있
으며 이와 같은 형국으로 되었을 때
너희들은 과연 어찌 되겠는가?
5 그 모두를 정밀하게 이 세상에 너희들
이 아름답게 살아갈 수 있도록 너희들
의 형체를 만든 것을 과연 누가 만들
었겠는가?
6 그 하나를 생각해도 너희들의 가슴이
섬뜩하며 무서움을 느낄 것이며 나 여
호와가 존재함을 알게 될 것이니라.
7 이제 너희들은 알아야 할 것이니라.

8 너희들이 살아가면서 하늘이 있으며
땅이 있음이니, 곧 이는 무엇이더냐?
9 너희들이 지상에 보이는 이 땅에서 사
는 것은 너희들의 육의 삶의 생활이
요, 육이 생존하는 것이며,
10 너희들이 잡을 수도 없는 하늘의 그
세상은 나 여호와가 존재함이니, 너희
들이 영혼의 세상에 살아가는 그와 같
은 이치로써 구분하여 생각해도 그를
알 수 있을 것이니라.
11 이 지상이 존재하며 육이 존재하는 동
안은 너희들이 만질 수 있고 딛고 설
수 있는 이 땅에서 살아가는 것이요,
보이지 않는 영혼이라는 것은 너희들
이 잡을 수도 없는 하늘나라에 하늘의
그 역사가 있음을,
12 그러니 내가 존재하는 하늘에 너희들
이 말하는 천국의 나라요, 너희들이
육의 세상에 사는 이 지상과 엄연히
구분되어 있듯이 그 모두가 구분되어
있거늘, 그를 너희들이 모르고 산다
하면 아니 됨이니라.
13 그 이치를 깨우쳐 봐도 나 여호와가
존재하며 다음 세상의 삶이 있음을
너희들은 잊어서는 아니 될 것이니라.
14 하늘과 땅이 엄연히 구분되어 있듯이
너희들의 육의 삶과 영혼의 삶이 구분
되어 있어 너희들의 육의 삶이 끝난
다음에 너희들이 어찌 살았느냐 하는
것을 심판을 받는 것은 당연한 것이니,
15 하늘과 땅을 보면서 너희들이 나 여호
와가 존재하며 다음의 세상이 있으며
영혼의 세상이 있음을 깨우쳐 그리 가
도록 하라.
16 이를 너희들이 잊어서는 아니 될 것이
니 그리 행하도록 하라, 사랑하는 나
의 아들딸들아!
17 그를 보고도 너희들이 정녕 깨우치지
못한다면 이는 나 여호와로서 너희들
에게 더 이상 무엇을 손에 쥐여 주며
너희들이 바로 서기를 바랄 수 있겠는
가?
18 너희들의 마음에 달렸으며 너희들의
생각에 달렸음이니 그리하도록 하라.

4,542 번째 하나님 말씀

2003년 1월 13일 08시 16분

1 사랑하는 나의 아들아!
2 "네, 아버님! 말씀하옵소서."
3 너희들이 말하여 그리 전하느니라.
4 잘못된 종교 지도자는 너희들을 가르
치고 깨우칠 자격이 없다 말할 때, 너
희들은 너희 손으로 지은 그 성전에
가 기도하고 경배하는 것이 목사요,
종교 지도자를 보고 가는 것이 아니
요, 그 말씀을 듣고자 하여 간다 함이
니라.
5 그러나 이것이 얼마나 왜곡된 것이며,
너희들이 편의주의로써 사악한 종교
지도자들이 저희들이 바로 설 수 없으
며 바로 갈 수 없으며 행동으로써 바
로 보여 줄 수 없기 때문에 저희들이
구제받기 위해 하는 그 면죄부의 말임
을 알아야 할 것이니라.
6 내가 너희들에게 이제 그것이 그리해
서는 안 되며 그리해서 통할 수가 없
으며 그리할 자격이 없음을 말하나니,
그 뜻을 너희들은 알고 있지 않은가?
7 바로 무엇이더냐?

8 너희들이 구원하고자 기도하며 경배하는 나의 백성, 소위 신도라는 평범한 나의 백성 너희들이 하나의 일을 잘못하며 하나의 죄를 지으며 남에게 너희들이 사악한 생각을 하며 사악한 짓을 했을 때, 하나의 죄를 짓는 그 순간에 너희들은 사탄이 되는 것이며, 나 여호와의 자식이 아니라 내가 그리 말하였음이니라.

9 그러니 평범한 나의 백성도 나에게 죄를 짓는 행위를 단 한 번 하는 순간, 그 순간부터 너희들은 사탄이 되는 것이요, 사악한 자로 변하게 됨이니,

10 종교 지도자가 나쁜 짓이요, 잘못된 짓이요, 사악한 짓이요, 앞과 뒤를 구분할 수 없는 추한 짓을 하며 앞과 뒤가 선명한 행동을 하지 못한다면 그는 지도자요, 나로부터 선택된 백성이 아니라 곧 사탄이니라.

11 그러하기에 사탄으로 된 그자가 설교하고 가르치는 것은 나의 뜻이 아니요, 사탄의 뜻이 됨을 너희들은 알아야 할 것이니라.

12 내가 성서를 비유하여 너희들에게 뭐라 가르쳤는가?

13 성경이라는 것은 너희들이 어떤 마음을 가지고 읽느냐, 어떤 마음으로 보느냐에 따라서 그 모두가 적용하여 너희들이 활용할 수 있도록 되어 있는 것이 비유로 된 성서며 나의 법전이라 내가 그리 말하였느니라.

14 너희들이 도둑질하는 마음을 가지고 보면 도둑질하는 자가 되며 남에게 사기 치는 마음으로 보면 그것은 사기 치게 되어 있으며, 재물과 금화를 남으로부터 갈취하고자 하면 갈취할 수 있는 거기에 변명할 수 있도록 그와 같이 너희들이 비유로써 쓸 수 있는 것이 성경이라 그리하였느니라.

15 바로 그러한 것이 너희들이 지금 가고 있는 그 길이거늘, 너희들이 나쁜 짓, 용서할 수 없는 짓을 하고 한 점의 죄를 짓는 종교 지도자는 바로 그와 같은 형국이기에 너희들에게 가르칠 자격이 없으며 너희들에게 전할 자격이 없느니라.

16 죄를 짓고 있는 자가 사탄이요, 사악한 자로 변화되기 때문에 그는 너희들에게 가르칠 자격이 없다 내가 그리 말하였으니, 이와 같이 내기 나의 뜻을 성경에 기록하여 새로 내리는 나의 법전이요, 새로 내리는 성경에 기록하여 너희들에게 전하니,

17 이를 읽고도 너희들이 이를 보지 못하며 억지를 쓰며 변명을 하며 나의 법전이 잘못된 것이라며 이를 찢어 버리고 태우고 버리려 하는 자, 너희들은 너희 자신이 구원을 받지 못함이 아니요, 남까지 지옥 불로 이끌어 가는 그와 같은 행위이니,

18 이제 모든 종교 지도자들은 들어야 할 것이니라.

19 그리고 나의 피조물 만백성 너희들은 깨우치고 들어야 할 것이니라.

20 종교 지도자 너희들 스스로 한 점의 부끄러운 짓을 했다 하면 너희들이 단상에 서서 설교를 할 수 없으며 참진리인 나 여호와의 뜻을 너희들이 전할 수 없음을 알아야 할 것이니라.

21 너희들이 죄를 짓고 전하는 그 순간은

아무리 성경에 기록된 이야기요, 참진
리요, 아름다운 말을 하더라도 너희들
이 성경을 비유하여 나쁜 마음을 갖고
보면 나쁜 마음으로써 보이듯이, 너희
들이 전하는 순간에 그것이 악마요,
사탄의 말로 변하는 것이요, 나의 성
경이요, 나의 참진리의 뜻으로 전해지
는 것이 아니니라.
22 그러하기에 종교 지도자는 바로 서야
하며, 종교 지도자는 나쁜 마음을 가
져서도 안 되며, 죄를 지어서도 아니
됨이니라.
23 너희들 종교 지도자가 진리의 길을
가고 진실한 길을 가기 위하여 목숨을
내놓는 그보다도 더 고통스러운 그와
같은 길을 가는 것이 종교 지도자가
갈 길이며, 그와 같은 마음으로 바로
서는 자가 지도자이니라.
24 그러니 지도자 너희들부터 변하며 너
희들부터 각성하며 너희들부터 나의
법전을 읽고 깨우쳐야 할 것이니라.
25 그리고 오늘 내가 내리는 이 대목을
읽고 너희들이 깨우쳐야 할 것이니라.
26 신도 너희들도 들어야 할 것이니라.
27 잘못된 종교 지도자요, 죄를 짓고 사
악한 생각을 하고 이와 같은 마음을
가지고 가르치는 종교 지도자는 그가
아무리 좋은 말을 가르치고 아무리 뜻
있는 것을 너희들에게 전한다 하여도
그것은 사탄이요, 사악한 자의 귀로써
사악한 자의 입으로써 서로 듣고 전하
는 것이기 때문에, 너희 손으로 지은
성전을 나와 하늘을 볼 때 아무것도
배운 것이 없으며 깨달은 것이 없으며
느낌이 없음이니라.
28 종교 지도자는 하얀 마음과 같이 깨끗
해야 하며, 또 그곳에 와서 배우는 백
성 너희들도 한 번의 실수가 사탄이
요, 사악한 것으로 스스로 그 순간에
변함이니,
29 너희들이 스스로 변화되고 깨끗한 마
음으로 그 말을 듣고 깨우칠 때 나 여
호와의 뜻을 알며 하늘의 뜻을 알며
내가 너희들에게 전하는 나의 음성을
듣게 되는 것을 잊지 말라.
30 이제는 너희들이 감히 나에게 거역하
는 짓을 하지 말라.
31 종교 지도자를 보고 가는 것이 아니
요, 종교 지도자도 인간이기 때문에
실수할 수 있다 하는 그와 같은 무서
운 말로써 너희들이 모두를 치부하고
다스리고 위로하지 말라.
32 너희들 자신이 바로 서지 못하고 죄를
짓지 아니하고 살 수 없는 너희들의
추한 모습이기 때문에 너희들이 인간
인 그 종교 지도자도 용서하려 하며
그도 그렇게 아름다운 사랑으로 보려
는 그 마음을 갖느니라.
33 그러나 너희들은 들어야 할 것이니라.
34 너희들이 아름답고 깨끗하게 변해 가
는데 종교 지도자가 변하지 못하며 그
가 변화되지 못하며 계속 사탄이요,
사악한 짓이요, 거짓을 하며 너희들을
속이고 죄를 짓는 생활을 하고 있는
자, 그가 얼마나 잘못된 것이며 그 앞
에서 듣고 있는 것이 얼마나 너희들
이 억울한 것인가?
35 이를 거꾸로 뒤집어 너희들이 깊이 깨
우치고 생각해 보라.
36 그러니 너희들이 바로 섰을 때 종교

지도자가 바로 설 수 있음이니, 신도
라는 모든 백성 너희들이 바로 서지
못하며 제가 깨우치지 못하기에 너희
들의 종교 지도자가 그저 죄짓고 잘못
해도 그 말이 '옳소! 믿습니다. 옳습니
다.' 하며 따르고 가는 것이니,
37 너희들부터 변화되며 너희들이 하얀
마음을 갖고 천사처럼 마음이 변할
때 종교 지도자들이 잘못 가고 잘못
가르치는 것을 용서할 수 없는 그와
같은 마음과 용기가 너희 마음속에서
일어날 것이니 그리 알라.

4,543 번째 하나님 말씀

2003년 1월 14일 07시 20분

1 사랑하는 나의 아들아!
2 "네, 아버님! 말씀하옵소서."
3 내가 너희들에게 내린 그 십계명을 한
계명 한 계명 잘 가슴속에 깊이 새기
고 간직하여 너희들이 생활하면서 나
의 십계명에 거역되지 아니하는가, 순
종하는가 하는 것을 하나하나 점검하
면서 살아가도록 그리하여야 할 것이
니라.
4 내가 너희들에게 깨우쳐 주기를 죄를
왼손에 선을 오른손에 그리 하나하나
기록하여 올려놓고 금 저울에 한번 달
아 보라 하였느니라.
5 그리하여 너희들이 죄를 많이 지은 자
선이 올라갈 것이며 선을 많이 한 자
악이 올라간다 하였음이니 그리하여
너희들이 너희 자신을 직접 심판해 보
라 하였듯이,
6 너희들이 나의 십계명을 암송하고 또
외우는 것은 그것을 하나하나 너희들
의 머릿속에 암송하여 생활할 때마다
하나하나 거기에 거치는 것이 없으며
거기에 거역하는 것이 없으며 거기에
너희들이 그를 거역하는 사실이 있는
가 없는가를 점검하면서 살아가도록
그리해야만 하는 것이니라.
7 너희들이 아무리 죄와 선을 금 저울에
달아 본다 해도 너희들의 행함에 따라
서 무게가 올라가고 내려가는 것은 당
연한 것이니라.
8 그러니 너희들이 십계명에 적용되는
것을 하나하나 하지 아니하도록 그와
같이 너희들이 점검하고 다스려 나가
야만 너희들이 악의 무게가 가벼운 것
이니라.
9 그리하여 그 계명대로 너희들이 항상
생활하면서 그것에 거역하지 아니하
는가 생각해서 거역되는 건 너희들이
절대로 시행해서는 아니 됨이니, 그때
마다 너희들이 그를 거부하여 그를 다
스리는 그와 같은 마음의 자세로 가야
만 하는 것이니,
10 십계명을 암송하기 전에 너희들이 한
계명 한 계명을 머릿속에 집어넣어 그
계명이 어떤 것을 의미하며 어찌 너희
들을 가르치는 것이며 거기에 지키라
하는 것이 무엇인가 그것을 머릿속에
심도록 하라.
11 그리하여 생활 속에 너희들이 십계명
을 머릿속에 항상 써서 앞에 놓고 보
는 것처럼 그리 너희들의 머릿속에 그
것을 기록하여 가지고 다닌다면 너희
가 실수가 적을 것이니라.
12 너희들이 사는 방에 크게 십계명을 기

록하여 써 놓고 보듯이, 너희들 머릿
속에 십계명을 암송하고 또 암송해서
그것을 머릿속에 간직하고 다니라.
13 그리하여 너희들이 어떠한 행동을 할
때 과연 십계명에 거역되며 순종하지
못하는 행위를 하는가 안 하는가 너희
스스로 깨달을 수 있으며 볼 수 있도
록 그리해서 자신을 다스려 나가는 데
최선을 다하도록 너의 제자들을 그리
깨우쳐 주라, 사랑하는 나의 아들아!

4,544 번째 하나님 말씀

2003년 1월 14일 10시 24분

1 사랑하는 나의 아들아!
2 "네, 아버님! 말씀하옵소서."
3 너의 제자들에게 일러 깨우치라.
4 사람이 인간 세속에 살면서도 정도의
길을 가면 한 점의 부끄럼이 없으며
당당한 모습으로 살아갈 수 있음이니,
그 누가 뭐라 해도 그 자신이 부끄럽
고 고개 숙여 얼굴 붉히고 돌아서야
할 그와 같은 모습은 있을 수가 없지
아니하던가?
5 너희들이 나의 계명을 지키며 나 여호
와의 뜻에 사는 것이 얼마나 너희 스
스로 행복하며 영광인가를 너희들이
스스로 그를 아는 삶을 살아야 하는
것이니라.
6 너희들이 스스로 변화되며 너희들이
나의 뜻에 사는 것이 얼마나 기쁨이고
영광인가를 모르고 산다 하면 너희들
은 정녕 내가 원하는 나의 백성들로서
변할 수가 없음이니라.
7 너희들 스스로 변하는 속에서 행복을
얻으며, 너희들 스스로 변하는 속에서
기쁨을 얻으며, 그리하여 너희들이 인
간의 삶의 그 본질을 알게 되며 세상
에 너희들이 인간으로서 나로부터 명
을 받고 태어난 것이 영광이며 축복이
며 그보다 더 큰 은혜가 없다 생각하
는 삶을 살아야 할 것이니라.
8 너희들이 바르게 살고 곱게 살면 그
이상의 영광이요, 축복이 없으며, 인
간으로서 나로부터 태어난 그보다 더
큰 것이 없느니라.
9 그러나 너희들이 삶을 잘못 살며 추한
짓을 하며 남으로부터 부끄러운 삶을
살아가며, 그리고 그 스스로 저 자신
이 용서하며 제가 그를 너그러이 이해
하며 그와 같은 마음으로써 살아가며,
너희들이 계속 살아가면서 부딪치는
그 천 가지 만 가지 일 중에 너희들이
해서는 안 되는 일을 그저 눈감아 넘
기고 또 살아가며 말로써 나에게 회개
하고 기도하면 그것이 지워지는 것처
럼 생각하는 그 삶을 사는 것은, 너희
들은 영원히 나에게 오를 수 없음이니
라.
10 마음이 아프고 가슴이 저려 오는 그
고통이 있다 하더라도 너희들이 그를
하나하나 끊어 버리며 지워 버리며 찾
아 너희들에게서 떼어 버리는 그와 같
은 너희들의 아픔의 삶을 살지 아니하
고는 바로 설 수가 없는 것이니라.
11 너희들이 잠시도 나 여호와를 잊지 말
라 했으며 나 여호와가 항상 너희들
과 같이한다는 생각을 하고 살라 하였
음이니, 우선 너의 제자들에게 이르라.
12 나 여호와가 너희들과 같이 있다 생각

하고 그리 살라 이르라.
13 내가 사는 삶을 너희들이 대신 산다
하였어도 너희들이 그 버릇을 고치지
못하며 죄짓는 것을 부끄럽지 아니하
게 행함이니, 이제는 내가 너희들과
같이 행한다는 것을 잊지 말며 그를
항상 기억하고 살라 하라.
14 너희들이 불의한 생각을 하거든 나 여
호와가 있음을 알며, 그리고 너희들이
그를 쌓아 놓아 그 죄가 되었을 때 너
희들에게서 떨어지지 아니하며 따라
서 그 죄는 영원히 너희들과 같이 나
에게 와 심판을 받는다는 그와 같은
무서운 생각을 잠시도 머리에서 지우
지 말라.
15 그리고 잠시도 십계명의 그 계명의 내
용을 지우지 말라.
16 그리하면 너희들이 마음을 다스려 바
로 설 수 있음을 알라.

4,545 번째 하나님 말씀

2003년 1월 14일 10시 29분

1 사랑하는 나의 아들아!
2 "네, 아버님! 말씀하옵소서."
3 구약의 그 시대의 역사가 다 수포로
돌아갔으며 내가 이루고자 하는 그 뜻
을 이루지 못하였음이니,
4 구약의 시대에 내가 이루고자 하는 그
백성들이 순종하며 나의 뜻을 따르며
너희들이 계명대로 살았다면 지금은
너희들이 그리도 갈구하는 하늘에서
이루어진 것같이 이 땅에서 이루어졌
을 것이니라.
5 그리하여 너희들이 그리 이루지 못하
였기에 나의 아들을 직접 내려보내 그
와 같은 것을 세상에 이루고자 하였으
나, 하늘에서 이루어진 것같이 이 땅
에서 또한 이루어지지 못했음이니라.
6 나의 아들 예수가 그와 같은 역사를
이루고자 나의 뜻에 의하여 너희들을
구원하고자 했으나 그는 그 뜻을 이루
지 못하고, 그는 그 뜻을 이룰 수 없으
며, 그가 아무리 강론하고 가르쳐도
나의 피조물 만백성 너희들이 변화될
수 없다는 것을 그는 알고 있었음이니,
7 그가 죽음으로써 그 모두를 너희들을
깨우치며 너희들이 구원의 길이 무엇
이며 하늘에 오르는 길이 무엇인가 너
희들을 정녕 구원하고자 하였음이니
라.
8 그러나 그가 그 길을 가지 아니하면
아니 되는 그의 그 고통과 그 외로움
과 그 가슴 아픔을 너희들은 과연 얼
마나 생각해 보는가?
9 그가 죽음으로써 모두를 대행하여 가
지 아니하면 너희들이 변화될 수 없다
는 그와 같은 생각에서 그 길을 선택
하여 갔음이니 그가 얼마나 아프고 외
로운 그 길을 선택해서 갔는가?
10 그러나 지금 너희들의 삶은 과연 어떠
하던가?
11 나의 아들을 통하여 너희들에게 전하
고자 한 그 뜻을 너희들이 이루어 그
리 살아가고 있는가?
12 너희들은 지금 그리 살지 아니함이니
라.
13 전혀 나의 아들 예수가 너희들에게 깨
우치고자 했던 나의 계명대로 살아가
는 백성이 아니니라.

14 그리하여 그 아들딸 너희들이 지금 어
찌 살아가는가 그를 봐야 할 것이니라.
15 그 당시 예수를 따랐던, 가장 믿었으
며 가장 가까이 있던 제자들까지도
등을 돌리며 떠나간 것이 바로 너희
조상들이 한 행위이며 그들의 마음가
짐이 아니던가?
16 너희 조상들의 마음이 그와 같았느니
라.
17 너희들을 구원하고자 했던 예수의 피
맺힌 눈물의 고통과 시련의 그 마음을
생각해 보는 후손이 되어야 할 것이며,
18 지금의 너희들이 나의 아들 예수의
그 고통스러운 마음과, 지금 내 옆에
와 너희들에게 무엇을 깨우치고자 하
나 깨우치지 못하며 얻어진 것이 없
는, 그리하여 그 고통과 눈물로 너희
들을 구원하고자 하는 나의 아들 예
수의 마음을 너희들은 아는가?
19 그는 지금 세상에 내려가 다시 너희들
에게 강론하고 너희들을 깨우쳐 만백
성을 구하는 그 일을 할 수도 없으며
그 역사를 할 수 없으나,
20 그가 세상에 나와 뿌리고 전하여 가르
쳤던 그 뜻들을 너희들이 보고 구원
받기 바라는 나의 아들 예수의 그 아
픈 마음을 너희들은 한번 생각해 봐야
할 것이니, 오늘의 믿음을 너희들이
어찌 가야 하는지 알겠는가?
21 나의 아들 예수가 즐거운 마음으로써
나 여호와의 우편에 있다 너희들은 그
리 생각하는가?
22 그는 고통과 외로움 속에서 내 옆에
앉아 있으며 너희들을 바라보는 그 마
음이 오죽하겠는가 너희들은 생각해
보라.
23 나의 아들 예수는 내려가 너희들을 구
원하고자 했으며 나의 뜻을 전하였으
며 그는 죽음으로써 너희들을 구원하
고자 하였음이니, 그의 고통과 시련이
너희들이 상상할 수 없을 만큼이나,
24 그리하여 내 우편에 와 있는 나의 아
들 예수는 지금도 나 여호와가 손을
놓아 너희들을 재앙으로써 다스리며
너희들을 벌하며 너희들이 지옥으로
가는 그와 같은 무서운 재앙으로써 내
가 너희들을 다스릴까 봐 그는 말을
못 하고 지금 나 여호와의 노한 마음
을 달래고자 애를 쓰며, 내 마음을 풀
기 위하여 온갖 생각을 다 하고 있는
그의 마음을 아는가?
25 나 여호와의 노한 마음을 달래고 풀
수 있는 것은 만백성 너희들이 변하는
것이며 너희들이 바로 서는 길밖에 없
기에, 나의 아들 예수가 온갖 방법이
요, 생각을 다 하며 노력을 다하여 너
희들을 구원하고자 지금도 말 못 하는
고통 속에서 그와 같은 역사를 이루고
있음을 너희들은 알아야 할 것이니라.
26 너희들은 그와 같은 예수의 고통과 외
로움을 생각하며 십자가의 그 고통을
너희 스스로 짊어지며 그 고통 속에서
깨달아 깨달음이 무엇인가 진정한 그
의미를 알려는 것이 아니라, 너희들이
오늘 예수의 보혈로써 구원을 받았다
는 그 편안한 생각으로 너희들은 나는
새처럼 십자가를 타고 하늘에 오르고
자 하는 그와 같은 것이 지금의 믿음
이요, 너희들의 가는 심성의 자세이
니, 그를 바로잡지 아니한다면 결코

너희들은 구원을 받을 수 없음을 알라.

4,546 번째 하나님 말씀

2003년 1월 14일 10시 38분

1 사랑하는 나의 아들아!
2 나의 법전이 세상에 내려감이니 그는 나의 계명대로 지키고 살라는 뜻이요, 너희들이 세상사의 살아가는 육을 가지고 있는 그 형태는 너희들 부모에게 공경함을 다하라 하였으며, 그 속에서 믿음의 그 깨달음은 또한 나 여호와에게 기도하고 경배하는 마음이요, 내가 내린 계명대로 아름답게 살다 나에게 와 영원히 사는 내 품에 와 구원을 받으라는 것이 아니었던가?
3 너희들의 부모의 마음이 어떠하더냐?
4 추운 겨울날 매서운 바람이 불어올 때 너희들이 과연 춥지 아니할까 생각하는 것이 너희 부모요, 너희들 세속에 말하듯이 먹을 것이 있을 때 자식 먼저 먹이고 싶으며, 자신은 죽어도 자식은 살리고 싶어 하며, 자신은 입지 못해도 자식은 따뜻하게 입히고자 하는 것이 그 부모의 마음이며 너희들의 육에 가지고 있는 부모의 생각이라 하였음이니라.
5 너희들이 그와 같은 마음을 갖고 살아가면 되는 것이라 내가 나의 법전에 깨우치며 내가 너희들에게 가르치고자 하느니라.
6 너희들 부모가 너희들을 생각하듯이, 매서운 바람이 불어오는 추운 날 너희 부모가 과연 춥지 않을까 그를 생각하는 마음을 너희들에게 가지라는 것이며, 너희들 부모가 먹지 아니하고 자식을 먹이고 싶은 마음을 그리 가지라 하였음이니라.
7 지금 너희들은 너희들 자식을 또한 그렇게 기르지 아니하는가?
8 너희들이 너희 자식에게만 온갖 정성을 다 들이는 것을 보는 그 네 부모의 마음은 과연 어떠하겠는가?
9 너희 부모들은 그리 말하느니라.
10 '네가 제 자식을 그리 아끼고 소중히 다루듯이 나 또한 저를 그리 키우고 정성 들여 다 키우고 그리 사랑했건만, 어찌하여 제 자식을 사랑하는 그 마음은 알면서 내가 저를 사랑한 그 부모의 마음은 돌아다보지 못하는가?' 부모는 그를 생각하며,
11 이미 자식을 위해서 살아온 그 인생이 퇴진하였으며 머리가 백발이 되어 그가 힘이 없어 그전처럼 자식을 사랑하지 못함을 혼자 눈물지으며 살아가는 그 마음 아픔을 가지고 있는 그러한 부모를 두고 있으며 그런 부모의 마음을 갖도록 하는 그 자식은 나에게 와 기도할 자격이 없음을 알라.
12 너희들은 너희가 자식을 사랑하고 아끼는 것처럼 너희들 부모 또한 너희들을 그리 아끼고 소중하게 길러 왔으니, 그 부모가 정성 들여 그 모두를 길렀던 그 은혜를 알 수 있는 사람이요, 그 공을 바라볼 수 있는 백성이 되라 함이니라.
13 그 마음으로써 너희 부모를 공경하며 너희 부모를 가까이할 때 너희는 곧 천사요, 하늘에 오를 수 있는 길이요, 내 품에 올 수 있는 백성이라 함이니

라.
14 그리하여 너희들의 육이 살아 있을
때 부모에게 그 섬김을 다하며, 너희
들이 또한 살아가는 것이 나에게 경배
하며 나에게 기도하며 너희 영혼을
구원받아 나에게 원 자세로 돌아오고
자 한다면 내가 내린 계명을 지키며
하늘의 뜻을 따라 너희들이 사는 것이
라 내가 하였으니,
15 너희들은 육의 부모를 섬기기를 다하
며, 나로부터 기도하며 경배하기를 다
하며 나의 계명대로 살아가는 것을 다
할 때, 너희들은 육으로부터 효자요,
천사가 되는 것이며,
16 나 여호와에게 경배하고 또 계명에 따
라 살아가는 것이 너희들이 하늘에 오
를 수 있는 그 날개를 내가 너희들에
게 달아 줌이니라.
17 이제 내가 내린 나의 법전을 너희들이
읽고 깨우쳐 정녕 하늘에 오르는 그
길을 보도록 하라.
18 나의 법전에서 너희들에게 가르치는
것이 부모에게 효성을 다하며, 너희들
이 기르는 자식이 소중하며 너희들이
그 자식에게 정성을 쏟듯이 네 부모가
너를 그리 길러 키워 줬다는 것을 너
희들이 알라 함이니라.
19 그리하여 그 공을 너희들이 마음으로
생각하며 너희 가슴에 깊이 생각할
때, 너희들이 어떠한 마음으로 세상을
살아가겠는가?
20 그와 같은 부모에게 향하는 마음이 그
사랑함을 알게 될 때, 나 여호와가 너
희들에게 생명을 주어 내려보냈으며
너희들에게 육을 주어 세상에 살아갈
수 있도록 은혜를 내려 준 은혜와 거
기에 너희들이 감사함을 알 것이니라.
21 부모가 너희를 길러 준 그 정성이요,
고마움의 그 사랑을 모르며 그 정성을
모르면 너희들에게 살아갈 수 있도록
생명을 부여해 준 나 여호와에게도 너
희들이 감사함과 고마움이요, 그 은혜
와 축복이라는 것을 알 수 없으니,
22 먼저 육의 세상에서 너희들이 부모를
공경하라.
23 그리하여 내가 계명에 기록하였으니,
부모를 공경하는 그 마음속에서 나
여호와를 공경하며 나 여호와를 따르
며 내 뜻에서 살아갈 수 있는 너희들
의 마음의 변함이 이루어지는 것이니
라.
24 그를 행하지 아니하고는 너희들이 절
대로 그 구원의 길이요, 나 여호와의
뜻에 경배하는 백성으로 변화될 수
없느니라.
25 너희들의 손으로 지은 그 성전에 나가
너희들이 십일조, 각종 헌금을 다 바
치며 종교 지도자에게 아양을 떨며
그 비위를 맞추고자 하는 것을, 너희
들을 길러 주고 은혜를 내린 부모에게
가서 그와 같이 어린아이의 마음으로
써 부모를 공경하고 따르는 것부터 먼
저 하라.
26 그 속에는 참진리요, 참사랑이요, 나
여호와를 알게 되며 나 여호와를 경배
하는 마음을 너희들이 이루게 되나,
27 너희 손으로 지은 성전에 가서 너희
들이 돈이요, 재물을 바치고 헌금을
바치며 광란의 짓을 하며 기도를 하
는 것은 나 여호와의 사랑의 근본을

아는 것이 아니요,
28 물건을 주고 너희들은 무엇을 살 수 있다는 생각이요, 물건을 갖다 바치고 돈으로써 모두를 살 수 있다고 생각하여 너희들은 나로부터 하늘에 오르는 그 표를 사고자 하니,
29 너희들의 추하고 더러운 그 모습이 역겨워 내가 바라볼 수도 없음이니,
30 너희들의 손으로 지은 성전에 가 재물을 바치고 너희 종교 지도자에게 갖은 아양과 아부를 하는 짓은 너희들이 구원을 받고자 하는 계산적인 추한 모습이니라.
31 그와 같은 곳에서는 너희들이 사악한 마음만 나오는 것이며 악독한 마음만 나오며 마귀로 변하게 됨이니,
32 그와 같은 마음을 네 부모를 먼저 공경하는 마음으로 변할 때는 나를 공경하는 마음이 생기며 나 여호와에게 감사하며, 그것이 곧 하늘에 오르는 근본이요, 기본이며 기초임을 너희들은 알라.
33 이제는 너희들이 얼마나 어리석고 잘못되었는지를 알지 않겠는가?
34 너희들의 손으로 지은 성전에 가서 무엇을 얻고 구원하고자 바치고 기도하고 경배하며 그 시간을 바치는 것을 너희들 부모에게 먼저 그리하는 자만이 내가 너희들의 이름을 낙원의 동산에 기억해 놓는다는 이 무섭고 엄연한 사실을 알라.
35 그렇지 못한 자, 너희들이 천날 만날 너희 성전에 가 기도해도 그것을 얻을 수 없음이니라.
36 너희들의 손으로 만든 성전에 주일이라 하여 하루를 빠지면 너희들이 벌을 받고 재앙을 받아 나한테 오지 못하는 것같이 하며, 너희들의 부모 형제를 위해서 단 하루도 며칠도 시간을 내지 못하는 너희들의 그 사악한 삶을 반대로 살라.
37 너희 부모에게 그 모두를 다 바치며, 너희 손으로 지은 성전에 가 종교 지도자의 가르치는 말은 1년에 그저 몇 번 듣는 것으로써 그와 같이 생활 방식을 바꿈으로써 그곳에 너희들에게 축복이 있고 영광이 있으며, 하늘에 오르는 길이요, 내가 너희들을 기억함을 잊지 말라.

4,547 번째 하나님 말씀

2003년 1월 14일 12시 09분

1 사랑하는 나의 아들아!
2 "네, 아버님! 말씀하옵소서."
3 이제 너희들은 세상의 모든 악과 사탄들은 너희들을 존재하게 하려고 그들이 있다 생각하는 마음을 가져야 할 것이니라.
4 나의 법전을 읽었으며 나의 아들을 통하여 강론을 들은 너희들은 지금 나 여호와의 뜻이 무엇이며 너희들이 행하여야 할 길이 무엇이며 하늘에 오르는 길이 무엇인가 깨닫고 있음이니,
5 너희들만큼 깨닫지 못한 그 백성들은 사탄의 유혹이요, 사탄이 이끄는 곳에 그들이 넘어져 다 쓰러짐이니라.
6 그러나 너희들은 거기에 쓰러지지 아니하는 자들이며 너희들은 바로 갈 수 있는, 나로부터 선택된 백성들이니라.

7 그리하여 사탄과 사악한 자들이 이제
는 너희들에게 필요해서 존재하는 것
임을 알아야 할 것이니라.
8 나의 어리고 약한 백성들은 감히 사탄
의 유혹을 뿌리치지 못하나 너희들은
그 유혹을 뿌리칠 수 있음이니,
9 사탄이 무엇이며 사악한 것이 무엇이
며 잘못한 것이 무엇인가 볼 수 있으
며 그들과 싸워서 이길 수 있는 것이
너희들이니라.
10 그들을 물리치는 그와 같은 능력과 힘
을 너희들이 보여 줌으로 인해서 사탄
의 유혹에 넘어지는 그 백성들을 너희
들이 이끌어 오며 구원할 수 있다는
것을 알아야 할 것이니라.
11 너희들이 크면 클수록 큰 사탄과 싸워
서 이기며 그들을 무너뜨릴 수 있는
능력을 가지고 있는 것이 너희들이니,
12 나의 어리석고 순박한 백성들이 너희
들이 그 싸우는 용기와 너희들이 참고
인내하고 견디는 그를 보고, 사탄을
물리치는 것을 보고 그들도 사탄의 유
혹에 넘어지지 않는 그와 같은 삶을
살아갈 것이니라.
13 내가 너희들에게 말하지 아니하였더
냐?
14 순간에 마음 하나 잘못 먹는 것이 사
탄이요, 악마로 변한다 하였음이니,
15 세상사 살아가면서 나약하고 불쌍한
너희들의 형제요, 나의 법전을 읽지
못했으며 나의 아들로부터 강론을 내
리는 것을 직접 듣지 못한 그들은, 사
탄과 싸울 수 있는 능력과 힘은 내가
주었으나, 그들이 정녕 싸워서 유혹에
견딜 수 있는 그와 같은 능력이 없음
이니라.
16 그리하여 그들이 지금 넘어지고 있음
이니라.
17 너희들만을 위해서 이제는 사탄이 존
재하며 사탄이 필요한 것이니라.
18 그 사탄들을 이길 수 있는 능력이요,
사탄을 다스릴 수 있는 힘이 있는 것
이 너희들이기 때문에, 그리하여 그
사탄이 이제는 너희들 때문에 존재함
을 알라.
19 어떠한 사탄과도 너희들이 싸워서, 악
마와 마귀와 싸워서 이기는 그와 같은
역사를 보일 때 지금의 사탄의 유혹에
넘어가는 그 백성들을 구할 수 있는
것이니라.
20 그리하여 너희들이 큰 사탄들과 싸워
서 이기는 그를 보고 그들이 깨우쳐
하늘에 오르며 그것이 바로 구원을 받
는 것이니라.
21 악이 존재하며 사탄이 필요하여 지금
존재하는 것은 너희들 때문에 사탄이
존재함이니라.
22 너희들이 그들과 싸워서 이길 수 있는
오늘에 오는 너희들의 그 노고를 나
여호와가 기쁘게 생각하며, 나 여호와
의 마음이 기쁘기 한량없느니라.
23 이제는 어떤 사탄이나 유혹과도 너희
들이 싸워서 이길 수 있는 그 경지에
올랐으니, 나 여호와가 오늘의 기쁨을
이루 말할 수 없으며, 모세의 시대요,
예수의 시대요, 그 시대에 이루고자
하던 것을 지금에 와 내가 이룸이니
나 여호와의 기쁨이 이루 말할 수 없
음이니라.
24 내가 너희들을 사랑함이니라.

25 오늘 너희들은 반드시 그 사탄과 싸워
서 이길 수 있는 자들이니, 여기서 마
음 한번 너희들이 굳건히 먹고 바로
일어서며, 나의 계명을 항상 머릿속에
기억하고 살며,
26 너희들은 어떤 사탄과도 싸워서 이길
수 있는 자들이며, 사탄과 싸워서 너
희들이 이김으로 인하여 나약하고 불
쌍한 많은 백성들이 사탄의 유혹에
넘어가지 아니하고 하늘에 오를 수 있
는 길이며 사탄과 싸워서 이기는 능력
을 그들이 갖게 됨이니,
27 그게 바로 너희들이 구원의 길이요,
만백성을 구하는 지도자로서 서는 길
임을 명심해서 너희 것으로 만들도록
그리하라.

4,548 번째 하나님 말씀

2003년 1월 14일 23시 19분

1 사랑하는 나의 아들아!
2 "네, 아버님! 말씀하옵소서."
3 나의 법전이 세상에 내려가며 이를
뒷받침하기 위하여 내가 많은 나의
백성들로부터 나의 뜻을 전하여 그들
이 기록하여 전함이 있음이니라.
4 그러나 그들이 너처럼 책으로 만들며
글로써 한두 권의 책을 전하나, 거기
에는 내가 가르쳐 주며 내가 꿈으로
보여 주며 내가 형상으로 보여 준 내
용들과 그들의 생각이 같이 포함되어
서 모든 것이 그리 나오니,
5 그는 말하자면 진정한 보석이 아니요,
보석에 티가 있는 것처럼 그와 같이
한두 권이요, 또 몇 권의 책이 세상에
나올 수 있음이니라.
6 그들이 너희들을 입증해 주어야 하는
것이니라.
7 지금 나로부터 깨우침을 받으며 나로
부터 무엇인가를 새로운 성경이 온다
는 것을 알고 있는 백성들이 많이 있
음이니, 그들은 과연 어느 누가 저희
몸을 바쳐 일해야 할 자이며, 저희들
이 알고 있는 나 여호와로부터 선택된
진정한 지도자며 나로부터 선택된 목
자이며 나의 아들인가 하는 것을, 그
들은 인간의 생각이기 때문에 알 수가
없으며 그들이 평가할 수 없음이니라.
8 그리하여 나의 법전이 세상에 나가 세
상을 덮기 전까지 그들은 모두가 저희
들처럼 한두 권을 받아서 깨우친 자
요, 저희들과 같이 나 여호와로부터
어떠한 명을 받아 그들이 짧으나마 몇
시간이요, 며칠 동안에 나의 음성을
들으며 나로부터 메시지를 받은 그와
같은 사람으로 생각하고 그들이 감히
두려워 움직이지를 못하고 있음이니
라.
9 만에 하나 나로부터 받아 깨우치며 행
할 것을 알고 있는 자들이 섣불리 저
희들의 몸과 마음을 다 바쳐 그를 위
해 일하다 그것이 사탄이요, 잘못된
자여서 나에게 거역할 때 얼마나 그
죄가 무서운가를 알기에 아직은 그들
이 나서지 아니함이니라.
10 그리하여 그들이 나설 수 있도록 직접
깨우쳐 준 자가 있는가 하면, 그들이
책 한두 권으로써 저희들의 생각을 포
함하여 내가 내린 형상이요, 형상으로
보여 주고 꿈으로 보여 준 그 모두를

기록하여 지금 전하는 자들이 있느니
라.
11 그들 또한 새로운 성경이요, 새로운
이 세상을 이끄는 지도자가 올 것이라
는 것을 알고 있느니라.
12 그리고 새로운 나 여호와로부터 명을
받아 올 사람을 알고 있으나, 나의 법
전이 저희들이 기다리고 기다린 나의
성령이요, 보혜사라는 것을 아직 그들
이 믿지를 못하며 아직 그들이 확신을
못 하기에, 그들이 좀 더 기다리고 세
월의 흐름을 보고 있는 것을 알아야
할 것이니라.
13 그리고 많은 백성들이 법전을 전한다
해도, 그들 또한 몸을 바쳐 이곳에 와
서 일해야 하며 이 법전을 위해서 모
두를 다 바쳐야 할 자들이 나름대로
듣고 깨우침이 있으나, 정녕 나 여호
와로부터 내린 마지막 새로운 성경인
지 아닌지 이것을 아직 그들이 인간
이기 때문에 구분하지 못하며 분별하
지 못하기에 이를 지켜보고 기다리고
있음이니라.
14 이는 곧 무엇이던가?
15 그들이 네가 가는 그 길을 저희들은
갈 수 없다는 것을 느끼고 인정할 때,
이는 진정한 나의 아들이요, 나로부터
선택된 목자요, 만백성을 구하는, 저
희들이 기다리고 있는 나의 아들임을
그들이 그때 가서 알게 됨이니, 아직
세월과 때가 되지 아니하였음이니라.
16 네가 바로 서지 못하며 네가 바로 행
하지 못하여 그 아픈 마음을 가져 네
가 끼니를 거르며 금식으로써 그 죄
를 사하려 하며, 네가 제대로 다스리
지 못하는 그것을 끼니를 거르며 금
식을 함으로 바로 서겠다는 그와 같은
생각을 하고 네가 금식을 하려 하나
그리하지 말라, 아들아!
17 지금 네 몸과 네 마음이 많이 지쳐 있
음이니, 네가 지금 그와 같은 금식을
함으로 인해서 네가 죄를 의식하며 네
가 잘못한 것을 나에게 용서를 빌며
그로 하여금 네가 바로 서고자 하는
그와 같은 마음을 갖고자 하나,
18 아직은 그럴 때가 아니며, 그와 같이
해서 네가 더 나을 것도 없으며 더 깨
달을 것도 없음이니, 그와 같은 생각
을 저버리도록 그리하라.
19 평상시 네가 가던 그대로 그 생활을
그리 유지해도 네가 다른 사람들보다
지금 지탱하고 지키기가 어렵고 힘듦
이니라.
20 그러니 금식에 들어가는 그와 같은 행
위를 네가 하지 말며 그와 같은 역사
를 하지 않도록 그리하라.

4,549 번째 하나님 말씀

2003년 1월 14일 23시 26분

1 사랑하는 나의 아들아!
2 "네, 아버님! 말씀하옵소서."
3 인간 너희들은 누구나 다 자유로이 삶
을 살도록 그리되어 있으며, 내가 너
희들에게 그와 같이 살아갈 수 있도록
하였음이니라.
4 누구나 똑같이 자유를 느끼며 자유로
움 속에서 너희들이 즐거운 인생을 살
아갈 수 있도록 내가 그리 명하여 주
었음이니,

5 믿음의 길을 가는 것, 나를 경배하는
것, 그 모두 또한 너희들이 자유로이
할 수 있는 것이며 너희들의 뜻에 의
하여 행하는 것임이니라.
6 그러니 너희들은 어떠한 종파를 믿든,
또 남이 너희들과 다르다는 그 종교
의 종파의 길을 간다 하여 그들을 멸
시하며 그들을 시시비비하는 그와 같
은 행위를 하지 말지니라.
7 그들도 다 나의 뜻이며 또한 내가 그
들을 역사하며 들어 쓸 수 있음이니,
너희들은 시시비비하는 그와 같은 일
을 하지 말라.
8 너희들이 잘못되고 잘못 가는 그것들
을 다 나의 법전을 읽고 깨우쳐 그들
을 바로잡고자 함이니, 너희들은 남을
평가하지 말며 시시비비하는 일은 하
지 말도록 그리 가야 할 것이니라.
9 절대로 내 것이 아니면 안 된다는 지
금과 같이 폐쇄된 그 믿음으로 인하여
지금 세상이 이와 같이 혼탁해졌으며
사악한 자들이 지배하고 있는 형국이
니, 제 것만이 최고라는 그 생각에서
깨어나는 그와 같은 믿음으로 갈 수
있도록 깨우쳐야 할 것이니라.
10 너희들이 어떠한 너희와 다른 종파라
하여 그들이 나의 뜻에 따라서 행하고
행하지 않는 것은 너희들이 모름이니
라.
11 그들이 나의 복음을 전하고 있다면 너
희들은 어찌할 것인가?
12 정작 그들은 내가 전하고자 하는 그
뜻을 행하고 있는 자들이 수없이 있음
을 알라.
13 한 번의 죄를 짓는 것이 내가 무어라
말하였느냐?
14 한 번, 순간에 죄를 짓는 것이 너희들
이 사탄이 되는 것이니, 너희들이 매
사에 그와 같은 마음으로 살라 내가
하였음이니라.
15 다른 종교요, 다른 집단이요, 저희들
이 무당 짓을 하며 굿을 하며 어떠한
짓을 하는 그자들은 순간에 죄를 지어
사탄이 되는 것이 아니요, 그들이 죄
를 짓는 생각과 죄를 짓는 생활을 오
랫동안 길게 하고 있다 너희들이 생각
하면 될 것이며 그리 봐 주도록 그리
하라.
16 그리 생각하면 너희들이 그들을 사탄
이요, 이단이라 시시비비할 것이 없으
며 그들과 너희들이 언성을 높일 것도
없으며 너희들이 경원시하고 박대할
필요도 없느니라.
17 그것을 모르는 지금 믿음의 길을 가
고 있는 종교 집단이 저희들 것만이
구원을 받는다 하여 나와는 관계없는
그 길을 달려가면서 저 자신이 어디에
서 있는지도 모르면서 하고 있는 자들
이니,
18 그들처럼 너희들이 무조건 너희들과
뜻이 다르다 하여 면대하여 박대하며
인간 이하로 대접하는 그와 같은 행
위를 해서는 아니 됨을 너희들은 알아
야 할 것이니라.
19 잘못 가고 잘못 믿는 그 종파들은 오
랫동안 사탄의 길이요, 잘못 생각을
가지고 있음이니, 다만 그것이 죄를
짓는 것이 긴 시간을 그들이 가고 있
음이라 그리 생각하고 기다리는 그와
같은 마음을 갖도록 하며,

20 너희들이 그들을 구원하고자 하면 조
용히 나의 법전을 그들의 가슴에 전해
주는 그와 같은 역사를 행하도록 하라.
21 지금의 잘못된 종파처럼 적대시하며
정적으로 전쟁터에 마주 보고 있는 적
과 같은 감정으로써 인간을 대하고 경
원시한다는 것은 너희들이 하나가 될
수 없음을 알아야 할 것이니라.
22 너희들이 종파가 다르다 하여 그들을
적대시하면 어찌 그들을 깨우치고 변
화시킬 수 있단 말이던가?
23 지금의 종파처럼 저희들과 같이 가지
아니하는 자를 인간 이하로 생각하며
사람으로 생각하지 아니하며, 영원히
겸상할 수 없으며 같이 가지 아니하는
그와 같은 마음을 너희들이 가지고 있
으면서 어찌 만백성을 깨우치며 그들
을 하늘에 오르는 길로 인도한다 하는
가?
24 너희들은 사람을 골라서 복음을 전하
며, 골라서 하늘에 오르는 그 길이라
하여 너희 성전으로 인도한단 말이던
가?
25 그와 같이 너희들이 잘못됨을 스스로
반성하고 깨우침을 가져야 할 것이니
그리 알라.
26 지금의 종교 집단으로써 그 속에 속해
있는 백성들은 변화할 수가 없으며,
그들은 전도하며 복음을 전하여 깨우
칠 그와 같은 자격이 없음이니라.
27 스스로 폐쇄되어 있는 그들의 가슴이
요, 문을 열지 아니하는 한 그들은 정
녕 나의 피조물 만백성을 구하는 길로
인도하는 것이 아니요, 저희들의 필요
에 의해 그들을 쓰기 위하여 그와 같
은 행위를 하고 있음을 알아야 할 것
이니라.
28 저희들이 금화와 은화를 바쳐 그 성전
을 운영하기 힘이 들며 그가 벅차며
그를 운영하기 힘들기에, 그들을 이용
하여 저희들의 짐을 덜려는 그와 같
은 수법을 쓰고 있는 것이라 내가 그
리 보고 있음이니,
29 너희들은 아니라 말하나 나 여호와가
보는 것은 그와 같은 형국이니라.
30 이제는 조용히 나의 법전을 전하는 것
으로써 너희들은 최선을 다하여야 할
것이며, 나의 백성 모두는 자유로움
속에 살 수 있도록 되어 있음이니, 너
희들이 어떤 종파를 가든 어떤 믿음을
갖든 그것으로써 시시비비하지 말라.
31 너희들이 순간적으로 잘못하는 것이
사탄이요, 악마가 된다 하였듯이, 그
들은 좀 더 긴 시간을 가지고 악마의
생각이요, 사탄의 행위를 하고 있음이
니, 그 또한 나의 아들딸이요, 너희들
의 형제라는 것을 잊지 말라.
32 그들도 변화시킬 수 있으며, 내가 쓰
고자 하면 변하여 그들을 쓸 것이니,
그들을 너희들은 다 가슴으로 안는 그
와 같은 마음의 자세로 살아가도록 그
리해야만 그들을 깨우치는 지도자요,
그들이 너희를 보고 변하는 역사가 이
루어질 것이니라.
33 폐쇄된 마음으로써 사람을 구분하여
복음을 전하며 너희들이 그와 같은 마
음의 계산으로써 생각하는 자는 복음
의 역사를 이룰 수도 없으며,
34 복음의 의미도 모르는 자들이 지금 저
자신이 어디 있는 줄 모르면서, 제가

물속에 빠져 있으면서 남을 구한다는 것이 그 사람을 물속으로 끌어들이는 그와 같은 형국에 처해 있음을 알라 전하라.

4,550 번째 하나님 말씀

2003년 1월 14일 23시 30분

1 사랑하는 나의 아들아!
2 "네, 아버님! 말씀하옵소서."
3 너희들이 세상에 나올 때는 누구나 다
사랑을 하며 사랑을 나누며 살아갈 수
있도록 그와 같은 인성을 선천적으로
가지고 나로부터 세상에 나갔음이니
라.
4 그리하여 너희들의 원천적인 그 가슴
은 사랑을 베풀며 사랑을 나누는 마음
으로써 살아가도록 너희들이 나로부
터 세상에 나간 백성임을 알아야 할
것이니라.
5 그와 같은 나로부터 선천적으로 받아
나간 너희들의 그 마음이 욕심이라는
그 눈에 가린 것 때문에 너희들이 그
마음의 사랑을 열지 못하고 있음이니,
이제는 너희들이 가슴속에 있는 그 사
랑을 베풀며 그 사랑을 꺼낼 때가 되
었음을 알라.
6 나의 법전을 읽고 깨우치며 나의 아들
로부터 강론을 들은 나의 사랑하는 백
성 너희들은 가슴속에 너희들의 욕심
이요, 사악한 마음으로 해서 지금 눌
려 있는 그 사랑을 꺼내어 너희들의
가슴을 펼쳐 보여야 할 것이며, 그 펼
친 가슴으로써 사랑을 행하는 것을 너
희들이 몸소 보일 때가 되었음을 너희
들은 알아야 할 것이니라.
7 너희들이 살면서 자신도 모르게 악을
사랑하게 되어 있으며, 사랑이 억압을
받고 있음을 알아야 할 것이니라.
8 악으로부터 너희들의 가슴이 짓눌려
져 있으니 선한 사랑의 그 근본의 마
음이 너희들의 가슴을 열고 세상에 나
와 행하지 못하도록 억압을 받고 있으
며 눌림을 받고 있음을 알아야 할 것
이니라.
9 너희들이 사랑하고자 하나 그 눌려 있
는 마음 때문에 행하지를 못하고 있는
그와 같은 형국이니, 너희들이 나의
법전을 읽고 나의 아들로부터 강론을
들어 깨닫는 그 순간에 너희들은 그
가슴의 문을 열어야 할 것이며,
10 너희들 가슴속에 억압받고 눌려 있는
그 사랑하는 마음을 너희들이 활짝 문
을 열고 꺼내어 만백성을 위하여 살아
가는 그와 같은 사람이 되어야 할 것
이니라.
11 그리고 너희들이 이루어지는 그 마음
속에 있는 사랑을 있는 그대로 최대로
활용하여, 너희들에게 잠복되어 있는
그 사랑을 만백성에게 보일 때, 나의
피조물 만백성이 그 속에서 진정한 사
랑이요, 아름다움을 느낄 것이며,
12 너희들이 행하는 그 모든 행동을 하
늘의 빛으로 보게 될 것이며, 빛과 같
이 너희들을 아름답게 볼 것이며, 그
리하여 그 빛을 따라 그들이 너희들을
따름이니, 그게 곧 하늘에 오르는 그
빛을 보게 되는 영광을 그들이 얻게
됨이니라.
13 너희들의 가슴의 문을 활짝 열어, 지

금까지 사악한 마음이요, 욕심이요, 인간 세속의 편하고자 하는 그 마음에 의하여 눌리고 눌려 있는 억압받고 있는 그 사랑하는 내가 내린 인성의 마음, 본 마음을 너희들이 꺼내도록 그리하라, 사랑하는 나의 아들과 딸들아!
14 이제는 너희들이 그리할 때가 되었으며 그리 행할 때가 되었음이니라.
15 너희들이 항상 어린아이들이 아니며, 항상 너희들이 깨우침을 받는 자들이 아니요,
16 이제 나의 법전을 너희들이 정독하였으며 나의 아들로부터 나의 성령이요, 나의 뜻을 직접 강론을 들은 너희들이 이제는 그 모두를 다 뛰어넘어, 남들이 갈 수 없는 길, 남들이 행할 수 없는 그 역사를 이룸으로써 그들이 너희들에게서 비치는 빛을 보게 될 것이며,
17 너희들에게서 비치는 빛을 볼 때 그 빛이 바로 하늘에 오르는 길이요, 그리하여 그들이 그를 따라 너희들을 따라오는 것이 바로 나의 빛을 따라 그들이 구원을 받는 역사임을 알라.

4,551 번째 하나님 말씀

2003년 1월 14일 23시 40분

1 사랑하는 나의 아들아!
2 "네, 아버님! 말씀하옵소서."
3 내가 너희들에게 전하기를, 너희들은 원래 본성이 사랑하는 마음을 갖고 세상에 나왔다 하였음이니, 너희들은 그 본성의 사랑하는 마음을 찾아야 할 것이며 그를 찾도록 그리해야 할 것이니라.
4 그를 찾는 데 너희들이 잠시도 게을리 해서도 안 되며 태만해서도 안 되며, 그를 찾는 데 어렵고 힘들다 하여 좌절하고 중단해서도 아니 됨이니라.
5 너희들이 나로부터 그 사랑하는 인성의 본 마음을 가지고 세상에 나가 살아가는 속에 지금의 세월이 흘러왔음이니, 그를 다 씻어 내고 닦아 내고 또 세척을 하여 그와 같이 사랑하는 그 본 마음을 찾는 데 얼마나 힘들고 어려운 길을 가야 하는가?
6 너희들이 그러나 그렇다 하여 게을리 해서도 안 되며 그 마음을 지키는 데 고통의 마음을 가져도 아니 됨이니라.
7 지금 나의 아들이 그 죄의 마음을 씻지 못하며 그를 지키지 못하며 그 때를 벗지 못하기에 그가 굶음으로써 그를 인식하며 굶음으로써 고통을 알아 그 죄에 대한 것을 다시는 반복하지 아니하려는 마음을 가지고 있음이니, 그 마음이 오죽 답답하고 오죽 괴로우면 그와 같은 마음을 갖겠는가?
8 과연 너의 제자들은 그와 같은 마음을 가지고 있는 자 얼마나 되는가?
9 너희들이 고통스러우며 죄를 다스리고자 하나 다스리지 못하며, 죄의 그 마음을 씻어 내고자 하나 씻어 내지 못하는 그 마음이 괴로워 음식을 전폐하면서 그 고통의 길을 가고자 하는 너의 제자들이 과연 얼마나 있는가?
10 그와 같이 고통과 시련의 마음을 가져서라도 마음을 바로 다스리고자 하는 것이 나의 아들이 가고자 하는 것이며

나의 아들이 지금 행하고자 하는 그
마음이니, 과연 너의 제자들의 마음이
지금 그와 같이 가 있는가?
11 너희들이 잘못 살아오며 하루에 살아
가며 죄를 짓는 것을 너희들이 그를
짓지 아니하려고 어떤 각오와 어떤 마
음으로 다스리고 있는가 너희들 자신
을 들여다봐야 할 것이니라.
12 너희들 가슴속의 사랑하는 그 마음을
찾는 데 게을리해서는 절대로 안 되는
것이니라.
13 너희는 그를 지키지 아니한다면, 인간
으로서 대우를 받기 전에 내가 내려
준 본연의 아름다운 사랑하는 마음을
씻고 또 씻고, 고통과 고통 속에서 그
를 찾아내어 만백성에게 그 빛을 보여
주는 그와 같은 역사를 이루지 아니한
다면 말 못 하며 살아가는 짐승들과
무엇이 다르겠는가?
14 그저 주는 것으로써, 또 배부르면 모
두 잠을 자며 생각하지 않으며 관리하
지 못하며 지킬 줄 모르는 그와 같은
단순한 짐승들과 너희들이 무엇이 다
르겠느냐?
15 너희들의 마음을 사로잡는 악을 너희
들은 지금 사랑하고 있음이니라.
16 너희들을 하늘로 오르는 그 길로 인
도할 수 있는 내가 내린 사랑의 본성
의 마음, 선을 기초로 하는 그 마음을
너희들이 사랑하는 것이 아니요, 지금
의 인간 세속에서 살아가면서 너희들
이 생활하면서 너희들 자신도 모르게
악을 사랑하게 되며 악에 너희 마음이
가 있음이니, 이를 과연 어찌하여야겠
는가?
17 나의 성경이 너희들의 가슴에 들어가
지 못하도록 지금 그와 같이 옹벽을
쳐 놓은 것이 너희들이니라.
18 나의 아들 예수로써 구원을 받으며,
말로써 다 구원을 받으며, 모든 것은
다 나의 뜻이요, 내가 너희들에게 내
리는 것이요, 모두의 축복이라 하면
서, 너희들이 축복을 받기 위해서 고
통과 시련의 그 길은 생각지도 아니하
는 너희들,
19 그리하여 너희들이 나의 성령을 가슴
에 받으려 하지 아니하며, 지금 내가
마지막 심판하는 그 새로운 성경을 너
희들에게 내려보내고자 하나 너희들
이 그를 가슴에 받으려 하지 아니함이
니라.
20 너희들이 모세의 시대에 있던 그 구약
의 성서와, 나의 아들이 그리 고통스
럽게 간 신약의 시대의 그 신약의 성
경을 가지고 너희들이 그것이 심판하
는 것이며 너희들을 다스려 버릴 자와
구원할 자를 그리 구분하는 그와 같은
역사를 이루는 것이라 생각하나, 그렇
지 아니하다 내가 깨우쳐 주었음이니
라.
21 오로지 지금 나의 법전이요, 새로 내
려가는 이 성경만이 너희들을 심판하
고 다스리는 것이라 하였거늘, 이를
너희들이 가슴에 받아들여 너희들 것
으로 만드는 그와 같은 용기와 자신도
없으며 그를 행하지 아니하는 것이 너
희들의 마음이 얼마나 굳어졌는지 아
는가?
22 앞산에 있는 그 굳어진 바위보다도,
풍화작용에 무너지지 않으며 사그라

지지 않는 그 단단한 바위보다도 더
굳건히 굳어져 있으며 그와 같이 철저
히 마음을 닫고 있는 것이 지금 나의
피조물 만백성이요, 믿음을 가고 있는
백성들이 가는 길이니라.
23 그들이 얼마나 잘못 가고 있는지 아는
가?
24 너희들이 정녕 그 믿음이 하늘에 오르
는 길이라면 나 여호와가 뭐라 말하겠
는가?
25 오늘 이 밤에 나의 아들을 통하여 160
권의 법전을 만들기 위하여 그 아픈
가슴에 나의 성령을 내려보내지 아니
할 것이니라.
26 너희들은 믿음을 잘못 가고 있는 것이
니라.
27 잘못 가고 있는 너희들 백성들이니라.
28 폐쇄된 너희들의 가슴을 열지 아니한
다면 너희들은 절대로 나의 성령으로
충만될 수 없음을 알아야 할 것이니라.
29 모든 것에 마음이 그와 같이 폐쇄되어
있으며 잘못 가는 그 믿음으로 가는
백성들이 바로 어떠한 것이 그와 같은
증거인 줄 알겠는가?
30 너희들이 구원을 받는 것도 대신 구원
을 해 주며 죄 사함도 대신해 주며 죄
도 남들이 사해 주는 그와 같은 착각
속에 사는 것이며, 너희들이 잘못 한
것은 다 남의 탓이요, 너희들이 구원
을 받지 못하는 것은 사악한 자들이
세상에 있어 너희들이 구원을 받지
못한다며 남을 원망하고 남의 탓으로
돌리는 것이 바로 지금 구원을 받는
그 길을 간다는 너희들의 믿음이니라.
31 그와 같이 모든 것을 말로써 다 저의
탓이 아니요, 남의 탓이라는 그와 같
은 마음을 가지고 살아가는 것이 너희
들이니,
32 그러면서 너희들을 구원해 주는 것이
며 너희들의 죄를 사해 주는 것도 남
이 다 해 줄 수 있다 그리 착각하며,
남의 이름으로써 대신할 수 있으며 남
을 이용하여 너희들이 딛고 일어설 때
대신 그들이 해 줄 수 있다는 그와 같
은 착각을 하고 있음이니, 이곳에서
벗어나지 못하는 자, 영원히 구원을
받을 수 없음이니라.
33 너희들이 지금 가고 있는 믿음이요,
너희들이 하는 행위가 얼마나 부끄럽
고 추한 짓이며 얼마나 죄가 되는 것
인지 알겠는가?
34 어찌하여 너희들이 가고 있는 것이 나
여호와의 뜻이요, 뜻이 아니요, 죄요,
죄가 아니요, 너희들이 천국으로 가는
것이요, 지옥으로 가는 것이요, 그 자
체도 알지 못하며 광적으로 지금 맹신
하며 종교 지도자에게 맹신하는 그와
같은 믿음으로 변화되어 가고 있음이
니,
35 그 믿음 속에서 과연 어찌 너희들이
하늘에 오르는 길을 볼 수 있으며 내
품에 올 수 있으며 내 음성을 들을 수
있으며 나를 볼 수 있으며 나로부터
내리는 그 빛을 볼 수 있겠는가?
36 나의 사랑하는 아들딸의 변하는 그 눈
에서 비치는 그 빛도 너희들이 보지
못함이니, 그들이 변하는 것도 보지
못하느니라.
37 너희들과 똑같이 믿음을 가며 너희들
과 똑같이 믿음을 향하여 달려가는 그

와 같은 자들이라 생각하느니라.
38 그들은 변해 있으며, 그들의 눈에서는
빛이 나며, 그들은 하늘에 오르는 길
이 무엇인가를 아느니라.
39 그들을 이단이요, 사탄이라 너희들이
말하기 전에, 그들을 따라 그들을 스
승으로 모시며 그들의 가르침을 들을
때, 바로 하늘의 빛이 무엇인가를 그
때야 깨닫게 됨이니, 그리하여 너희들
이 좀 더 노력하고 나의 법전을 수없
이 정독하고 읽을 때 반석 위에 서는
것이니라.
40 이 이치를 깊이 깨우쳐 너희 것으로
만들어 행하도록 하라.
41 이를 거부하는 자, 너희들은 나와는
아무런 인연이 없는 길을 가고 있음을
알라.

4,552 번째 하나님 말씀

2003년 1월 14일 23시 46분

1 사랑하는 나의 아들아!
2 "네, 아버님! 말씀하옵소서."
3 너희들이 정녕 나의 아들이요, 나의
딸로서 살아가고자 하며 바로 살고자
하며 계명을 지키며 나의 법전대로 살
아오고자 그리 따르고자 하나, 너희들
이 변화됨이 어렵고 힘들고 견디기 어
려우며, 아무리 다스리고 다스려 너희
들이 하려 하지 아니해도 나의 뜻대
로 그것이 이루어지지 않으며 점점 어
긋나는 길을 가며, 너희들이 나로부터
용서받지 못하는 하루의 일과 속에서
수없이 반복되는 그 죄에 대하여 너무
고통스럽고 괴로워 견디기 어렵거든,
너희들은 나의 법전을 들고 너희 형제
들을 구원하는 그와 같은 역사를 하도
록 하라.
4 나의 법전을 전하며 이웃의 형제들을
구원하는 그와 같은 삶을 살도록 그리
하라.
5 그리하면 너희들이 스스로 변하게 됨
을 알아야 할 것이니라.
6 너희들이 변하기가 어렵고 새로 태어
나기가 정녕 어렵고 힘들거든 너희들
은 이웃의 형제를 구원하도록 그리하
라.
7 너희들이 너희 이웃의 형제를 구원하
게 되면 그 구원한 형제에게 너희가
모범을 보여야 하며 그 스승의 자리를
지켜야 하며 너희를 보고 그들이 따
라오도록 너희가 깨우쳐야 함이니, 너
희가 스스로 바로 서게 되며 바로 가
는 그와 같은 노력을 너희 자신이 하
게 되며, 그 속에서 너희도 모르는 사
이에 나의 뜻에 의하여 변하는 나의
아들딸로 너희가 변해 감을 잊지 말라.
8 너희들이 구원한 그 형제요, 이웃에
대하여 그를 바로 인도하며 바로 깨우
치며 바로 가도록 해야 하는 그와 같
은 책임감이 있게 됨이니, 그리하여
너희 자신도 모르게 바로 설 수 있는
그 길을 알게 되며 너희들에게 용기가
생길 것이니라.
9 그러니 너희들이 정녕 바로 가고 바로
서기 어렵거든 너희들의 이웃이요, 이
웃 형제에게 나의 법전을 전하며 그들
을 깨우쳐 너희들과 더불어 같이 갈
수 있도록 너희들이 역사하도록 하라.
10 그러면 너희들 스스로 자신도 모르게

변하는 그와 같은 변화가 있을 것이니
라.
11 너희들이 노력하다 보면 너희 자신도
모르는 사이에 그들에게 너희가 스승
으로서 선배로서, 또한 인도한 자로서
구원한 자로서 모범을 보이는 그와 같
은 삶을 살고자 노력하는 속에서 너희
들이 변하지 못하는 그 고통의 짐을
덜 수 있음을 알아야 할 것이니라.

4,553 번째 하나님 말씀

2003년 1월 15일 0시 03분

1 사랑하는 나의 아들아!
2 "네, 아버님! 말씀하옵소서."
3 너희가 악을 행치 않고 선하게 살아온
다 하면, 너희들이 악을 행한 것보다
선한 것을 더 많이 행하며 정녕 나의
계명을 지키며 나의 뜻에 따라 아름답
게 살아왔다 하면, 그리하여 너희들이
육의 삶을 마치고 나에게 와 심판을
받을 때 너희들이 악보다 선을 더 많
이 행했음이니 선이 남은 그 상을 어
찌 받는지 너희들은 생각해 보았는가?
4 그 상이라는 것은 반드시 너희들에게
그 은혜가 내려감이니 그는 바로 너희
들이 가장 소중히 소망하고 바라는 것
으로써 나 여호와가 너희들에게 내려
주는 것임을 그리 알아야 할 것이니라.
5 반드시 너희들이 악보다 선을 더 행하
며 그리하여 선함이 악보다 더 많이
남았을 때, 그 심판의 결과는 너희들
이 원하고 원했던 그 모두를 내가 들
어주며 이루어 준다면 너희들은 얼마
나 행복한 백성들인가?
6 너희들은 선을 행하는 데 주저하지 않
고 행할 수 있는 너희들이 되어야 함
을 알아야 할 것이니라.
7 너희들이 악을 많이 행하는 것보다 선
을 더 많이 행해서 너희들이 나에게
심판을 받을 때, 선의 점수가 많을 때
너희들은 어찌 되는가?
8 그와 같이 되었을 때 너희들이 나로부
터 큰 상을 받되, 너희들이 가장 원하
는 것, 소망하는 것을 내가 들어준다
생각하면,
9 너희들은 사랑했던 사람이요, 또 사랑
했던 부모를 위하여, 그리고 너희들이
평소 존경했던 사람이요, 그리고 그리
워했던 사람들이, 너희들이 악보다 선
행을 많이 하여 선행이 남아 있는 그
상을 그들이 대신 받아 갈 수 있다 하
면, 너희들이 원했을 때 그들에게 줄
수 있다면 너희들은 얼마나 축복된
사람이며 행복한 사람인가?
10 정녕 너희들이 그리워했던 사람들이
요, 사랑했던 사람들이요, 못내 못 잊
었던 그 사람들에게, 너희들이 지금
사는 삶이 악보다 선을 더 많이 베풀
어 그들에게 내려 줄 수 있다 하면 얼
마나 너희들은 행복한 것인가?
11 내가 너희들에게 그와 같은 축복과 기
회와 영광을 준다 해도 너희들이 과연
선을 행하지 아니하고 악을 행하며 산
다, 그리고 살아갈 수 있다 생각하는
가?
12 너희들이 선을 많이 행했을 때 너희들
이 가장 사랑하는 사람을 위하여 내려
줄 수 있는 복이 있다면,
13 지금 죽어 나에게 와 심판을 받아 그

죄의 대가를 치르고 있는 너희 부모요, 사랑하는 사람이요, 정녕 못 잊어 그리워하는 사람이요, 너희들이 보고 싶어 마음을 달랠 수 없는 그와 같은 소중한 사람들을 위하여 너희들이 그 은혜를 내릴 수 있다면,

14 너희들보다 먼저 죽어 간 그 못 잊는 자식을 위하여, 지옥 불에 허덕이는 그에게 너희들이 선을 많이 베풀어 그 선의 덕이 그 자식에게 넘어갈 수 있다 하면, 그렇다 해도 너희들이 지금 같이 사악한 짓을 많이 하며 선을 베풀지 않고 살아갈 수 있겠는가?

15 너희들이 쌓은 그 선의 덕을 남을 위하여 줄 수 있다 하면 어찌하겠는가?

16 그러나 너희들이 선을 베풀며 많은 선으로써 나 여호와로부터 사랑을 받고 왔을 때, 너희들로부터 구원을 받을 수 있으며 은혜를 받을 수 있는 너희들의 부모요, 사랑하는 사람이요, 먼저 간 자식 그들이 너희들을 바라보고 있다 하면 과연 어찌하겠는가?

17 너희들이 선을 베풀지 아니하며 악으로써 살아갈 때 그들의 실망은 얼마나 클 것이며 그들의 고통은 얼마나 크겠는가?

18 그들이 그 고통 속에서 헤어날 수 있는 그 길을 잃었을 때 그들은 얼마나 너희들을 원망하며 괴로워하며 눈물짓겠는가?

19 그들에게 정녕 그와 같은 역사가 이루어질 수 있다는 것을 너희들은 생각해 보았는가?

20 정녕 너희들이 선을 베풀지 못하며 악을 더 많이 베풀었을 때 그 또한 너희들의 악에 대한 나머지를 너희들이 가장 사랑하는 사람들에게 내가 내려보내는 그와 같은 무서운 벌을 내린다 하면 과연 너희들은 어찌하겠는가?

21 너희들이 가장 사랑하는 너희 부모요, 그리고 먼저 간 자식들에게, 너희들이 악을 행하여 그 악이 남아돌아가 그 고통을 그들에게 내가 넘겨준다면 너희들은 어찌하겠는가?

22 너희들은 그를 깨달아야 할 것이며, 그와 같은 무서운 결과가 있고 없는 것은 너희들이 죽어 내 앞에 와서 보면 알게 될 것이니라.

23 또한, 내가 법전에 기록하여 전한 내용을 너희들이 정독하고 음미하면 그를 알 것이니라.

24 지금 나의 아들을 따르며 나의 법전을 만드는 데 모두를 다 바친 나의 아들의 그 제자에게 내가 뭐라 말했던가?

25 그 여인에게 말했느니라.

26 그가 산 자와 죽은 자 가운데서 두 사람의 이름을 추천했을 때, 그들이 지옥 불에 있다 하여도 내가 구원해 줄 것이라 그리 명해서 기록하여 두었음이니, 너희들은 그 대목을 그저 흘러가는 내용으로 읽지 말라.

27 그 모두가 너희들에게 해당될 수 있음을 너희들은 잊어서는 아니 될 것이니라.

28 너희들이 정녕 사랑하는 부모요, 사랑하는 사람이요, 너희들의 먼저 간 자식이요, 너희들이 존경하는 사람이요, 그리고 못내 그리워서 지우지 못하는 사람, 그들이 지옥 불에 가서 허덕이고 있는 것을, 그들을 구할 수 있는 길

이 있다면 그는 너희들이 선을 베푸는
데 최선을 다하는 그것만이 희망이라
함을 알라.

4,554 번째 하나님 말씀

2003년 1월 15일 0시 08분

1 사랑하는 나의 아들아!
2 "네, 아버님! 말씀하옵소서."
3 선하게 살라, 아름답게 살라 그리 가
르치며 선하게 사는 법, 아름답게 사
는 법, 그리고 하늘에 오르는 길이요,
나 여호와의 뜻이 무엇인지 그 모두
를 깨우쳐 주는 나의 새로운 성경이
요, 나의 법전을 세상에 내려보내니,
4 너희들에게 상세히 가르쳐 주고 그를
깨우쳐 주어 나의 사랑하는 모든 백성
들이 하늘의 뜻을 알며 내가 원하는
그 길을 알며 진정한 참진리가 무엇인
가를 깨닫도록 너희들이 그리 가르친
다면 오죽이나 좋겠는가?
5 그러나 너희들은 이와 같이 너희들을
바로 세우며 너희들의 구원의 길이요,
생명의 빛인 나의 법전을 뭐라 말하느
냐?
6 지금의 종교 집단들은 사탄이요, 악마
의 장난이요, 거짓 선지자가 마지막에
와 너희들을 혼란케 하는 그와 같은
형국이라 지금 그리 말하며, 나의 새
로운 성경을 읽지 못하게 하며 보지
못하게 그리 말하니,
7 너희들은 한 끼를 얻어먹는 구걸하는
자가 너희들에게 내미는 그 밥그릇을
깬다는 말이 있듯이, 너희들이 지금
그와 같은 행동을 하고 있음이니라.
8 한 끼의 밥을 달라 하는 자에게 주지
는 못할망정 그 그릇마저 깨어 그가
다른 곳에서 얻어먹지도 못하도록 한
다는 그와 같은 볼썽사나운 말이 너희
들의 세상에 전해짐이니,
9 지금 믿음의 길을 간다 하는 자들이
그것보다 더 사악한 짓이며 그보다 더
볼썽사나운 행위를 하고 있음이니라.
10 남의 생명까지도 구원하지 못하도록,
그들마저 지옥으로 이끌어 가도록, 그
리고 그들마저 참진리를 봐 구원을 받
지 못하도록 하고 있는 것이 너희들이
니라.
11 그러니 너희들이 어찌 아름답고 선하
게 삶을 알겠는가?
12 사랑하는 나의 아들아!
13 "네, 아버님! 말씀하옵소서."
14 내가 너희들에게 수없이 가르쳤음이
니라.
15 사랑이 나의 근본이요, 사랑이 구원의
길이라 내가 말하였음이니라.
16 그러니 너희들은 여기서 구원의 길이
무엇인가를 한번 돌아다보는 그와 같
은 너희들의 자세를 가져야 할 것이니
라.
17 너희들은 정녕 사랑이 구원의 길이라
하였음이니, 너희들이 과연 그 구원의
길인 사랑을 어찌 실천하며 어찌 베
풀고 살아가는 것인가를 알아야 할 것
이니라.
18 오로지 그 사랑 속에서 선이 싹트며
선이 쌓임을 너희들은 알아야 할 것
이니라.
19 너희들이 구원을 받는 것이며 사랑을
평생 실천하는 것이 어찌하여야 하는

지 아는가?
20 너희들이 크나큰 건물이요, 그 웅장한
건물을 짓기 위하여 집을 짓는 데 가
장 기초적인 벽돌을 한 장 한 장 쌓아
놓느니라.
21 구석구석에 한 장 한 장의 벽돌을 쌓
아 놓음으로 인하여 세월이 지나고 그
는 웅장한 모습이요, 건축물로서 완전
히 제 역할을 하게 바로 섬이니,
22 바로 너희들이 하늘에 오르는 길이요,
선행을 베푸는 것은, 처음에 벽돌을
한 장 두 장 쌓아 올라가 너희들이 이
루고자 하는 그 아름다운 건축물을 짓
듯이,
23 너희들이 깨달음이요, 선행을 베푸는
것이요, 사랑을 베푸는 것이 하나 둘
쌓여서 너희들 자신도 모르게 나에게
올라오는 그와 같은 역사의 변화를 이
루는 것이 하늘에 오르는 길이요, 그
리고 구원받을 자가 가야 하는 자세임
을 너희들은 잊지 말아야 할 것이니라.
24 오로지 선함의 행적을 하나하나 쌓아
가는 것만이 너희들이 나에게 오르는
길이라는 것을 잊지 말라.

4,555 번째 하나님 말씀

2003년 1월 15일 0시 15분

1 사랑하는 나의 아들아!
2 "네, 아버님! 말씀하옵소서."
3 너희들 인간사에 살아가면서 그러한
말이 있느니라.
4 너희들의 집에서 기르는 '개'라는 동
물이 있음이니, 그 개는 주인을 위하
여 사냥할 때 사냥감으로써 모든 동물
을 잡아 그 주인에게 바치며 그 주인
의 생명을 유지하도록 하며 그 먹이를
유지해 주며 그를 보호하는 그와 같은
역할을 하는 동물이니라.
5 그러나 너희들이 그 사냥의 목적이 다
끝났을 때 너희들은 아끼고 사랑했으
며 너희들을 위하여 모두를 다했던 그
개라는 동물까지 그 생명을 끊는 것이
바로 너희들이라 하였음이니, 그 의미
의 뜻을 들어도 너희들이 얼마나 사
악한 지금의 형국이 되어 있는지를 알
겠는가?
6 '은혜를 원수로 갚는다.' 하는 말이 있
듯이, 바로 그와 같은 마음으로써 지
금 살아가는 것이 나의 백성들이요,
너희들이 현재 존재해 있는 그 위치이
니라.
7 그러니 너희들이 그 속에서 무슨 사랑
이 있으며 베풂이 있겠는가?
8 너희들을 위하여 목숨을 다 바쳐 충성
을 다한 개라는 그 짐승까지도 죽게
만드는 그리고 죽이는 그와 같은 것이
너희들 마음이니, 너희들이 거기에서
얼마나 무서우리만큼 정이 없으며 인
정이 없으며 은혜를 모르는 사람들이
던가?
9 너희들 마음을 너희 스스로 그리 평가
하였음이니 지금 너희들이 그와 같이
사악하니라.
10 그리하여 지금이 말세이니라.
11 너희들이 정상적인 것도 아니요, 너희
들을 위해서 봉사하고 희생한 자에게
원수로 갚음이니, 인간사에 살아가는
것은 너희들이 그렇지 아니하던가?
12 너희들을 길러 주고 보호해 준 그 주

인에 대한 은혜를 갚기 전에, 인간으
로서는 감히 할 수도 없는 그와 같은
몰지각한 짓이요, 저 자신의 이익을
위하여 저희를 길러 주고 키워 준 그
사람이요, 그 주인의 은혜를 원수로
갚는 그와 같은 것이 너희들 인간이며,
13 그를 서슴없이 행하며 그를 행하되 부
끄러움 자체도 모르며, 그것을 행하는
것이 인간의 도리에서 얼마나 어긋나
는지 그 자체도 분별할 수 없는 그와
같은 것이 지금 너희들의 형태이니,
14 과연 너희들의 지금의 마음으로써 어
찌 사랑을 알며 구원을 알며 베풂을
알겠는가?
15 그와 같이 너희들이 메마르고 황폐한
그 마음을 말로써는 도저히 잡을 수
없으며 말로써는 전해질 수가 없는
것이니라.
16 내가 말로써 너희들에게 전할 때 처음
에는 아름다운 마음이요, 진실한 진리
를 전하되, 너희들의 조상서부터 세월
이 흐르며 또 전해 주고 전해 오는 동
안에 그 모두는 다 탈바꿈되어, 내가
원했던 것과는 정반대요, 내가 원하는
것을 공격하며 내가 가르친 그 진리를
반박하며 그에 역행하는 그와 같은
형국으로 변해짐이니, 너희들이 구전
으로써는 전할 수 없는 것이 나의 법
전이며 나의 뜻이니라.
17 그리하여 너희들이 완벽하게 지우려
해도 지울 수 없으며, 그를 깨우친 자
누구든지 다 볼 수 있고 쉽게 이해할
수 있도록 내가 법전을 만들어 너희들
을 그 틀에서 잡고자 하는 것이 나의
뜻임을 너희들은 알아야 할 것이니라.
18 너희들의 마음이 그리 사악해지며 그
리 너희들이 악마와 같은 마음으로써
은혜를 모르는 것이 악마요, 사탄이
아니고 과연 무엇이던가?
19 짐승도 그 은혜를 알며 먹여 준 것을
알며 그 고마움을 알거늘, 어찌하여
지혜가 높은 너희들만이 그를 모른단
말이던가?
20 그러니 너희들이 과연 짐승보다 나은
것이 무엇이 있는가?
21 짐승보다 못한 백성을 내가 깨우친다
는 것이 과연 보통의 말로써 보통의
방법으로써 할 수 있는가?
22 짐승은 내 말을 알아들을 수 없으며,
내 뜻을 알아 그들이 행할 수 없는 것
이 아니던가?
23 그리고 너희들과 의사소통을 못 하고,
너희들이 의도하는 것을 모르는 것이
짐승들이 아니던가?
24 너희들이 짐승과 같이 변화되었다면
바로 짐승을 내가 가르치고자 하는 그
와 같은 형국임을 너희들은 알아야 할
것이니라.

4,556 번째 하나님 말씀

2003년 1월 15일 0시 23분

1 사랑하는 나의 아들아!
2 "네, 아버님! 말씀하옵소서."
3 내가 너에게 나의 성령이요, 이 만백
성을 구하는 법전이요, 새 성경을, 구
약과 신약을 덮어 그 모두를 이제는
행하는 너희들의 진리요, 참빛인 나의
이 성령을 세상에 내려보내니, 그리하
여 나의 가슴을 태워 네 가슴에 전하

여 법전이라 하여 책으로 만드는 이
나의 가슴의 뜻을 대필하는 그 역사를
하는 너로서는,
4 네가 어떠한 실수든 어떠한 작은 것이
든 어떠한 형태의 오류를 범하든 네가
무심히 넘길 수 있으며 무심코 행할
수 있는 가장 작은 잘못도 너는 감히
용서할 수 없으며 용서받을 수 없는
자임을 알아야 할 것이니라.
5 어떠한 작은 실수도, 어떠한 작은 잘
못도 너는 용서받을 수 없으며, 잘못
한 그것에 대해 변명할 수도 없는 것
이 너이니라.
6 이것이 나 여호와가 너에게 내리는 명
령이며, 이것이 나 여호와의 뜻임을
너는 알아야 할 것이니라.
7 그리하여 너는 어떠한 작은 실수도 작
은 잘못도 저질렀을 때, 변명할 수 없
으며 용서받을 수 없는 것이 너임을
알아야 할 것이니라.
8 단 한 번도 너에게 변명의 기회를 나
여호와는 주지 않을 것이며, 그를 엄
히 다스릴 것이 나임을 너는 알아야
할 것이며, 이를 네가 소홀히 받아들
여서는 아니 됨을 알라.
9 내가 절대 네가 임의로 알고 잘못하는
그 죄에 대한 것은 회개할 기회를 주
지 않는다는 것을 너는 알 것이며 그
의미를 너는 알고 있을 것이니라.
10 "네, 아버님! 알고 있사옵나이다.
11 어떠한 작은 실수도, 어떠한 작은 일
도, 도저히 견디고 넘길 수 없는 고통
도, 그 모두는 다 인간 세상에서 이루
어지며, 인간 세상에서 부딪치는 그
속에서는 제가 얼마만큼 바로 서느냐
에 따라서 그를 이룰 수 있는 것이기
때문이라 저는 그렇게 알고 있사옵나
이다.
12 아버님께서 말씀하시는 그 뜻을 알겠
사옵나이다.
13 전혀 용서받을 수 없으며 용서할 수
없는 것은, 인간이 변화되고자 노력하
고 또 노력할 때, 자기 자신을 다스리
며 자기 자신과의 싸움에서 악을 선택
하지 아니하며 선을 선택하고 살아간
다면 그 길을 갈 수 있기 때문에,
14 제가 잘못되는 것은 인간의 노력이 부
족함이요, 제가 인간 세속에 육을 먼
저 생각하는 것이요, 진정한 노력을
하는 것이 아니기에 제가 그와 같은
용서를 받을 수 없다는 것을 알고 있
사옵나이다.
15 하늘의 이치를 알며 하늘의 뜻을 다
알고 있는 저로서, 그를 지키지 아니
하는 것은 당연히 용서받지 못하며 그
죄의 대가를 치른다는 것을 알고 짓는
죄이기 때문에 제가 회개의 기회도 받
을 수 없다는 것을 알고 있사옵나이다.
16 저는 아버님께서 저에게 명하시는 그
뜻을 알고 있으며 그 의미를 알고 있
사옵나이다."
17 그리고 네가 하나 더 깊이 깨우쳐야
할 것이니라.
18 네가 알면서 짓는 죄요, 알면서 잘못
하는 것 때문에 내가 용서를 못 해 줌
이 아니요,
19 너는 만백성을 구하는 나의 아들이요,
목자로서 세상에 나갔음이니, 네가 행
하는 것은 하늘에서 다 알며 땅에서
알며 사탄들이 알며 사악한 악마들이

다 그를 알고 있음이니라.
20 내 옆에 있는 하늘의 천사들이 다 그
를 보고 있으니, 작은 실수가 생겼을
때 그것이 어찌 되며 그 파장이 과연
어찌 되겠는가?
21 나 여호와가 나의 아들을 내려보냈으
며 나의 목자를 내려보냈으며 만백성
을 구원하고자 선택한 네가 작든 크
든 알면서 실수하는 그 죄는 사탄과
천사와 모든 그들이 너를 어찌 보며
어찌 생각하며 어떠한 생각으로써 너
를 보겠는가?
22 이를 너는 깊이 깨우쳐, 작은 실수도
알고 짓는 것은 용서받을 수 없으며
용서하지 아니한다는 나의 뜻을 알았
으면 네가 그리 행하도록 해야 할 것
이니 그리 알라.

4,557 번째 하나님 말씀

2003년 1월 15일 0시 30분

1 사랑하는 나의 아들아!
2 "네, 아버님! 말씀하옵소서."
3 구약 시대에 모세가 이루었던 그 역사
의 기적이 어디에 가 있으며 과연 지
금 어디에서 전해지고 있는가?
4 언제 그와 같은 역사가 이루어졌다 너
희들은 생각이라도 하고 있는가?
5 나의 아들이 그 고통의 죽음으로써 너
희들을 구원하고자 한 신약의 그 시
대는 언제 있었으며 언제 그와 같은
역사가 이루어졌는가?
6 노아의 방주의 재앙이 언제 있었으며
언제 그와 같은 역사가 이루어졌는가?
7 너희는 그 모두를 기억하며 그 역사
속에 너희들이 변화되는 삶을 살아야
할 것이거늘, 생활하면서 생활 속에서
그 모두를 다 잊어버리고 살고 있는
것이 지금 나의 피조물 만백성들이니,
8 너희들이 과연 구약 시대의 모세의 역
사요, 신약 시대의 예수의 역사요, 그
리고 노아의 방주의 그 모든 역사를
생각하고 산다면 오늘과 같이 그리 사
악한 자들은 되지 아니하였을 것이니
라.
9 그러니 그 모두가 언제 있었느냐는
듯이 너희들은 까마득히 잊고 오늘의
삶에만 연연하여 살아가다 보니 너희
들의 마음을 다스릴 수 있는 근본이
요, 기초가 아니 되었음을 알아야 할
것이니라.
10 너희들은 그렇지 않다 말할 것이니라.
11 그러나 너희들은 엄연히 그와 같이 모
두를 다 잊어버리고 살고 있음이니라.
12 노아의 방주요, 모세의 시대요, 예수
와 같이 너희들이 그와 같은 사람으로
서 변화되며 그와 같이 구원을 받고자
한다면 너희들은 그와 똑같은 길을 갈
수 있는 그 마음부터 먼저 다스리며
그리 행하고자 하는 것이 우선임을 알
아야 할 것이니라.
13 오로지 그들은 구원이요, 나 여호와의
성령이요, 나의 뜻에 따라 살고자 하
며 나의 명에 따라 한 치의 오차도 없
이 행하고 지키는 그와 같은 삶을 살
아가는 것이 그들이었음이니라.
14 그러니 지금 백성 너희들이 나의 아들
예수와 같이 구원의 길을 온다 하면
너희들은 오로지 나를 향하여 믿음의
그 길이요, 나에게 향하는 그 믿음만

이 구원을 받는다는 한 가지 그 마음
이 아니면 너희들은 아무것도 이룰 수
없는 것이니라.
15 그러나 지금 너희들이 모세요, 예수의
그 기적을 다 잊어버리고 사는 너희
들의 그 마음속에는 수백 가지, 수천
가지로 갈라져 있으며 모두를 계산속
에 육의 삶의 이해관계를 놓고 짜여
가는 그와 같은 삶을 사는 것이 너희
들이니, 어찌 너희가 그 모든 지난 역
사를 기억하고 반성하며 회개하며 살
아가는 백성이라 말하는가?
16 너희들이 말로써 십계명을 수없이 외
우나 그 십계명을 생활 속에서 순간순
간에 적용하여 바르게 살고 바르게 지
켜 가는 그와 같은 삶을 위해 너희들
이 얼마나 그를 활용하고 쓰고 있는가?
17 너희들은 말할 수 없을 것이니라.
18 너희들은 자신 있게 그와 같은 속에서
살아간다 말할 수 없음이니라.
19 이제는 그러기에 내가 너희들에게 말
함이니라.
20 지금 그와 같은 모든 대역사를 다 잊
어버리고 사는 너희들에게 말로써 새
로운 성령이요, 새로운 뜻을 전한다
해도, 수천 년의 역사가 흐른 다음에
그를 기억하고 그를 토대로 너희들이
변하는 역사는 없을 것이니,
21 내가 그리하여 너희들을 구원하고 그
를 바로잡기 위하여 나의 뜻을 법전이
라 하여 세상에 내려보내는 그 이유를
너희들은 이제 깨달았을 것이며 그를
알 것이니라.
22 너희들이 직접 글로 써 내린 나의 법
전을 읽고 깨우치며 들여다보며 확인
하는 그와 같은 변화의 삶을 가져도
믿을까 말까 하는 것이 너희들이니,
내가 그리하여 완벽하게 그를 만들라
하며,
23 너를 따르는 그 제자들 또한 완벽한
백성일 때 그들이 너희들 몸체에서
비추는 그 빛을 보고 변화될 수 있음
이니,
24 조금이라도 그들이 보기에 너희들이
흠집이 있으며, 조금이라도 그들이 보
기에 너희들이 마음에 드는 것이 없으
며, 조금이라도 저희들이 보기에 잘못
된 것 같은 기분을 느낄 때, 그들은 너
희들에게 삿대질을 하며 대든다는 것
을 잊지 말라.
25 하시라도 그들은 너희들을 무너트리
고자 하고 있는 것이 지금의 가고 있
는 그 믿음이요, 사탄들이 가지고 있
는 마음이니,
26 너희들은 나의 법전을 정독하고 또 정
독하여 구원의 길을 얻어야 할 것이
며, 나의 법전을 정독하는 것만이 너
희들이 무너지지 아니함을 알라.

4,558 번째 하나님 말씀

2003년 1월 15일 01시 15분

1 사랑하는 나의 아들아!
2 "네, 아버님! 말씀하옵소서."
3 사랑하는 나의 백성들을 구원하고자
하며 내 품에 올 수 있도록 하는 것은
나 여호와의 가장 바라는 뜻이며, 내
가 그를 위하여 너희들에게 모든 것을
다 보여 주었으며 내려 주었음이니라.
4 그리 갈구하고 바라는 나 여호와의 뜻

과는 전혀 관계없이 너희들이 사악한
길이요, 잘못된 그 믿음으로 가면서
오로지 그것이 구원의 길이요, 하늘에
오르는 길이라며 달려가는 나의 사랑
하는 백성 너희들을 바라보는 나 여호
와의 마음은 과연 어떻다 생각하는가?
5 너희들 인간 세상에서 육의 부모도 자
식이 죽음의 길로 간다면 과연 그것
을 말리지 않을 부모가 어디 있으며
그를 그대로 놔둘 부모가 어디에 있
겠는가?
6 자식이 가는 길이 반드시 바로 죽음이
요, 지옥이요, 그와 같은 길로 간다 하
면 그를 보고 말리지 않는 부모가 없
을 것이니라.
7 너희들 인간 세상에서 육이 끝나는 그
육의 죽음이요, 그 이전의 관계가 끝
나는 사이에서도 너희들 부모가 자식
이 죽음의 길로 가는 것을 보지 못하
거늘, 창조주인 나 여호와가 너희들이
영원히 사는 나의 하늘나라에 오르고
못 오르는 그 길에서 오르지 못하는
그 길을 향하여 달려가는 너희들을 보
고 그대로 놓아둘 수가 있겠는가?
8 그리하여 너희들을 구원하고자 하는
것이 나 여호와의 뜻이니라.
9 오늘 이 깊은 밤, 나의 아들을 통하여
나의 뜻을 너희들에게 전함이니,
10 자식이 죽음의 길로 가는 것을 말리지
않는 부모가 없듯이, 여호와요, 창조
주인 내가 너희들이 지옥 불로 가는
것을 알거늘, 그를 막고 그를 바로잡
고자 하는 것이 나의 뜻이 아니겠는가?
11 그를 위하여 지금 내가 나의 법전을
나의 아들을 통하여 내려보내거늘, 너
희들은 이를 보지도 않으려 하며 듣지
도 아니하려 함이니, 이를 어찌해야만
너희들의 마음을 바로잡을 수 있단 말
이던가?
12 나 여호와가 어떠한 고통이요, 어떠한
시련을 더 감내하며 너희들에게 울부
짖어야 하겠는가?
13 나의 아들 사랑하는 예수를 피로써 그
목숨을 바쳐 너희들을 깨우치고자 했
음이니, 그보다 더 거칠고 더 험한 시
험을 너희들이 나 여호와에게 이루고
자 하며 그를 보고자 하는 것이던가?
14 내가 너희들에게 깨우쳐 줌이니라.
15 육의 백 년도 안 되는 인간관계에서
자기가 소중히 낳은 그 자식이 잘못되
는 것을 보지 못하는 것이 부모요, 그
를 위하여 자기 자신을 희생해서라도
그 자식의 가는 길을 막고자 하는 것
이 너희들 인간관계 속에 부모의 사
랑이거늘,
16 나 여호와가 얼마나 너희들을 사랑하
는데 내가 너희들이 영원히 사는 그
지옥 불로 가는 그것을 보면서 막지
않을 수 없지 않겠는가?
17 그러기에 내가 법전을 내려보냄이니,
그 이상 그 이하의 뜻도 없음이니라.
18 그러한 내 마음을 모르면서 너희들이
사탄이요, 이단이라 그리 부르짖으니,
이 마음을 너희들이 깨우쳐 알아주기
를 바라는 것이 나 여호와의 마음이니
라.
19 죽음의 길로 가는 그 자식을, 그 길은
잘못되니 가지 마라 부모가 말려도 그
말을 듣지 않을 때, 무릎 꿇어 그 자식
의 옷자락을 잡아서라도 가지 못하도

록 하는 것이 그 어미요, 아비의 마음
일 것이니라.
20 오늘의 나 여호와의 마음이 그렇다면
너희들은 알겠는가?
21 이 깊은 밤 나의 아들을 통하여 나의
성령을 한시라도 더 빨리, 하루라도
더 많은 법전을 내려보내 나의 백성들
이 이를 읽고 깨우치게 하기 위하여
160권이 세상에 나오도록 지금 역사
하고 있음을 너희들이 알아야 할 것이
니 그리 알라.

4,559 번째 하나님 말씀

2003년 1월 15일 01시 19분

1 사랑하는 나의 아들아!
2 "네, 아버님! 말씀하옵소서."
3 만백성 너희는 나 여호와가 너희를
창조하였으며 너희 육의 삶에 즐거움
을 얻으며 자유로운 삶을 살아갈 수
있도록 내가 그 모두를 나의 은혜로
너희들에게 내렸으며, 나로부터 너희
들은 모두를 바로 받아 아름답고 곱게
이 세상을 살다 나에게 돌아올 수 있
도록 그리하는 것이 나 여호와의 뜻이
며 그 역사를 이루고자 하는 것이 나
이니라.
4 너희들이 이 세상에 내가 내려 준 그
은혜 속에서 아름답고 곱게 내가 내려
준 그 본연의 인성의 마음으로 살다가
내 품에 돌아올 수 있도록 너희들을
기다리고 바라는 것이 나 여호와의 간
절한 마음이니라.
5 그 자체가 또한 나에 대해 너희들이
줄 수 있는 가장 큰 기쁨이요, 그리고
너희들이 그리 살아오는 것만이 나 여
호와의 가장 큰 행복이라 함을 너희들
은 어찌하여 모르는가?
6 너희들이 그 하나를 이루어 주면 될
것이며, 나 여호와가 기쁜 마음으로
너희들을 반길 수 있는 것은 너희들이
사랑 하나 실천하면 됨이니라.
7 그러나 너희들은 나의 뜻에 따라 사는
것이 아니요, 사탄의 뜻에 따라 살고
있으니, 그러한 너희들을 바라보는 나
여호와의 마음이 얼마나 저리고 아프
겠는가 너희들은 생각해 보았는가?
8 너희들은 나의 아파하는 그 마음을 망
각하고 살며, 그를 생각하지 아니하며
사는 것이 너희들의 마음이니라.
9 내가 일찍이 나의 아들을 통하여 너희
들에게 말하였듯이 너희들 육의 부모
가 자식에 대해 기대하는 것이 무엇
이던가?
10 그 자식이 곱고 아름답게 크게 하기
위하여 그 자식을 먹여 주며 입혀 주
며 깨우쳐 주며 모두를 다 바치는 것
이니라.
11 육의 부모가 너희들을 위해서 모두를
다 바치는 것은 무엇 때문에 바치는가?
12 너희들을 길러 주며 먹여 주며 또 학
문을 닦을 수 있도록 기틀을 준비해
주며 자신의 모두를 다 희생하여 그
리 너희들에게 바치고 주는 것은 무엇
이던가?
13 너희들이 바른 인간으로 살라 함이니
라.
14 남에게 뒤지지 않는 사람, 남에게 부
끄럽지 않은 당당한 모습으로써 남들
과 그 대열에 어깨를 나란히 하고 살

아갈 수 있도록 너희들을 그리 키우고
자 하는 심정에서 그리하는 것이거늘,
육의 백 년도 안 되는 인연 관계의 부
모도 자식을 위해서 모두를 다 그리하
거늘,
15 나 여호와가 너희들에게 법전을 내려
보내며 새로운 성경을 내려보내며 내
가 너희들에게 나의 아들을 통하여 강
론을 내려보내며 너희들이 하늘의 이
치요, 나의 뜻을 알도록 내가 그리 깨
우치고 가르치는 것은 바로 나 여호와
가 즐거움을 얻고자 함이 아니요,
16 너희들이 구원의 길을 얻도록 하며 너
희들이 죽어 와 심판을 받고 영원히
고통 속에 사는 것을 내가 볼 수 없어
그 길을 가지 아니하도록 내가 너희들
에게 바로 서라 하며 깨우치라 하며
나의 법전을 읽으라 하는 것이니, 오
로지 이 모두는 다 너희들을 위하여
하는 것이니 어찌하여 너희들은 그것
하나도 들어주지 못하며 그 하나를 바
로 보지 못하는가?
17 부모가 자식이 잘되기를 바라며 모두
를 다 바치듯이, 여호와가 너희들이
믿음을 잘 가 하늘에 오르는 그 역사
를 이루기 위하여 모두를 다 바치고
있음을 너희들이 깨우쳐 주기를 나 여
호와가 간곡히 바라는 바이니라.

4,560 번째 하나님 말씀

2003년 1월 15일 01시 23분

1 사랑하는 나의 아들아!
2 "네, 아버님! 말씀하옵소서."
3 이제 너희들을 심판하며 너희들을 구
할 자, 버릴 자를 고르며 알곡식과 쭉
정이를 고르는 그 역사가 지금 시작되
고 있음이니 이는 곧 무엇이더냐?
4 내가 나의 아들을 통하여 새로운 성경
이요, 나의 법전을 내려보내는 것이
여기에 있음이니, 이는 곧 심판을 시
작함을 알아야 할 것이니라.
5 나의 법전이 세상에 전해짐이니 지금
의 너희들을 심판하는 역사가 시작됨
이니, 모든 종파들의 행함은 계속 지
속하고자 하는 것이 너희들의 그 생각
이며, 지금 내가 너희들을 위하여 내
린 나의 법전을 보지 않으며 듣지 않
으려 하는 것이 지금 너희들의 마음
자세이니라.
6 그러나 나의 법전을 읽고 정독하지 아
니하는 자 심판을 받을 수 없는 것이
너희들임을 알아야 할 것이니라.
7 나의 법전, 새로운 성경을 읽고 깨우
친 백성과 지금의 깨우치지 못하는
백성들과 그리고 지금의 믿음을 가고
있는 그 백성들과 너희들은 정녕 형용
할 수 없는 무서운 분쟁과 환란의 역
사를 반드시 거치고 겪어야만 되는 운
명임을 알아야 할 것이니라.
8 다만, 너희들이 나의 법전을 읽고 깨
우치는 자가 이 세상 백성들의 많은
비중을 차지할 때, 그와 같은 환란은
국부적인 것으로써 거둬질 것이며 그
종말을 거둘 수 있으나,
9 여태껏 분쟁하고 나누어졌던 기존의
모든 종파가 하나로 힘을 합쳐 그 종
파가 하나의 기치 아래 모여, 내가 나
의 백성들을 구하기 위하여 내리는 새
로운 성경을 부정하며 그를 핍박하며

이가 세상에 나오지 못하도록 하며 나
의 아들 자체가 사탄이요, 이단이라
하여 그를 세상에 존재할 수 없도록,
너희들과 한 하늘 아래에 같이 머리를
두고 살 수 없는 인간이라 그리 공격
할 때,
10 그 대분란은 너희들이 지금까지 일어
난 그 어떠한 환란보다도, 어떠한 지
구의 역사 속에 너희들 인간의 그 전
쟁과 어떠한 분란보다도, 재앙보다도
더 무서운 환란이 이 지상에서 이루어
질 것이라는 것을 너희들은 알아야 할
것이니라.
11 오로지 너희들이 그와 같이 무서운 재
앙을, 그와 같은 환란을 겪지 아니하
려거든 나의 법전을 읽고 깨우치는 백
성들이 이 세상을 많이 덮어 가고 있
어야만 됨을 알아야 할 것이니라.
12 인간 너희들이 행하는 어떠한 전쟁보
다도, 어떠한 피비린내 나며 죽고 사
는 그와 같은 수많은 역사의 소용돌이
속에 지금까지 있는 재앙 속에 이루어
진 어떠한 것보다도 너희들은 감히 상
상할 수 없는 무서운 그와 같은 환란
을 겪게 될 것이며 너희 후손 또한 그
를 겪게 됨을 알아야 할 것이니라.
13 이제는 그 환란의 회오리바람이 거세
게 몰아칠 것이며, 지금 나의 법전을
읽고 깨우친 백성 너희들, 나의 아들
딸들을 존재치 못하도록 그들이 짓이
기며 짓밟고자 하는 그와 같은 역사의
소용돌이가 벌어질 것이니라.
14 그러나 지금까지 잠자고 있던 그 모든
뜻이 이제는 세상에 들춰지는, 진리의
길이냐 악의 길이냐 그 둘 중의 하나
를 선택해야 하는 그 무서운 환란이
있음이니,
15 내가 그와 같은 것을 막고자 하여 지
금 나의 아들을 통하여 밤과 낮을 가
리지 아니하며 160권이라는 법전을
세상에 만들어 놓아 그가 세상에 나올
때 온 세상을 다 덮고자 하여, 그를 보
고 깨우치는 백성들이 지금까지 너희
들을 공격하고자 하는 그 종파들을 다
스릴 수 있으며 단죄할 수 있는 그와
같은 방법으로써 이 세상을 평정하고
자 하는 것이 나의 뜻이니,
16 너희들이 얼마나 소중한 나로부터 선
택된 백성들인가를 다시 한 번 인식하
며 너희들이 귀하고 소중함을 알도록
그리 전하라.

4,561 번째 하나님 말씀

2003년 1월 15일 01시 36분

1 사랑하는 나의 아들아!
2 "네, 아버님! 말씀하옵소서."
3 너희 인간들이 육의 삶을 마치고 너희
들의 육은 한 줌의 흙으로 돌아가며
영혼은 나에게 오는 그 죽음에 임박하
여 너희들이 죽음이라는 그것을 알고
있는 그때 가서는 타인에게, 부모에
게, 너희가 사랑했던 사람에게, 또 너
희들 자식에게, 그 누구에게도 그 목
숨을 연장해 주기를 도움을 청하고 원
해도 청할 수가 없는 것이 너희들이
겪어야 할 운명임을 알아야 할 것이니
라.
4 나 여호와도 그때는 너희들을 도울 수
없다는 사실을 알아야 할 것이니라.

5 너희들이 숨을 거두는 그 순간에 나와
너희들은 심판을 하는 자와 심판을 받
는 자의 그와 같은 관계요,
6 너희들이 나에게 울부짖는다 하여 구
원을 받을 수 없으며 너희들이 도움을
청한다 하여도 내가 그 청을 들어줄
수 없는, 나마저도 들어줄 수 없는 그
와 같은 관계가 이루어지는 것을 너희
들은 잊어서는 안 될 것이니라.
7 너희들의 육이 죽어 가는 그 마지막
순간에 지금까지 인간 세상에서 살아
왔던 육의 삶에 대하여 뉘우치고 몸부
림치고 아우성쳐도 이미 그때는 때가
늦음이니 돌이킬 수가 없는 것이 너희
들의 운명임을 알아야 할 것이니라.
8 지금 너희들의 육이 살아 있을 때, 너
희들이 두 눈으로 나의 법전을 읽을
수 있으며 두 귀로 나의 법전의 강론
을 들을 수 있으며 나의 아들이 너희
들에게 전하는 그 음성을 들을 수 있
는 그때가 너희들에게는 얼마나 위대
한 때인가를 알아야 할 것이니라.
9 너희들이 살아 있는 그 순간에 십계명
의 지킴이 얼마나 소중하며 나의 법전
이 얼마나 소중한가를 알아야 함을
잊지 말라.
10 너희들이 그와 같은 시기를 다 보내고
지난 다음 너희들이 백발이 되어 죽어
가기 직전에 아무리 회개하고 눈물을
흘려도, 자기변호나 자기변명을 하고
싶어도 자기변명 한마디 할 수 없는
것이 너희들의 운명이며 너희들이 겪
어야 하는 그와 같은 삶임을 알아야
할 것이니라.
11 지금 너희들이 살아 있는 이 순간에
나에게 기도하고 경배하며 용서를 구
할 수 있으며 회개의 눈물을 흘릴 수
있는 것이니, 그것만이 너희들에게 위
대한 지금의 존재함을 알아야 할 것이
며,
12 너희들이 지금 잘못 가고 잘못 살아온
그 믿음을 깨우치지 못하며 지금까지
살아온 그것을 회개하지 못하고 이와
같이 삶을 마칠 때, 너희들이 한 줌의
흙으로 돌아가는 육을 위하는 것이 아
니요, 육의 죽음만을 바라는 것이 아
니요, 너희들의 육이 영혼까지도 말살
시켜 놓고 가는 그와 같은 형국이 됨
이니 그것이 너희들의 운명이니라.
13 그러니 너희들이 지금 살아 있는 이
시점에서 나의 법전을 읽고 십계명을
지키고 살며 회개하며 반성하는, 그와
같이 나에게 너희들이 경배의 기도를
드릴 수 있는 것은 지금뿐임을 알라.
14 너희들이 죽음이 임박하는 그 순간에
아무리 몸부림치며, 아무리 사랑하고
그리운 부모요, 자식을 붙잡고 목메어
매달려도 돌이킬 수 없으며, 아무도
너희들이 원하는 그 청을 들어줄 수도
없으며 그 요구를 관철해 줄 수도 없
다는 것을 너희들은 알아야 함을 깨우
치도록 그리하라.
15 아무리 너희들이 지금까지 살아왔던
그 잘못을 회개하며 몸부림치며 너희
들이 죄지은 것을 그 사람들에게 하나
하나 빌고 싶어도 이미 때가 늦었음
을 알아야 될 것이니라.

4,562 번째 하나님 말씀

2003년 1월 15일 01시 40분

1 사랑하는 나의 아들아!

2 "네, 아버님! 말씀하옵소서."

3 너희들이 이 지상의 세속에 살면서 너희들의 육체요, 너희들의 몸을 지탱하며 보호하기 위하여 많은 음식물을 섭취하며 그를 또 먹고사느니라.

4 그리하여 너희들이 섭취한 에너지에 따라서 너희들의 육의 에너지가 이루어지며 그 음식의 양분에 따라서 너희들이 힘찬 삶과 힘찬 생활을 하고 못 하는 그와 같은 육신의 변하는 삶이 거기에서 이루어지는 것이니라.

5 그리하여 좋은 음식, 몸에 맞는 것, 그와 같은 에너지를 창출할 수 있는 음식을 먹음으로 너희들은 활동하는 데 그 지루함을 모르며 괴로움을 모르는 것이 그러하니라.

6 그 음식이 그와 같이 중요한 것임이니, 너희들이 몸에 맞지 않는 음식을 먹는다 하면 과연 그 음식은 어떠한 형태를 이루겠는가?

7 너희들이 좋은 음식이라, 좋은 것이라 하여 먹고 섭취한 것이 너희들의 생명을 단축시키는 그와 같은 음식이라면, 너희들은 과연 어떻게 되겠는가?

8 그러하니 지금 바로 너희들이 가는 믿음의 형국이 그러함이니라.

9 너희들의 몸에 맞는 알맞은 음식이요, 좋은 음식을 섭취함으로써 너희들 자신에서 에너지가 창출되어 너희들이 힘찬 생활을 할 수 있으며 활기찬 삶을 살아가는 것이니라.

10 그리하여 너희들이 육의 삶을 관리하여 명을 다했을 때, 그와 같이 너희들의 육은 한 줌의 흙으로 돌아가며 영혼만이 나에게 와 심판을 받는 그와 같은 역사가 이루어지는 것이거늘,

11 지금 너희들이 가고 있는 종파의 그 믿음이 몸에 해로우며 그를 먹으면 죽을 수 있는 그와 같은 독소와 같은 음식을 너희들이 먹고 취하면서 그것이 너희들이 영원히 살 수 있는 가장 좋은 몸의 영양소라 그리 깨닫고 부르짖으며 지금 가고 있는 형국이 너희들의 그 작태와 같으니라.

12 너희들이 가고 있는 그 믿음은 몸에 맞지 않는 음식이요, 먹어서 몸을 해하며 독소가 들어 있는 그와 같은 음식을 먹으면서 그것이 가장 좋다 말하며, 네 형제와 이웃에게 그를 같이 먹고 같이 즐기자 그리 말함이니,

13 그리하여 너희들이 너희 이웃까지도 지옥으로 인도하는 그 자세로 지금 행하고 있음이라 내가 너희들에게 말하였으니 그 이치를 깊이 깨우치라.

14 아무리 너희들이 즐겨 먹으며 몸을 보호하기 위하여 필요하며 몸의 에너지를 발산하기 위하여 먹는 음식이라 하여도, 그것이 독소일 때는 너희들의 생명을 끝마치게 함이니,

15 바로 너희들이 구원의 길이라 달려가는 그 믿음이 지금 나에게 오르는 것이 아니요, 좋은 음식이라 하여 먹는 그것에 독소가 들어 있는 그와 같은 형국의 이치를 깨우쳐 너희들이 스스로 바로 서도록 그리하라.

16 나 여호와가 너희들을 위하여 세상에

있는 이치요, 하늘의 이치요, 내가 있
는 하늘의 비밀까지 천기를 누설해 가
면서 지금 너희들에게 가르침이니, 이
게 바로 하늘의 뜻임을 알라.

4,563 번째 하나님 말씀

2003년 1월 15일 01시 48분

1 사랑하는 나의 아들아!
2 "네, 아버님! 말씀하옵소서."
3 나의 사랑하는 백성 너희들을 구원의
길로 인도하며 나의 품으로 인도한다
는 지금의 모든 종교 집단과 그 지도
자들이 지금 어찌 행하고 있는가?
4 그들이 가고 있는 그 길은 나와는 전
혀 관계도 없는 길을 가면서 하늘에
오르는 길이요, 나에게 오르는 길이라
착각 속에 나의 사랑하는 백성들을 가
르치며 그들을 길들여 가고 있음이니
라.
5 그리고 저희들이 설교하는 것이요, 저
희들이 전하는 것을 배우고 그를 따르
는 자만이 구원에 오를 수 있는 것이
라 그리 말함이니,
6 그들은 내가 원하는 뜻이 무엇이며,
내가 역사하고자 하는 것이 무엇이며,
내가 새로운 세상을 건설하고자 하는
것이 무엇이며, 천 년 후에 나의 의로
운 백성들만이 이 세상에 살게 하고
자 하는 그 세상이요, 하늘의 천국을
지상에 그대로 만들어 너희들이 편히
살다 하늘과 땅의 삶의 그 연장선상
에서 육에서 살다 하늘에 오르는 그와
같은 낙원을 만들고자 하는 것이 나의
뜻임이니라.
7 그러나 지금은 나의 백성들을 성전에
모으며 저희들의 손으로 지은 그 성
전에 와 기도하고 경배하며 눈물의 광
란 짓을 하며 나의 백성들에게 재물을
많이 바치는 자 구원을 받는다 그리
가르치며 그들을 유도하고 있음이니,
8 그에 현혹된 나의 백성들은 재물을 바
치면 구원을 받는다 하니 있는 것 없
는 것 다 갖다 재물을 바치기 시작하
며, 기도하면 저희들이 구원을 받는다
하니 기도를 하며, 광란의 찬송을 부
르면 그것으로써 구원을 받는다 하니
그들은 찬송을 부르며,
9 저희들을 가르치고 지도하는 종교 지
도자를 작은 신으로 하여 그를 기쁘게
하기 위하여, 그를 위하여 살아가는
그 모든 삶을 사는 것이 구원을 받는
길이라 하며,
10 종교 지도자 저희들이 잘못한 것은 단
죄할 수 없으며, 저희들이 지은 죄는
나 여호와만이 심판하며, 저희 신도들
이요, 저희들과 같이 가는 그 형제들
은 책할 수도 없으며 그를 다스릴 수
도 없다 그리 말하는 그 백성들,
11 그와 같이 저희들의 입맛에 맞는 온갖
단어를 다 붙이며 생각을 다 붙여 나
의 백성들을 세뇌시켜 놓고, 이제는
기계화하여 저희 마음대로 끌고 가는
그와 같은 형국이 되었으니, 그와 같
이 하는 짓을 하늘에서 바라보는 나의
마음이 얼마나 아프겠는가 너희들은
생각해 보았는가?
12 저희들 마음대로 그저 이끌어 가고 있
음이니라.
13 그리고 저희들 마음대로 할 수 있다는

그 착각 속에서 그들이 살아가고 있음
을 알아야 할 것이니라.
14 이곳에 깨어나야 함을 알라, 선지자야!
15 그 모든 나의 백성들이 그곳에서 깨어
나지 못하는 자, 나에게 구원을 받을
수 없는 것이니라.
16 그리하여 저희들이 나의 피조물 만백
성을 세뇌시켜 저희들이 끄는 대로 끌
려올 수 있도록 그 굵은 쇠사슬로 묶
어 놓고 지상에서 나의 피조물 만백성
을 속여 재물을 긁어모으며 저희들이
육의 편안함에 살다 보니 그들이 제
가 신이 된 것같이 착각하여,
17 이제는 나 여호와가 존재하는 하늘의
뜻을 저희들이 다 마음대로 주무르며,
하늘에 오르고 못 오르는 것도 다 저
희들이 마음대로 하며, 나 여호와까지
저희들이 마음대로 다룰 수 있으며 만
들 수 있으며 명하는 대로 따라갈 수
있다 그리 저희들이 기도하고 그들이
망발함이니, 그 속에서 제가 기도하며
제가 망발로 수다를 떨면서 제 스스로
그와 같이 착각을 하고 있는 것이니
라.
18 나 여호와가 저희들이 명하는 대로 따
르며 나를 통제할 수 있고 다스릴 수
있는 것처럼 그 착각 속에서 지금 가
고 있는 것이 종교 지도자들의 그 뜻
이요, 그들의 마음 자세이니,
19 그들에게 현혹되어 지옥 불로 가는
나의 백성들이 나와서는 아니 될 것이
니, 그를 막고 그를 이루는 것이 너희
들의 해야 할 대명임을 잊지 말라, 사
랑하는 나의 아들딸들아!

4,564 번째 하나님 말씀

2003년 1월 15일 10시 09분

1 사랑하는 나의 아들아!
2 "네, 아버님! 말씀하옵소서."
3 지금 나의 피조물 만백성이 저희들의
손으로 지은 성전에 가 기도하고 경배
하며 눈물을 지으며 광란의 짓을 하며
구원을 받았다 그리 말함이니, 그들에
게 네가 한번 물어보라.
4 정녕 그들은 구원을 받았으며, 구원을
받은 확신을 무엇으로써 입증하는가?
5 과연 지금의 가고 있는 종교 집단이
한 점의 부끄러움이 없으며, 정녕 잘
못 가지 아니하며, 나 여호와의 뜻대
로 행하는 것이며, 그들이 나 여호와
의 뜻에 위배되는 것은 없는가?
6 그리하여 그들이 그와 같은 것이 없으
며 나의 뜻에 살아간다 말하거든, 내
가 불로 써 내린 그 십계명을 그들은
과연 얼마나 지키며, 그 앞에 서서 저
희들이 심판을 받을 때 한 점의 부끄
러움 없이 지키고 살았다 장담할 수
있는가 그리 물어보라.
7 그리하지 못했을 때 그는 잘못된 것이
며, 믿음의 길을 가는 것이 아니요, 믿
음을 깨달아 가는 것이 아니요, 그들
은 나 여호와와 전혀 관계도 없는 그
와 같은 저희들이 만든 계명 속에서
저희들 스스로 착각 속에 살아가는 자
들이라 그리 말하라.
8 그리하여 나의 법전을 읽고 그 속에
깨달음이 없으며 저희들이 가고 있는
것이 잘못된 것이라는 것의 느낌이
없거든 그때 가서 나의 법전을 보지

아니하고 던져도 괜찮을 것이니, 그리
하면 내가 그들을 심판하지 않을 것이
라 그리 전하라.
9 그러나 그들이 나의 법전을 읽고 깨우
쳐 거기서 깨달음이 있으며, 단 한 줄
이요, 한 구절이라도 과연 이 법전이
맞으며 저희가 가고 있는 것이 잘못된
것이 아닌가 의혹을 갖거든, 그들은
법전을 버려서는 아니 되며 그를 보고
깨우쳐 구원의 길에 오를 수 있는 그
영광됨을 알라 그리 말하라.
10 나 여호와가 이 세상의 모두를 다 창
조하였으며 내가 이 세상의 모두를 다
만들며 내가 다 주관하며 내가 세상에
내보냄이니,
11 지금 나의 아들을 통하여 밤과 낮을
가리지 않고 그를 독촉하여 160권의
장정의 법전을 세상에 만들어 냄이니,
이것이 나의 뜻이요, 내가 만든 것이
라면 내가 왜 이와 같은 것을 만들어
내는가 하는 것을 너희들이 생각해 보
면 그 뜻을 알 것이거늘,
12 어찌하여 세상 모든 것은 나의 주관하
에, 나 여호와의 뜻에 의하여 이루어
지지 아니하는 것이 하나도 없다 말하
면서,
13 너희들이 불리하며 너희들이 잘못되
어 남으로부터 할 말이 없을 때 그는
사탄이요, 이단이 만든 것이라 그리
말하며, 너희들은 사탄도 나 여호와처
럼 모든 능력을 발휘하며 그와 같이
만들고 결국은 너희들을 지옥으로 이
끄는 것이 사탄이라 그리 말함이니,
14 그 얼마나 너희들이 하기 쉽고 말하기
쉬운 대로 지어낸 말이던가?
15 그와 같은 행동으로써 너희들이 변명
하지 말며 벗어나려 하지 말라.
16 정녕 너희들이 구원을 받고자 한다면
나의 법전을 읽고 정독하는 길이 아니
면 절대 구원을 받을 수 없다 내가 말
함을 알라.
17 내가 지금 이 법전이 필요하지 아니하
다면, 구약과 신약을 덮는다 하며 그
보다도 더 대단한 160권의 대장정의
법전이요, 새로운 성경을 세상에 내려
보내는 이 역사를 왜 이루겠는가?
18 나의 뜻이 아니며 내가 주관하는 것이
아니라면, 내가 나의 아들이 죽음으로
써 그를 지키려 했으며 그가 피 흘려
십자가에 고통스럽게 죽어 가면서까
지도 그를 세상에 존재하게 하며 그를
보고 깨우치게 하려 했던 나의 신약
성서에 대하여 그를 바로잡고 깨우치
는 그와 같은 내용을 내가 내려보내겠
는가?
19 어찌 내가 구약을 보호하며 신약을 보
호하는 그와 같은 역사를 이루지 아니
하고, 그보다 더 위대한 160권의 법전
이요, 나의 새로운 성경을 세상에 내
려보낸다 너희들은 생각하는가?
20 어떠한 사탄이요, 어떠한 악마가, 어
떠한 사악한 것이 그와 같은 짓을 한
다 하여도 내가 나의 구약이요, 신약
을 무너트리는 그와 같은 새로운 성경
을 세상에 절대 나오지 못하게 할 것
이며 그와 같은 역사가 이루어지도록
하지 아니할 것이거늘, 어찌하여 너희
들은 그것을 모르면서 이것이 잘못된
것이요, 사탄이요, 사악한 자의 짓이
라 그리 말하는가?

21 너희들은 여기서 깊이 깨우쳐야 할 것
이니라.
22 나 여호와가 구약과 신약을 덮는 새로
운 성경이라 하여 사탄이요, 사악한
자가 만들어 내는 것을 내가 존재하도
록 하지 아니할 것이며 이를 만들지
못하도록 할 것이며 이를 용서하지 아
니할 것이거늘,
23 이 160권이 세상에 나오는 그 의의는
내가 주관하는 것이며 내 뜻이며 내가
너희들을 구원하고자 내리는 마지막
심판의 나의 성령이라는 것을 잊지 말
라.
24 이를 읽지 않는 자, 너희들은 정녕 구
원을 받을 수 없으며 나에게 올 수 없
음을 알라.

4,565 번째 하나님 말씀

2003년 1월 15일 10시 22분

1 사랑하는 나의 아들아!
2 "네, 아버님! 말씀하옵소서."
3 나 여호와의 성령의 뜻이 곧 이는 하
늘에서 내린 것이며 나의 뜻이라는 것
을 만백성은 알며, 또한 새로운 말씀
이요, 새로운 성경이요, 새로운 보혜
사의 그 역사가 천국에서 명을 받아
지상에 내려오는 것을 아니,
4 지금 믿음이라 하여 저희들만이 구원
을 받았다 말하는 그 백성들, 나의 아
름다운 이 지상의 낙원이요, 나의 성
전에 저희 손으로 지은 그 두꺼비집
과 같은 그 성전이라는 곳에 가 울고
불고 기도하고 찬송하는 백성들, 다른
종파에서 다른 종파의 믿음을 가고 있
는 그 백성들,
5 또는 너희들이 말하는 무신론자요, 신
이 없다고 말하는 자, 혹은 신을 믿는
자, 그와 같이 나를 믿지 않는 백성들
까지도 너희들이 어렵고 힘들 때 부르
는 것은 나 여호와요, 하나님을 찾으
며 하늘의 두려움을 알며 하늘을 거역
하지 아니하고 살려 하는 것이 너희들
이니,
6 곧 하늘을 거역하지 아니하려 함은 무
엇이던가?
7 너희들이 참진리요, 정도의 길을 벗어
나는 것의 두려움을 아는 것이니라.
8 너희들이 하늘을 향하여 두려움을 아
는 것은, 이는 나의 성령이요, 참진리
가 하늘로부터 내려온다는 것을 앎이
며,
9 너희들이 잘못 살고 잘못 걸어온 인생
의 그 대가는 나 여호와로부터 하늘에
서 심판을 받을 것이라는 그와 같은
두려운 마음을 가지고 있는 것이 모든
나의 백성들이니라.
10 너희들은 모세의 시대가 그러했고, 예
수의 시대가 그러했고, 때로는 선지자
를 선택하여 내가 많은 백성을 통하여
수없이 천국에서 나의 성령이 내려감
이며, 새로운 말씀이요, 새로운 보혜
사로서 만백성을 다시 심판하며 구원
하는 그와 같은 때가 올 것이라는 것
을 너희들은 알고 있느니라.
11 그리고 특히나 지금 믿음이요, 나 여
호와를 찾으며 나 여호와에게 경배하
며 나의 아들 예수의 보혈로써 구원을
받았다는 그 백성들은 새로운 보혜사
가 세상에 내려오며 새로운 말씀이 내

려오며 새로운 역사의 시대가 열리며,
심판하여 구원할 자와 버릴 자를 가릴
때가 온다는 것을 잘 알고 있음이니라.
12 내가 나의 아들을 통하여 지금 새로
운 진리요, 새로운 성경을 내려보내는
것은 믿지 않는 자, 지금 잘못 믿는
자, 그리고 다른 신을 믿는 자, 심지어
는 사탄들까지도 나의 성령을 듣게 하
여 그들을 깨우치고자 하는 것이 내가
새로 내리는 성경이요, 나의 법전임을
너희들은 알아야 할 것이니라.
13 이가 내려온다는 것을 너희들은 알고
있으며 다 그를 기다리고 있느니라.
14 그러면서 너희들 스스로 그 역사를 이
루지 못하며, 너희들의 종파가 아니
요, 너희들이 이단이라 하는, 나 여호
와가 내린 나의 아들로 하여금 내리니,
15 그가 믿음의 길을 간 것도 아니요, 성
서를 가지고 공부한 자도 아니요, 그
와 같이 너희들이 이해하기에는 전혀
다른 이방인으로서 나의 아들로 선택
되어 세상에 내려와 이 대업을 이루는
것에 너희들의 오장육부가 뒤틀리며
너희들의 심사가 뒤틀리며,
16 너희들이 나 여호와를 원망하는 그와
같은 마음에서 나를 거부하고 나에게
욕하며 나에게 대들고 싶으며 나를 원
망하는 그와 같은 불같은 마음으로써
나의 법전을 찢어 버리며 태워 버리
며, 나의 아들이 지금 가고 있는 그 길
이 사탄이요, 이단이요, 마지막 시대
에 거짓 선지자가 와 세상의 백성을
지옥으로 이끌어 가는 그와 같은 사악
한 역사가 이루어진다 너희들은 그리
말하고 있느니라.
17 그것이 너희들의 욕심이요, 너희들 자
신이 그와 같은 모든 것을 이루어야
한다는 그 착각 속에서, 너희들이 받
지 못하며 너희들이 나로부터 쓰임을
받지 못하며 선택되지 못한 그를 악으
로 갚고자 하는 사악한 마음의 행동이
그와 같이 돌출되어 나오는 것임을 알
아야 할 것이니라.
18 너희들은 참진리의 성령이 내려온다
하였음은, 내가 나의 아들 예수를 통
하여 내려보내듯이 나의 뜻을 알며 내
가 명하는 것을 순종하며 따를 수 있
는 내가 선택한 나의 아들을 세상에
내려보내 너희들을 통제하고 다스리
며 새 역사를 이루는 것은 당연한 것
이거늘,
19 너희들이 못 받으며 너희들의 집단에
서 그 역사를 이루지 못한다 하여 너
희들이 거부하는 마음이요, 나에게 원
망하는 그 마음을 나의 아들에게 돌리
는 그와 같은 사악한 행위를 하는 것
은 너희들이 나를 적대시하며 나에게
도전하는 행위임을 알아야 할 것이니
라.
20 지금 내가 내리는 새로운 성경이요,
참진리가 선행을 하는 것을 너희들이
그를 잘 보고 깨우쳐 너희들이 평가할
수 있는 시기가 머지않았음을 알아야
할 것이니라.
21 지금까지 모든 백성을 이끌고 하늘에
오르는 그 길이요, 구원을 받았다 하
는 백성, 너희들은 무엇인 줄 아는가?
22 너희들이 어찌 살아왔는지 아는가?
23 너희들이 선행을 하여 아름답게 살며
참진리에 따라서 하늘을 보고 깨우쳐

하늘에 오르라 내가 내린 그 성경을
너희들이 선한 쪽으로 행하며 그를 받
아들인 것이 아니며, 나의 십계명을
지키는 것만이 영혼을 살리는 그와 같
은 길이라는 경각심과 두렵고 무서운
마음에서 너희들이 믿음의 길을 가는
것이 아니요, 나의 성령을 악으로써
다 변질시켜 너희들이 지금 가르치고
있으며,
24 나의 참진리를 지도자요, 선지자요,
구약의 시대요, 예수의 시대요, 내가
선택한 백성으로 하여금 너희들에게
전하고자 내려보내나, 그 진리는 너희
들이 듣는 바로 그 순간에 거짓으로
변하여 세월이 흐르면 흐를수록 그 거
짓은 눈덩이처럼 커지고 커져, 내가
이루는 나의 뜻에 따라 너희들이 선행
을 베푸는 것이 아니요, 나와는 정반
대의 뜻으로 너희들이 변질되어 가고
있으며 탈바꿈하는 그와 같은 현상이
니,
25 이를 내가 바로잡고 바로 세우기 위
해서는 내가 밤과 낮을 가리지 아니하
여 너희들이 태우고 또 태워도, 찢어
버리고 또 찢어 버려도 존재하는 나의
법전을 책으로 만들어 너희들을 깨우
치는 길밖에 없기에 이 역사를 함이니,
26 이 역사는 나 여호와가 아니고는 그
누구도 할 수 없다는 것을 너희들은
깨우치며, 160권의 그 대장정의 하늘
의 뜻이 너희들이 말하는 하늘을 두루
마리 삼으며 바닷물을 먹물 삼아 써도
써도 다 못 내리는 진리가 있다는 그
진리의 일부를 세상에 내려보내는 것
이 나의 뜻임을 알라.
27 그렇지 않은 자, 너희들이 얼마나 고
통스러우며 고통의 세월을 지내는가?
28 너희들이 죽어 내 앞에 와 심판을 받
을 때 그 누구에게 울부짖어도 대신해
줄 자 없으며 도와줄 자 없는 그와 같
은 참혹하고 암담한 그 앞에서 너희들
은 지옥으로 끌려가는 그와 같은 불쌍
한 사람으로 남지 말라 내가 간곡히
전함이니, 이 뜻을 들어 깨우치도록
하라.

4,566 번째 하나님 말씀

2003년 1월 15일 20시 59분

(강론을 마치며)

1 사랑하는 나의 아들아!
2 "네 아버님! 말씀하옵소서."
3 나의 아들을 통하여 너희들에게 말하
여 전했느니라.
4 너희들이 '휴거'요, 그 앉은 상태요, 서
있는 상태로 하늘에 오르는 것은 육으
로써 오르는 것이 아니라, 너희들이
나 여호와의 뜻이요, 정녕 나의 성령
을 전하는 그 장소요, 내가 임한 장소
에 와 공부하며 깨우침을 얻고 강론을
듣는 그것이 바로 휴거며 들림을 받는
것이라 내가 너희들에게 깨우쳤음이
니, 너희들은 오늘 이와 같은 이치를
알 것이니라.
5 내가 나의 아들에게 너희들과 기도하
면서 십계명을 반드시 암송하도록 함
이니, 그 암송하는 소리를 들으면서
너희들이 그 십계명 하나하나를 과연
지키고 사는가, 지키지 못하고 사는
가, 나의 아들이 암송할 때 너희들은

거기서 답을 얻어야 할 것이니라.
6 내가 내린 그 십계명 중에 하나라도
지키지 못한다면 너희들은 너희 자신
이 내 옆에 오는 그와 같은 생각을 하
지 말라.
7 너희들이 하나를 지키지 못하고 둘을
지키지 못하거든, 너희들이 그걸 행하
지 못하면서 나에게 오르고자 하는 그
런 생각을 하는 것이 아니라, 그 지키
지 못하는 것을 너희들의 마음에서 몰
아낼 수 있도록 그리하여 그것을 지킬
수 있는 그 방법에 최선의 노력을 다
하여야 함을 너희들은 알아야 할 것이
니라.
8 너희들은 지금 십계명이라는 것을 지
키지 못할 때 구원을 받을 수 없으며
그를 행하지 아니하면 구원을 받을 수
없다 내가 너희들에게 말하였느니라.
9 너희들이 살아가면서 인간 세속에 살
면서 너희들이 노력하고 일하여 얻어
지는 것이며, 거저 얻어지는 것이 하
나도 없지 아니한가?
10 너희들이 하는 만큼 모든 게 다 얻어
짐이니라.
11 그런데 너희들은 인간 세속에 살아가
면서 너희들이 무엇을 이루고자 할 때
는 반드시 노력해야 하며, 너희들이
말하기를 노력은 성공의 지름길이라
그리 말하느니라.
12 너희들이 하나의 목적을 이루기 위하
여 너희들은 인간 세속에서 모든 계획
과 시간과 모두를 다 투자하여 그를
이루고자 하며, 그를 이루기 위하여
밤과 낮을 가리지 아니하고 노력하는
것이 나의 백성 너희들이니라.
13 그러나 너희들이 백 년도 안 되는 육
의 삶에서 그 목표를 위하여 밤을 새
워 일하며 그 목표를 위해서 온갖 열
과 정성을 다하여 이루면서,
14 어찌하여 너희들의 가장 소중한 나 여
호와의 품에 돌아오는 것이며 너희들
의 영혼을 구원받는 그 길에 들어서는
것은 행함이 중요하지 아니하며,
15 그저 말로써 하면 구원을 받으며, 말
로써 무엇이든 다 얻을 수 있으며 이
룰 수 있는 것같이, 행함이 중요하지
않으며 말로 하는 것이 중요하며 말로
써 찬송하며 말로써 기도하며 말로써
온갖 방법을 다 하여 나에게 달라 구
원의 길을 열어 달라 그리 기도하고,
말로써 수다를 떠는 그것으로써 너희
들이 구원을 받는다 그리 생각하니,
16 어찌하여 너희들이 그리 어리석고도
어리석은 삶을 사는가?
17 너희들 말에 있지 않으냐?
18 행함이 없으면 아무것도 얻어지는 것
이 없으며 그게 다 공염불이며 흘러가
는 바람결에 떠나가는 메아리와 마찬
가지라 그리 말하느니라.
19 너희들이 금화요, 재산을 이루는 것도
노력해야 하며, 의식주를 해결하는 것
이며 무엇을 하나 역사하고자 해도 너
희들이 노력했을 때 그 대가를 얻는
것이거늘, 어찌하여 구원을 얻는 것에
서는 너희들이 행함이 아니요, 말로써
다 그를 얻는다 그리 말하는가?
20 너희들이 잠을 자는 집을 하나 만들기
위해서도 평생 노력하며 그 필요한 준
비를 하고 피나는 노력을 하여야 그것
이 얻어지는 것이 아니던가?

21 말로써 집을 지어 달라, 말로써 집을
지으라 소리 지르고 광란의 짓을 한다
해서 그 어느 터전에 너희들이 살 수
있는 너희들이 그리는 궁전 같은 집이
지어지며 그 건물이 들어서는가?
22 절대로 들어서지 못하는 것을 너희들
은 알지 않는가?
23 그러면서 너희들의 영혼을 구원받는
것이요, 너희들이 나에게 오는 그 역
사를 위해서는 너희들이 행함에서 이
루어지는 것이 아니요, 말로써 모두가
다 이루어지며 말로써 너희들이 수다
를 떨면 다 이루어진다 그리 생각하
니, 너희들이 얼마나 어리석고 불쌍한
지금의 깨달음이요, 믿음의 길을 가고
있는가?
24 이를 나의 법전에 기록하여 만백성에
게 전하니, 너의 제자들이 먼저 그를
깨달아야 될 것이며, 그 이치를 만백
성에게 전하여, 그들이 행함이 우선이
며 행하면 그 결과가 있음을 가르쳐
주라.
25 너희들이 십계명을 아무리 암송하고
또 암송하며 나의 아들이 법전을 기록
할 때마다 암송한다 해도, 그것을 행
하고자 아니 하며 지키고자 아니 할
때 아무런 가치가 없는 것이며, 말로
써 너희들이 나를 기만하는 것이며 나
를 욕되게 하는 것이며 나 여호와를
능멸하는 행동임을 너희들이 알아야
될 것이니라.
26 그 십계명도 지키는 것에 의의가 있으
며, 너희들이 그를 지킴으로 인하여
영혼의 구원을 받는다 내가 말하였으
며,
27 하나를 지키지 못하며 둘을 지키지 못
하거든 너희들이 그를 접어 두고 나에
게 구원을 받기 위하여 기도하고 경배
하지 말며, 그 두 개요, 하나를 고치기
위해서 피나는 노력을 하여 너희들 마
음속에 그 이룰 수 없는 그 악한 마음
의 뿌리를 버리라 하였음이니,
28 이제 너희들은 알아야 할 것이니라.
29 행함이 중요하지 아니하며 말로써 믿
는 것이 중요하다는 그와 같은 지옥으
로 가는 그들의 잘못 가르치는 말에
현혹되어 너희들의 영혼을 죽이는 그
와 같은 어리석은 삶을 살지 말도록
그리하라.

4,567 번째 하나님 말씀

2003년 1월 16일 08시 59분

1 사랑하는 나의 아들아!
2 "네, 아버님! 말씀하옵소서."
3 인간 너희들의 삶에 있어서 언젠가는
서로 고리가 끊어지며 그 고리를 놓는
그와 같은 삶의 법칙에서 그 자연의
순리에서 벗어날 수가 없음이니라.
4 소중했던 사람, 그리워했던 사람, 그
리고 부모와 자식 간에, 자식과 부모
간에, 그리고 형제요, 또 이웃의 그리
운 사람들, 모든 인간의 고리를 끊지
않을 수 없으며 언젠가는 놓지 않을
수 없는 것이 너희들의 삶이니라.
5 너희들의 소중한 사람, 그리고 사랑하
는 사람, 형제자매 그 모두에게 고리
를 놓고 끊게 되는 것은 어쩔 수 없는
자연의 현상이나,
6 너희들이 그 고리를 끊은 뒤에 가슴

아파하지 아니하는 것은 그들을 바로
깨우치며, 하늘의 뜻이 무엇이며 나
여호와의 뜻이 무엇이며 내가 추구하
는 것이 무엇인가를 그들에게 깨우쳐
주며,
7 그들이 그를 보고 듣고 배워 그들이
하늘에 오르는 그 기도를 할 수 있는
그와 같은 너희들의 형제·자매요, 이
웃 사람들을 그리 깨우쳐 놓고 그들과
고리가 끊어졌을 때 너희들의 아픔과
슬픔이 덜할 것이니라.
8 너희들은 지금 바로 가는 길이요, 나
여호와의 뜻이요, 하늘에 오르는 길을
알면서 그를 깨우쳐 주고 전해 주지
못하여 너희들과 그 좋고 귀한 사람
들의 인연의 고리가 끊어질 때 너희들
스스로 아픔이 너무 큼이니라.
9 너희들이 만백성을 구하는 것도 중요
하며 또한 만백성을 위하여 오늘의 법
전을 만들며 나의 법전이요, 새로운
성경을 들고 남에게 전해 주는 그것도
소중하나,
10 너희들이 정녕 하늘에 오르는 길을 알
며 너희들이 좋아했던 사람, 사랑했던
사람, 가장 가까운 인간관계를 맺었던
너희들의 형제와 부모와 이웃 간에 그
를 깨우치지 못하여 그가 죽어 가 그
죄의 고통을 받는 것을 생각하면 나로
부터 선택된 나의 아들딸 너희들의 가
슴이 너무나 아플 것이기에, 너희들의
가슴을 달래 주기 위하여 내가 오늘에
이 뜻을 전하는 것이니라.
11 누구도 육의 세상에서 고리를 끊지 않
을 수 없으며 고리를 놓지 않을 수 없
는 것이니, 언젠가는 고리를 놓게 되
며 고리가 끊어지게 됨이니, 그때 가
서 너희들이 가슴 아파 후회하는 삶을
살지 않으려거든 너희들이 그와 같이
모두를 깨우쳐야 할 것이니라.
12 그리고 너희들은 알아야 할 것이니라.
13 부모 앞에 자식이 먼저 가는 그 슬픔
이요, 또 사랑하는 사람이 먼저 가는
그 슬픔을 맞이하지 아니하려거든 너
희 마음이 천사와 같이 변하면 그 아
픔을 겪지 않을 수 있음을 알라.
14 너희들의 마음이 변하는 것은 나 여호
와를 믿으며 나 여호와가 존재함을 믿
으며 너희들이 나의 아들딸이기에 나
의 계명대로 살아가는 순종하는 자식
이니,
15 너희들이 가슴 아파 우는 그 모습을
볼 수 없으며 나 여호와가 보아서는
아니 되기에, 너희들에게 가장 소중한
사람들의 고리가 끊어지는 것을 내가
너희들을 위하여 막아 줌이니, 너희들
스스로 천사가 되는 길이 너희들이 슬
프고 가슴 아픈 일을 보지 아니하게
되는 길이며,
16 자식이 너희들 앞에 먼저 가는 그와
같은 아프고 인내하기 어려운 그 고통
이요, 그 고리가 끊어짐을 내가 더 끊
지 아니하고 연결해 줄 수 있는 것은
너희들이 얼마나 아름답고 곱게 사느
냐에 따라서 그 고리가 역사하고 역사
하지 아니함을 알라.

4,568 번째 하나님 말씀

2003년 1월 16일 09시 10분

1 사랑하는 나의 아들아!

2 "네, 아버님! 말씀하옵소서."
3 구약의 시대에도 모두가 다 실패하였
음이니라.
4 내가 너희들에게 준비된 땅이요, 내가
너희들에게 나의 심성으로 아름답게
살아오는 그 백성을 만들고자 모세에
게 그 이룰 수 없는 기적의 역사를 이
루었으나 그 시대의 모두가 다 실패하
였음이니,
5 이것은 인간 너희들의 사악한 욕심이
요, 악의 지배 속에서 너희들이 벗어
나지 못하여 그와 같은 한 시대의 소
중한 시기를 놓쳤음이니,
6 구약의 시대에 실패한 것은 너희들이
구약의 시대에 바로 섰다 하면 오늘과
같이 사악한 너희들이 되지는 않았으
며, 사악한 악마들이 세상을 덮어 그
게 두껍고 무거우니 그를 벗어 던지
기가 너무나 어렵고 힘든 그 길을 가
야 하는 것이니라.
7 또한, 신약의 시대라 하여 나의 아들
예수가 세상에 내려가 너희들을 깨우
치고자 한 그 역사도 실패하였음이니,
그 원인이 무엇인지 알겠는가?
8 여호와가 너희들을 구원하기 위해 내
린 참진리의 가르침이 처음에는 너희
들이 나의 뜻대로 그리 전하고 가르쳤
으며 그대로 지키고자 살아가는 마음
이요, 긴장하는 자세요, 무서워하는
자세요, 두려운 자세에서 나의 뜻을
너희들의 1세대의 백성들은 잘 가르
치며 잘 지키려 그리하였음이니라.
9 그러나 세월이 흐르면서 너희들이 또
가르치고 전하면서 위에서 아래로 흐
르는 세월 중에 서서히 변질되었으며
변화되기 시작하였음이니라.
10 인간의 욕심이라는 것이 작용하여 그
욕심의 사악한 마음 때문에 악마들이
너희들에게 작용하고 너희들을 밀어
붙이는 그 유혹을 버리지 못하여,
11 너희들은 내 뜻을 그대로 전하는 것이
아니요, 악마의 요구에 따라 너희들이
변질하기 시작하였으며, 악마들의 유
혹에 너희들이 악마의 말을 사랑하며
악마가 가르치는 것을 사랑하는 속에
서 너희 마음에 잘못된 싹이 트기 시
작하니, 그리하여 지금까지 험악한 형
국으로 내려왔음이니라.
12 지금은 나의 참진리요, 내 참뜻의 가
르침이 흘러내려 오는 그 세월 속에서
중간에 진리가 거짓으로 바뀌었으며
거짓으로 둔갑하였으며, 이제는 너희
들이 당연히 진리가 아닌 거짓된 말을
가르치고 전하면서도 거짓이요, 잘못
된 것까지도 깨우치지 못하는 그와 같
은 형국이 되었음이니라.
13 그리하여 이 세상의 모두가 사악한 자
로 덮였으며, 모두가 너희들 말대로
도둑이 들끓으며, 인간이 인간을 믿고
존중하며 살아가야 하는 것을, 가장
두려워하는 것이 인간이요, 짐승이요,
맹수라는 것보다도 더 무서운 것이 인
간인 형태로 변화되는 이와 같은 형국
이 되었으니,
14 모든 것이 선한 쪽이 아니요, 악한 쪽
으로 정반대의 형태로 변화되었으며,
지금 나와의 관계도 이제는 모두가 거
짓으로써 완전히 변질되고 변화되었
으니, 그 형태를 어찌 바로잡으며 그
를 잡을 수 있는가?

15 너희들이 변화된 것이 너무나도 두텁
고 너무나도 그 뿌리가 깊어 바로잡을
수 없으며, 너무나 변화되어 있는 그
모습은 일그러진 사람의 얼굴처럼 그
모습을 알 수 없는 지경까지 이르렀음
이니,
16 너희들 인간의 형태를 알아볼 수 없도
록 일그러지고 변한 것처럼 나의 피조
물 만백성의 선하고 착한 그 마음이
다 일그러지고 무너져 있음이니라.
17 너희들은 처음에 받은 너희 조상들의
전함이 변하지 않고 그대로 전하여졌
다면 오늘의 이와 같은 고통은 없었을
것이니라.
18 그러나 너희들이 가장 무섭고 두려운
것은 무엇이던가?
19 처음에 받았던 나의 그 뜻을 1세대요,
그들은 잘 지키고 그대로 따르려 하였
음이니라.
20 그러나 세월이 지나며 둔갑하고 또 둔
갑하여 진리는 거짓으로 변하였으며
내가 너희들에게 전한 것은 사탄 쪽으
로 다 변질되었으니,
21 그를 가지고 지금 종교 지도자들이요,
만백성들이 나의 사랑하는 백성들을
가르치고 깨우치며 인도한다 하고 있
는 것이 변질되지 아니한 진실이요,
변질되지 아니한 가르침이라 착각하
며 그를 가르치기에, 그것이 광란의
짓이요, 어떠한 형태든 간에 그 길만
이 구원을 받는다 몸부림치며 다른 것
은 들으려 하지도 아니하고 보려 하지
도 아니하니, 그것이 너무나 무서운
현실임을 알아야 할 것이니라.
22 변질되어 썩은 음식을 변질되지 아니
하고 썩지 않았다고 먹어 댈 때 그는
탈이 나게 되며 제대로 서지 못하며
에너지를 공급받을 수 없는 것이 너희
들의 육체인 것과 마찬가지로, 너희들
이 지금 잘못 가는 믿음이요, 변질되
고 변화된 그 믿음이 진정한 믿음이라
하여 그리 가고 있는 것이 착각이니,
23 지금 너희들이 또한 그 속에서 이제는
작은 신으로서 대우를 받으며 신이 되
고자 하는 그와 같은 착각 속에서 가
는 지도자들 때문에 나의 백성들이 그
것이 진정한 것이라 그리 생각하며
맹신하는 마음으로 가고 있는 것이 너
무나 잘못되었음을 알라.
24 너희들이 변질된 지도자요, 변질된 자
들이기 때문에 너희들의 세 치 혓바닥
으로 나의 피조물 만백성을 현혹함이
니, 이루어질 것이다, 줄 것이다, 그리
고 너희들이 소원하는 것은 다 얻을
것이라는 그와 같은 수법으로, 가짜
보석을 진짜로 둔갑시켜 파는 수다스
러운 장사꾼처럼 수다를 떠니,
25 그 수다에 넘어가 너희들이 그 보석을
산다 하면 가짜 보석을 황금 덩어리를
주고 샀을 때 그것은 잡석만도 못한
것이니,
26 그와 같이 너희들이 믿고 가는 것이
진정한 보석을 찾는 것이며 보석이라
믿고 가는 것이 너희들이 잡석만도
못한 그것을 잡고자 그것이 보석이라
울부짖음이니, 이는 나에게 오르는 것
이 아니라 지옥 불로 가는 것이며 나
와는 아무런 관계도 없는 삶을 사는
것이 지금의 너희들의 모습이라 하였
음이니, 이를 바로잡고 가야 할 것이

니라.
27 그들은 썩어진 속에서 저희들이 그 맛
을 알기에 벗어나지 아니하려 하며,
저희들은 나 여호와에게 심판받고 나
에게 고통받는 것을 두려워하지 않는
자들이니라.
28 삯꾼 가르치는 종교 지도자들은 미래
를 생각하지 않는 자들이며, 나 여호
와가 존재한다 생각하지 아니하며 그
도 인식하지 않으려 함이니라.
29 오로지 썩어진 속에서 저희들의 육이
편하며 제왕적인 대우를 받으며 작은
신이 된 그들은 그것으로써 죽어 와
나에게 심판을 받으며 지옥 불의 어떤
고통을 받는다 하여도 그와 같이 즐
거우며 행복한 인간의 그 향락을 놓
지 않고, 저희들은 지옥 불에 가 그 지
은 죄에 대한 벌을 받으며 지옥 불의
법도에 따라서 고통을 당한다 해도 오
늘의 향락을 버리지 아니하고 간다는
그와 같은 사악한 자들이 잘못 가는
종교 지도자들이니,
30 그 속에서 배우는 나의 순박한 백성들
이 잘못 감이니, 그들을 구원하고자
내가 밤낮을 가리지 아니하고 나의 아
들을 통하여 이리 나의 성령의 가슴에
있는 뜻을 태워 내려보내는 것이거늘,
어찌하여 너희들은 이를 보지 아니하
는가?
31 너희들은 들어야 할 것이니라.
32 그들은 지옥으로 가 벌 받는 것을 두
려워하지 아니하며, 나 여호와가 존재
하는 것을 믿으려 하지 아니하며, 존
재하지 아니한다 해도 저희들이 신이
라 생각하며 오늘의 행복을 놓지 아니
하려는 그와 같은 마음이니,
33 그들이 얼마나 사악한 방법으로써 너
희들을 현혹하는 것이며 위장으로써
너희들을 이끌고 가는가 하는 것을 깊
이 봐야 할 것이니, 이와 같은 것을 깨
달음을 얻도록 그리하라.
34 그리하여 내가 법전을 수백 권을 내려
보내며 내가 160권의 아름다운 나의
성령이요, 하늘의 뜻을 내려보내면서
또 나의 아들이 죽을 때까지 나의 뜻
을 받아 기록하는 그 역사가 지속되는
그와 같은 뜻을 너희들이 알아야 될
것이니 그리 알라.

4,569 번째 하나님 말씀

2003년 1월 16일 09시 19분

1 사랑하는 나의 아들아!
2 "네, 아버님! 말씀하옵소서."
3 이 세상 모두는 다 너희들이 관장하도
록 되어 있으며 너희들의 육신을 위하
여 먹고 즐길 수 있도록 내가 다 내려
주었음이니라.
4 그러니 이 세상 내가 내려 준 것이 너
희들에게 좋지 않은 음식이 없으며 소
중하지 않은 것이 하나도 없음이니라.
5 그러니 너희들은 너희들이 만든 그 좋
고 아름다운 그리고 소중한 음식을 먹
으나, 먹는 사람에 따라서 그 형태가
달라짐이니 이를 어찌하여야 하겠는
가?
6 너희들은 내가 정성껏 내려 준 그 모
두를 가지고 음식을 만들어 먹고사니,
나 여호와로부터 무상으로 받은 것이
며, 너희들이 그 아름다움을 먹고 그

대로 꿀과 같이 달고 아름다움을 세상
에 배출하여 사는 그와 같은 삶을 산
다면, 너희들은 오늘의 말세요, 도둑
이 들끓는 세상이요, 인간이 인간을
불신하는 그와 같이 두려운 세상은 되
지 아니하였을 것이니라.
7 너희들은 어찌하여 선한 것을 먹고 선
한 것을 배출하지 못하고 선한 것을
세상에 내보내지 못하며, 선한 것을
먹고 악을 배출하는 그와 같은 지금의
형국이 되어 있으니 이 얼마나 통탄할
일인가?
8 나 여호와가 너희들에게 그 모두를 내
려 준 것은 아름다운 음식을 먹고 아
름다운 것을 배출하며 사랑하는 마음
이요, 내가 내린 그 뜻을 위하여 살라
함이었거늘,
9 너희들은 그 좋고 아름다운 것을 먹으
면서 선을 배출하는 것이 아니요, 악
을 배출하는 그와 같은 백성이 수없이
있음이니 이 세상이 지금 말세와 같이
되었음이니라.
10 구원을 받을 자가 하나도 없으며 구원
받은 자가 없다 내가 말하는 것은 너
희들이 선을 먹고 악을 배출하는 그와
같은 사악한 삶을 살기 때문이니, 나
여호와의 은혜에 감사하고 경배하는
것이 아니요, 그를 거역하고 역행하는
그와 같은 삶을 살고 있으니 어찌해야
하겠는가?
11 너희들이 선한 것을 먹고 악을 배출하
는 육의 삶의 근성이 그와 같이 다져
지고 굳어져 있음이니, 지금 내가 너
희들에게 어찌 가르치는가?
12 너희들이 잘못 가르치는 종교 지도자
요, 잘못 가는 그와 같은 믿음의 세상
은 바로 어떤 것이더냐?
13 악을 먹고 악을 배출하는 그와 같은
형국의 믿음으로 가는 것이 지금의 종
파들이 가고 있는 길이니 이를 어찌
막아야 되는가?
14 선을 먹고도 악을 배출하는 그와 같은
형국에서 악을 먹고 계속 악을 먹으며
성장하는 것이 지금 잘못 가르치는 종
교 지도자들의 설교요,
15 성서의 의미도 모르며 가르치는 자,
그리고 예수의 보혈로써 구원을 받았
으며 저희 손으로 지은 성전에 와 눈
물로 기도하고 광란의 짓을 하며 기도
하는 자는 구원을 받으며 하늘에 오르
는 길이라 말하며,
16 아무리 육이 선한 일을 해도 나 여호
와를 믿지 아니하며 나 여호와를 찾지
아니하면 나로부터 은혜를 받지 못하
며 구원을 받지 못한다는 말로, 저희
들이 선한 일을 하지 못하는 것을 역
으로 변명함으로써 선한 일을 하는 사
람도 못하게 만드는 사악한 너희들의
그 가르침이 무엇이던가?
17 나의 피조물 만백성들에게 먹어서는
안 되는 음식만을 계속 먹게 하는 것
이며 그들에게 주입시키니, 악을 주입
시켜 성장한 나의 백성들이 지금 어
찌하는가?
18 그 악에 젖어 있어 악의 뿌리를 생산
하여 악의 뿌리가 계속 퍼져 나가는
그와 같은 세상이 되어 지금 악이 세
상을 덮었으며 도둑이 우글거리고 들
끓는 그와 같은 세상이 되었음이니라.
19 이제 너희들이 악을 받아먹는 그와 같

은 행위를 해서는 아니 될 것이니라.
20 선함을 받아 너희 것으로 만들어야 할
것이니라.
21 그러니 너희들이 악을 먹고 악의 뿌리
가 계속 전해져 그 악의 뿌리가 전해
진 벽이 두터워 깰 수 없는 지경에 왔
으니,
22 아무리 참진리요, 나 여호와의 뜻이
요, 하늘에 오르는 길이요, 너희들이
구원을 받는 그 역사함이라 가르쳐 주
고 소리 질러 듣게 하며 너희들 손에
쥐여 주며 그를 읽고 들여다보라 그리
말하여도 이를 들여다보지 아니하고
보지 아니하는 것이 너희들이니,
23 이와 같이 악의 뿌리가 너무 깊어져
있으며 사악한 쪽으로 너희들의 마음
이 너무나 넘어가 있어 악마요, 사탄
을 사랑함이요, 선을 사랑하지 못하는
너희들이 되었음을 알아야 할 것이니
라.
24 그리하여 내가 선을 먹고 선을 배출하
는 너희들을 만들고자 하는 것이며,
지금 나의 법전을 읽고 깨우친 백성,
나의 아들을 통하여 강론을 듣는 백
성, 너희들이야말로 선한 것을 먹고
선한 것을 배출하고자 하는 백성들이
며,
25 선한 것을 먹으며 나의 은혜에 보답
하며, 하늘에 나 여호와가 존재하며
그 선함을 나 여호와가 내려 준 것이
라는 것을 알고 선한 것을 먹고 선한
것을 배출하고자 하는 선택된 백성들
이니, 그리하여 너희들이 소중함이라
하였음이니라.
26 선한 것을 먹고 선한 것을 배출하는,
악을 먹었어도 선한 것으로 소화시켜
배출하는 그와 같은 역사를 이룰 것은
너희들뿐이기에 내가 너희들을 사랑
하느니라.
27 너희들은 그와 같은 마음 자세로, 너
희들이 악을 먹어도 선한 것이요, 선
한 것을 먹어도 선한 것으로 살아갈
수 있는 그와 같은 백성들이 됨으로,
지금 악을 먹고 악으로 가는 만백성들
이 너희들의 그 모습을 보고 돌아설
수 있는 기회가 있을 것이니,
28 그 불쌍하고 가련한 나의 백성들을 구
하는 데 최선을 다하라, 사랑하는 나
의 아들딸들아!

부 록

【하나님께서 가르쳐 주신 운동】

천재지변이 일어날 때, 동물이나 미물들은 미리 알고 대피하지만, 인간은 알지 못하고 큰 화를 당합니다. 하나님께서 인간에게 가장 높은 지혜를 주시고 완벽하게 창조해 주셨기에 동물들보다 더 잘 알 수 있지만, 욕심으로 마음이 혼탁해져서 한 치 앞을 보지 못하는 것입니다.

마찬가지로, 인간은 누구나 스스로 필요한 운동을 해서 건강을 지킬 수 있도록 하나님께서 만들어 주셨습니다. 우리의 머리에서 우리 몸에 필요한 동작을 해 달라고 끊임없이 신호를 보내지만, 인간이 혼탁하게 살아서 그 신호를 알아채지 못합니다. 그러니 자연스럽게 자기 몸이 원하는 그 신호를 따라서 운동하는 것이 하나님께서 가르쳐 주신 운동 방법입니다. 바로, 우리의 영이 육을 이끄는 운동입니다.

▶ 하나님 운동법

1. 눈을 감고, 발을 어깨너비로 벌리고 바르게 선다.
2. 몸에 힘을 풀고, 허리를 숙이면서 손과 머리를 아래로 내린다.
3. 허리를 펴고 싶을 때, 천천히 펴면서 하고 싶은 동작을 하면 운동이 시작된다. (사람마다 다르다.)
4. 멈추지 말고, 어떤 동작이든지 자기 몸의 느낌대로 계속 이어서 한다.

▶ 참고 사항

① 눈을 감은 상태로 아무 생각 하지 않고, 자기 몸의 느낌대로 움직입니다.
② 마음을 비우고, 욕심을 버리고, 지난날의 잘못을 반성하면서 몇 차례 시도하다 보면, 자기도 모르게 하고 싶은 동작이 끊임없이 생깁니다.
③ 운동 장소는 방 안이든 운동장이든 관계없으며, 걷거나 달리고 싶을 때는 눈을 떠도 됩니다.
④ 매일 40분 이상, 주 4회 이상, 3개월 이상 하면 음식 조절에 들어갑니다.
- 음식으로 생긴 병은 음식으로 치료하게 되며, 어떤 음식을 먹어야 하는지 스스로 알게 됩니다.
(자기 몸에 필요한 음식만 먹고 싶어집니다.)
⑤ 사랑하는 사람과 함께 운동하면 서로 치료해 주기도 합니다.
⑥ 운동을 하다가 몸의 어느 한 부분을 계속 손으로 자극한다면 그쪽에 이상이 있는 것이니, 의사에게 상담을 받고 적절한 치료를 받으면 됩니다.
⑦ 다이어트 및 기타 건강관리에 효과적입니다.
⑧ 꾸준히 운동하여 영이 맑아지면, 자신의 과거와 미래를 스스로 보게 됩니다.

누구나 스스로 하실 수 있습니다.

간 행 사

《새로운 성경》은:

· 새로운 성경은, 하나님께서 선량하고 선한 자를 선택하여 십계명을 암송하도록 하시고, 십계명을 암송한 다음에 음성으로써 들려주시는 말씀을 듣고 그대로 카세트테이프에 녹음해서 받아쓴 책입니다.

· 90분짜리 녹음테이프 700여 개에 달하는 말씀으로, 1999년 8월부터 2004년 7월까지 총 160권(권당 288쪽)을 완성하였으며, 그 이후에도 현재까지 계속 말씀을 내려 주고 계십니다.

· 새로운 성경은 "하늘을 두루마리 삼고 바닷물을 먹물 삼아 쓰고 써도 다 못 쓴다"는, 끝없이 방대한 하나님의 말씀이 두루마리로 직접 내려오는 것입니다. 이러한 새로운 성경은 구약과 신약을 폐하려는 것이 아니라 "인봉된 성서의 비유의 뜻"을 상세히 설명하여 완성하고자 하나님께서 직접 내려 주신 말씀입니다.

《새로운 성경》의 구성:

· 제 목: 2013년, 160권 모음집을 발간하면서, 본 도서의 제목을 "하나님! 말씀하옵소서"에서 《새로운 성경》 으로 명해 주셨습니다.

· 단행본: 각 권당 288쪽(신국판) 책이 160권까지 시리즈로 출판됩니다.
(모음집은 단행본을 16권씩 묶어서, 총 10부로 구성됩니다.)

《새로운 성경》의 성경적 근거:

· 신약 성경 [요한복음] 16장 13절에 "진리의 성령이 오시면 그가 너희를 모든 진리 가운데로 인도하시리니 그가 자의로 말하지 않고, 오직 듣는 것만을 말하며" 하신 말씀처럼 하나님의 음성을 들은 것만 기록하였으며,

· "장래 일을 너희에게 알리시리라" 하신 말씀과 같이 개인, 나라, 인류의 "장래"일을 하나님께서 알려 주시는 것만 기록하여 책으로 만들었습니다.

《새로운 성경》의 기록 방법:

· 1999년 8월부터 하나님께서 저에게 들려주시는 음성을 기록하였습니다. 처음에는 제가 들은 말씀을 불러 주면 저의 아내가 기록하여, 2000년 1월 29일에 1권 초판이 세상에 나왔습니다. 2000년 4월부터는 주시는 말씀을 받아 녹음기에 기록하여 시리즈로 출간하기 시작하였습니다.

· 녹음을 시작하면서 하나님의 말씀을 받는 데 가속도가 붙었고, 2001년 5월 3일에 1부(1~16권까지)를 인쇄하여 출판하였으며, 2004년 7월까지 총160권 분량의 말씀을 받아 기록하였습니다.

하나님께서 저에게 주신 것은:

· 첫째, 만백성을 상대로 내려 주시는 "기도", 둘째, 수시로 내려 주시는 "묵상", 셋째, 개인의 과거, 현재, 미래를 알려 주시는 "개인 기도", 넷째, 개인의 건강을 위해서 내려 주시는 "음식 처방", 다섯째, 하나님께서 가르쳐 주신 "운동"등이 있습니다. 이 중에 첫 번째, "기도"를 책으로 편찬하였습니다. 사람의 생사, 개인의 미래에 관한 천기는 수록하지 말라 하셨습니다.

강론 안내:

· 하나님께서는 지금도 매일 저에게 새로운 하늘의 비밀의 말씀을 내려 주고 계십니다. 수시로 내려 주시는 말씀을 정리해서 제자를 육성하라는 말씀에 따라 매주 강론을 하고 있습니다. 누구나 무료로 들으실 수 있습니다. (book160.com)

《새로운 성경》을 읽는 분들에게 드리는 선물:

· 개인 기도: 개인의 과거, 현재, 미래에 관하여 말씀을 내려 주십니다.

· 음식 처방: 사람은 음식을 먹고살다가 건강을 잃으니, 음식과 운동으로 건강을 되찾는 방법을 알려 드립니다. 단, 하나님이 계심을 믿고, 십계명을 지키겠다고 진실로 서약하는 분들께 알려드립니다.

《새로운 성경》의 은혜와 기적:

· 새로운 성경 전160권은 16권씩 묶어서 총 10부의 모음집으로 구성됩니다. 모음집 한 부를 읽고 깨우치는 자에게 하나님께서 다음과 같은 기적이 있다고 하셨습니다.

· "첫째, 그가 죽어 하늘에 갔을 때 그의 죄를 묻지 아니하며, 구원을 받는 위대한 은혜가 있으며, 둘째, 그의 소원과 소망이 이루어지고, 셋째, 죽은 자(부모, 형제, 자식, 사랑하고 은혜 입은 분)의 이름으로 구입한 책을 읽고 누군가 한 사람이 깨우칠 때, 그 죽은 자가 지옥에서 천국으로 구원을 받게 되며, 넷째, 유산, 중절 수술 등으로 태어나지 못한 아이를 위하여 구입한 책을 보고 한 명이 깨우쳤을 때, 그 아이가 사람으로 다시 한 번 태어나는 은혜를 받는다."

· "새로운 성경"을 3회 이상 정성을 다해 정독하는 자, 성서의 비밀을 알게 되고, 세상의 이치를 알게 되며, 세상을 지배하고 통제할 수 있는 지혜를 다 얻게 된다고 하셨습니다. 이 책은 만백성이 정독하고 이웃에게 전하여, 평생 가슴에 묻은 슬픔과 고통의 짐을 벗고 미래를 위한 힘찬 삶을 살아가도록 하는 책입니다.

끝으로

· 하나님께서는 흰 눈이 세상을 덮듯이 새로운 성경을 온 세상에 전하라고 하셨습니다. 《새로운 성경》을 각국이로 번역해서 온 인류에게 구원의 길을 깨우쳐 주고, 그 수익으로 가난하고 어려운 백성을 구제하여, 만백성의 영과 육을 함께 구원하는 선지자의 임무를 수행하라고 저에게 명하셨습니다.

· 하늘에서 내려 주신 말씀의 보화를 만백성에게 나누어 주는 것이 선지자의 임무라고 하셨습니다. 새로운 성경을 통해서 얻는 재물을 사용할 곳도 하나님께서 일일이 명해 주십니다. 모든 재물은 저의 자의로 쓸 수 없고, 하나님께서 명하시는 대로만 쓰여집니다.

· 어떤 명분으로든 십일조나 각종 헌금을 거두어들이지 말라 하셨으며, 국내뿐 아니라 각국에 성전과 단독 서점을 운영하며, 한국의 많은 젊은이들을 전 세계에 지도자로 내보내라고 하셨습니다.

· 우리는 세계적으로 새로운 성경을 보급하며 어려운 이들을 돕는 역사를 해 나갈 것입니다. 지금까지 비록 몇 명 안 되는 제자들과 함께 이러한 일을 역사했지만, 앞으로도 계속 하나님께서 기뻐하시는 일들을 해 나갈 것입니다. 부족한 저희에게 여러분들의 지혜와 성원을 보내 주시기를 바랍니다. 많은 분들의 참여와 도움을 간절히 기다립니다. 감사합니다.

한국어로 내려온 《새로운 성경》 단행본을 출간하며
2016년 4월 10일

발행인 **김 용 철**

한국어로 내려온

새로운 **성 경** · 4부 · 제61권

지은이 하나님 말씀
대역자 김용철

초판인쇄 1쇄 2017년 4월 3일

펴낸 곳 도서출판 하얀마음
등록번호 제 10-2107호 (2001년 2월 14일)
주소 서울시 노원구 덕릉로86길5, 2층
전화번호 02) 313-1114
팩스 02) 393-5554
전자우편 book160@hanmail.net
편집위원 조나영 김미향 이석교
제작지원 김서영 이상빈 김정기 이병우 이순남 서성자 이규숙

도서상담 1600-7527
ISBN 978-89-5875-161-8 (04230)
978-89-5875-100-7 (세 트)

값 10,000원
잘못된 책은 구입하신 곳에서 바꾸어 드립니다.

※이 책은 10부로 제작되며, 각 부 16권씩 총160권으로 구성됩니다.※

1부	2부	3부	**4부**	5부	6부	7부	8부	9부	10부
1권	17권	33권	49권	65권	81권	97권	113권	129권	145권
2권	18권	34권	50권	66권	82권	98권	114권	130권	146권
3권	19권	35권	51권	67권	83권	99권	115권	131권	147권
4권	20권	36권	52권	68권	84권	100권	116권	132권	148권
5권	21권	37권	53권	69권	85권	101권	117권	133권	149권
6권	22권	38권	54권	70권	86권	102권	118권	134권	150권
7권	23권	39권	55권	71권	87권	103권	119권	135권	151권
8권	24권	40권	56권	72권	88권	104권	120권	136권	152권
9권	25권	41권	57권	73권	89권	105권	121권	137권	153권
10권	26권	42권	58권	74권	90권	106권	122권	138권	154권
11권	27권	43권	59권	75권	91권	107권	123권	139권	155권
12권	28권	44권	60권	76권	92권	108권	124권	140권	156권
13권	29권	45권	61권	77권	93권	109권	125권	141권	157권
14권	30권	46권	62권	78권	94권	110권	126권	142권	158권
15권	31권	47권	63권	79권	95권	111권	127권	143권	159권
16권	32권	48권	64권	80권	96권	112권	128권	144권	160권